大学生职业生涯规划与发展

主　编　王长青

副主编　屠宏斐　姜劲松　王治世　李　敏　苏文娟

编　委　沈　静　刘全勇　李　瑾　徐钰君　卞　嵩
王秀平　刘红艳　高永昌　马小伟　周莹莹
田大将　孙新新　薛建国　蒋　燕　杨　羽
王海波　沈永健　刘　明　陈　蕾　蔡爱华
冀　斌　魏　琦　张裕强

南京大学出版社

图书在版编目(CIP)数据

大学生职业生涯规划与发展 / 王长青主编. — 南京：南京大学出版社，2017.8(2020.8 重印)

ISBN 978-7-305-19104-6

Ⅰ. ①大… Ⅱ. ①王… Ⅲ. ①大学生—职业选择—高等学校—教材 Ⅳ. ①G647.38

中国版本图书馆 CIP 数据核字(2017)第 189297 号

扫一扫教师可申请教学资源

扫一扫学生可见学习资源

出版发行　南京大学出版社
社　　址　南京市汉口路 22 号　　　邮　　编　210093
出 版 人　金鑫荣

书　　名　**大学生职业生涯规划与发展**
主　　编　王长青
责任编辑　芮逸敏

照　　排　南京理工大学资产经营有限公司
印　　刷　常州市武进第三印刷有限公司
开　　本　787×1092　1/16　　印张 14.5　字数 338 千
版　　次　2017 年 8 月第 1 版　2020 年 8 月第 4 次印刷
印　　数　8001～11000
ISBN 978-7-305-19104-6
定　　价　37.00 元

网　　址：http://www.njupco.com
官方微博：http://weibo.com/njupco
微信服务号：njuyuexue
销售咨询热线：(025)83594756

前　言

在社会经济飞速发展、就业竞争日趋激烈的今天,高校开展职业生涯规划和就业创业指导类课程的重要意义和作用已经得到广泛共识。大学期间开展职业生涯规划教育,不仅能帮助大学生了解自己、了解社会,激发学习的积极性和主动性,而且能够促使大学生设定明确的人生目标和职业目标,以此激发他们注重知识的积累和能力的培养,为成功实现就业创业打好基础。

但国内的职业生涯规划教育起步较晚,目前的相关理论多是从国外引进,具有很强的广泛性,但缺乏对具体专业的针对性。随着中医药在健康中国建设中发挥的作用越来越显著,中医药事业迎来了前所未有的历史发展机遇。中医药院校的大学生更加迫切地需要适合自身专业特点的职业生涯规划教育。为了适应形势的发展,南京中医药大学组织部分从事大学生职业生涯规划教育的同志和专家,以高度的责任感和使命感,本着对大学生和社会高度负责的精神,在总结以往大学生职业生涯规划教育经验的基础上,充分吸收国内外相关研究与教学实践的成果,针对大学生的需要,编写了这套教材,希望能够对中医药院校大学生的职业生涯规划教育工作有实效性的帮助。

本书分为九章,介绍了职业生涯规划的基础知识、相关理论,结合中医药院校特点和主要专业的职业发展,对大学生在大学期间的生活、学习规划和素质提升指明了方向,帮助大学生学会自我探索,正确认知职业世界,学会进行生涯决策,从而合理进行职业生涯规划;附录部分选编了近几年在江苏省职业生涯规划大赛中获奖的作品,以期在大学生们撰写职业生涯规划书时可以获得直观的参考。

本书主要是面向中医药院校的大学生,同样也适合所有准备走上工作岗位或想在职业生涯中取得更大进步的青年人阅读。教材的编者都是长期在高等中医药院校从事职业生涯规划教育和就业创业指导的工作者，有着丰富的职业指导工作经验。本书编者有沈静、刘全勇、李瑾、徐钰君、卞嵩、王秀平、刘红艳、高永昌、马小伟、周莹莹、田大将、苏文娟；此外，孙新新、薛建国、蒋燕、杨羽、王海波、沈永健、刘明、陈蕾、蔡爱华、冀斌、魏琦、张裕强等老师也参与了部分资料提供与编写工作。除了所有编委的辛勤付出以外，在编写过程中，南京大学出版社的编辑老师也给予了大力支持和热心帮助，在此一并表示衷心感谢。

希望这本书能够为中医药院校开展大学生职业生涯规划教育提供一个有力的工具，为新时期高素质中医药院校人才的培养提供一个有效的平台。当然，由于编写时间较紧，编写过程中难免存在一定的局限性和疏漏之处，恳请广大读者、专家学者提出宝贵意见并给予批评指正，我们将不断改进。

编　者

2017 年 7 月

目　录

第一章 职业生涯规划概述

学习目标

通过本章学习，学生应该了解职业、职业生涯和职业生涯规划的含义，明白职业生涯规划的意义，熟悉职业生涯规划的发展脉络，掌握职业生涯规划的目的和出发点，为科学、有效地进行职业规划奠定基础。

“生命究竟有没有意义并非我的责任，但怎样安排此生却是我的责任。”这是德国作家赫曼·赫赛曾说过的一句话。进入梦寐以求的大学校园，登上从理想通往现实的人生舞台，面对大学全新的学习氛围，面对即将来临的职业选择，如何实现从学生到社会人的转变，一切都显得那么迷茫又迫在眉睫。人生是需要规划和设计的。人生规划对于每一个人的成长和发展至关重要。大学生涯是人生的一个重要阶段，它在学校学习和社会工作之间起着承前启后的作用。相比起来，怎样读好大学比读一所好的大学更为重要。能否顺利地度过大学时光，未来的事业能否成功，是否能成就完美的人生，不仅需要努力，更需要做出一系列的思考和抉择，这就是通常所说的职业生涯规划。

第一节 职业生涯规划的意义

职业是一个人安身立命之本、施展抱负之基、成就自我之途。选择了一种职业就是选择了一种生存方式。规划了一种职业生涯，就是规划了一种人生状态。职业生涯虽然不是人生的全部内容，但它在人的一生中所占的位置怎么估价也不过分。《论语·里仁》云：“不患无位，患所以立。”如何去“立”，至关重要。古罗马哲学家、作家塞涅卡也曾说过：“如果一个人不知道他要驶向哪个码头，那么任何风都不会是顺风。”这些都充分说明规划对于人生的意义。职业生涯规划只要开始，永远不晚；只要进步，总有空间！

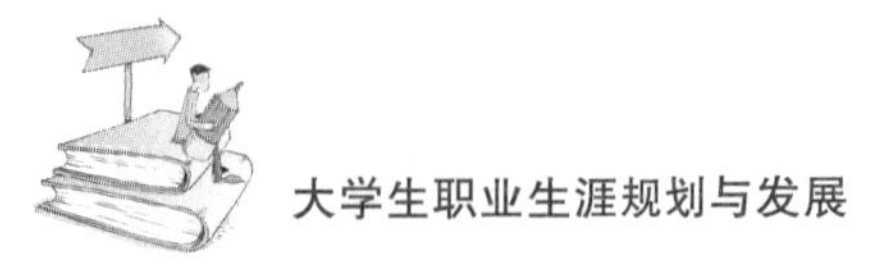

一、有助于大学生积极思考人生意义，明确人生方向

[**故事**] 你是想一辈子卖糖水，还是想改变世界？

——苹果前CEO约翰·斯卡利的故事

1982年11月，纽约。辛劳一天的人们正行色匆匆地离开摩天大楼里的办公室，涌入大大小小的超市、便利店，为即将到来的感恩节做准备。43岁的职业经理人约翰·斯卡利透过办公室的玻璃窗眺望着楼下花园里的雕塑。初冬季节，纽约寒冷的空气里似乎有一丝萧瑟和凝重。

"该下班休息休息了，又一个温馨的感恩节。"斯卡利对自己说。

斯卡利对自己的状态非常满意。作为职业经理人，他几乎已经得到了普通人梦寐以求的一切：31岁成为百事集团旗下百事可乐公司最年轻的市场营销副总裁，34岁就成为《商业周刊》封面人物。凭借出色的营销业绩，斯卡利更是在38岁那一年成为百事可乐最年轻的总裁。几乎所有人都认为，他迟早会执掌百事的最高权力。

就在他伸着懒腰，打算离开办公室去享受感恩节假期的时候，电话铃响了。

这是一个猎头打来的电话。

作为百事王国事实上的继承人，斯卡利已经被大多数猎头归入了"无法触动"的一类。是谁，是哪家公司，居然会在这个时候来挖斯卡利的墙角？

打电话的猎头叫杰里·罗奇，纽约最著名的猎头之一，也是斯卡利的老朋友。斯卡利一听到罗奇的声音，就预感到今天的电话非同一般。以罗奇的资历和见识，没有极具诱惑力的职位，他是不会亲自给斯卡利打电话的。

"约翰，怎么样，想动动不？"罗奇试探着问斯卡利。

"杰里，你还不了解我吗？"斯卡利笑着说，"百事就是我的生命，我对其他任何机会都不感兴趣。"

"你知道吗？在西海岸，在硅谷，有一群才华横溢的小伙子。他们创建的公司叫苹果。如果所有传统公司在你面前都已经失去了诱惑力，你不觉得，苹果这样一家代表未来的公司，是你无论如何都会心动的吗？你难道不想到加州和这些拥有未来的小伙子聊一聊吗？"罗奇说道。

"苹果？"

斯卡利惊讶得说不出话来。他万万没有想到，自己这样一个在百事卖了许多年软饮料的职业经理人，竟会和一家年轻人开创的高科技公司扯上关系。斯卡利从没想过要离开百事。苹果是一家与百事截然不同的企业，有着他所不了解的员工和文化。最重要的是，斯卡利在百事的事业蒸蒸日上，苹果再诱人，也不值得拿自己的前途做赌注呀。斯卡利谨慎地告诉罗奇，他同意与苹果的年轻人见见面，聊一聊，但绝不是为了换工作。

就这样，斯卡利登上了飞赴西海岸的班机。12月20日，斯卡利来到苹果公司位于库比蒂诺的总部。在这里，斯卡利第一次见到了乔布斯。斯卡利还记得，乔布斯当时穿着蓝色牛仔裤，大方格子衬衫，挽着袖子，坐在办公室隔壁一间3米见方的小会议室里，和四五个人一起指指点点地讨论问题。

“史蒂夫，”斯卡利开门见山地说，“为什么你们来找我？为什么你们不去找IBM或惠普的人？你们怎么会想到要从软饮料业中寻找电脑公司的CEO？我可一点儿都不懂计算机呀。”

“我们所做的是别人从未做过的事，”乔布斯说，“我们想建立的是完全不同的公司，我们真的需要你这样杰出的人才。我的梦想是世界上每个人都能拥有自己的苹果电脑。为了实现这个梦想，我们必须成为一家擅长市场营销的公司。而你，恰恰是最懂市场营销的。”

“我们已经是好朋友了。但我还是不得不说，我觉得，从一家软饮料企业请人去管理一家电脑公司，这事儿太不靠谱。”

乔布斯只是淡淡地说：“好吧。但我希望你再多想想。”

经过几次交谈，斯卡利陷入了纠结。他的内心告诉他，他已经喜欢上了苹果。但从理智上，他又实在无法说服自己放弃已经得到的一切，去一个跟自己全无关系的地方重新打拼。这个选择对他来说，实在是太难了。

但在大陆的另一边，乔布斯可没有那么瞻前顾后，他已经认准了斯卡利就是苹果CEO的不二人选。3月20日，乔布斯再次飞赴纽约。与斯卡利共进晚餐后，两个人一起到中央公园散步。

“你的感觉到底如何？”乔布斯问。

“看到你们所做的一切，我真的非常兴奋。”斯卡利说，“你们真的是在改变世界。”

“那么，我想你就是我们要找的那个人。我想你过来和我一起工作，我可以从你身上学到很多东西。”

斯卡利对乔布斯说：“史蒂夫，我真的很愿意成为你的顾问，为你提供一切可能的帮助。因为你是我遇到的最好的人。但我不想去苹果工作，无论薪水多高，我都不想去。”

乔布斯低下头看着地面，咬着嘴唇一言不发。这片刻的宁静让斯卡利感到浑身的不舒服。突然，乔布斯抬起头，用犀利的眼神看着斯卡利，说出了一句让斯卡利终身难忘的话：

“你是想一辈子卖糖水，还是想改变世界？”

斯卡利觉得，这句话像钟磬一样敲在心头铮铮作响。面对乔布斯的诚意，在一次可能改变世界的机会面前，他明白，自己无论如何也不能说“不”。

（摘自《乔布斯传——神一样的传奇》）

在每个人短暂的一生中，职业生涯伴随人的大半生，也是最为重要的组成部分。人生的成功在很大程度上取决于职业生涯的成功。一个人要实现自己的价值，得到社会的承认，主要是通过职业活动为社会做出贡献。职业生涯规划从本质上讲是个人对人生价值和生命意义的思考和追寻，它影响着人的前途和命运。有意义的人生，就个人来说，是个体通过职业能够满足自身的物质需求和精神需求；就社会来说，就是个体通过职业活动能为单位、社会创造价值，做出贡献。当一个人能够通过职业活动获得自身的物质和精神需求，能够因贡献而得到社会的认可的时候，就会有最大程度的幸福感和自尊感，也就实现了个人价值和社会价值的统一，使人生更富有意义。

职业生涯规划可以使个人对自我进行全面的分析。通过认识自己、了解环境，清楚自己想做什么，会做什么，环境能够支持自己做什么，自己的优势是什么、不足是什么等问题，进而使理想具有可操作性。大学生职业生涯规划确立的过程是一个有弹性的动态规

划过程，是一个自我定位、规划人生的过程。我是谁？我从哪里来，要到哪里去？我要怎样地活着？我要追求一种什么样的生活方式？通过职业生涯规划，大学生将正视和思考这些问题，明白自己想要的生活方式，评估个人目标和现状之间的差距，进而确立人生的发展方向，完善努力奋斗的策略。

二、有助于激励大学生完善自我，提升综合素质

职业生涯规划可以使大学生认清使命，激发动力。大学生刚从高中步入大学校园，面对学习和生活方式的改变、周遭环境的变化、人际关系的复杂、对专业的不甚了解等问题，会产生一种无所适从的感觉。这时，通过职业生涯规划可以帮助大学生了解自我，树立目标，对学业的顺利完成做到心中有数，增强他们通过学习成才的动力和热情。而且随着大学学习的深入和时间的推移，学生职业生涯规划的效果会越发明显。这也使学生根据自己的目标和规划更加主动地学习知识，掌握各项需要的技能，为人生发展储备各方面的能量。

职业生涯规划可帮助大学生进行全面的自我分析，评估自身的优势与不足，理清职业生涯发展方向，逐渐形成较为明确的职业意向。有了这种方向，就能清晰地认识到自己的人生目标以及每个阶段的发展重心，才能让大学生活富有激情与动力，少走弯路。有了规划的大学生活，不会产生混沌度日、碌碌无为的倾向。相反，它会时刻提醒你、启发你，让你把握每一个可能成功的机遇，让你不断提高自己的综合素质，完善自己，让你做事情更有毅力和决心，在工作中看得比别人更远、想得比别人更深。

在职业生涯规划中，大学生的自我完善过程也是个人与社会相适应的过程。要在人生态度、思维方式、行为模式和知识能力结构诸多方面逐步养成现代文明所必须具备的素质，这是毕业后大学生能够适应社会、走向成功的关键。

三、有助于大学生提高职业竞争力，取得最佳的职业前程

[**故事**] 做自己的职业策划师

日本著名企业家井上富雄，年轻时曾在 IBM 公司工作。进入公司不久，由于他体质羸弱，积劳成疾，终于病倒了。他凭借着坚强的意志与病魔搏斗了 3 年之久，终于康复，并重回公司工作。

当时，他已经 25 岁，于是立下了往后 25 年的生涯规划，这是他第一次为自己制订职业生涯的计划。此后，他每年为自己未来 25 年生涯订立新的计划。比如 28 岁时，就制订了到 53 岁时的生涯计划；到了 30 岁时，就制订出到 55 岁时的生涯计划。最初他制订生涯计划的动机相当单纯。他觉得，病愈后再回到公司，一些比自己晚入公司的后辈职位都超过了他，要想在短时间内拉近 3 年的差距着实不易。但是，井上富雄并不是一个轻易服输的人。由于担心再过分逞强会引起旧病复发，于是他就想找出既能悠闲工作又可快速休息的方法。因此，他就抱定："好吧！别人花 3 年时间，我花 6 年的时间；别人花 5 年时间，我就花 10 年的时间，只要不慌乱，一步步地前进，还是会有成就的。"

因此，井上富雄订立自己的"25 年计划"表，并确实督促自己按计划实践。他不断地

对“如何才能以最少的劳力，消耗最少的精神，以最短的时间达到目的”进行思索，也就是说他不断地力图找到既轻松，又一定能成功的战略、战术。他经常不断地调整自己的职业设计规划，追加新的努力目标，使自己的启蒙目标和工作目标逐渐扩展充实起来。当他还是一个小小办事员时，就开始学习科长应具有的一切能力；当科长时，就学习当经理应具备的能力；当经理时，就再进一步学习胜任总经理的能力。总之，他总是从自己的现实出发，学习应具有的各种能力，然后再进一步地为未来打基础，以便能随时胜任更高的职位。到了 30 岁时，井上富雄成为经理；到了 40 岁时，他当上了总经理，他的升迁比别人要快得多。而 47 岁时，他干脆离开 IBM，自己开始经营公司。这一切都是得益于所制订的职业生涯规划的有效帮助。后来，他在日本出版了一本畅销书叫《怎样寻找终身职业?》

（资料来源：《大学生职业生涯规划教程》，宋爱华主编）

部分大学生过着盲目的大学生活。有些大四学生奔走于忙碌之中无法就业，还有些毕业生新进职场频繁跳槽、职业倦怠。这些皆因他们缺少明确的职业目标，缺乏清晰的自我定位，不了解自己到底适合什么样的企业，不知道什么样的素质和能力与岗位匹配，不知道用什么样的心态与企业文化相融。企业和社会发出呼声，企业需要的是招之能用的人才，企业更倾向于招那些有明确职业生涯规划的大学生，职业生涯规划应搭起学校教育向社会转化的桥梁。

当前，我国就业形势十分严峻，大学生毕业后所面临的挑战越来越大。面对激烈的就业竞争，作为大学生的我们，做好职业生涯规划尤为重要。它有助于提高职业竞争力。通过职业生涯规划，对自己有了清晰的认识和明确的目标，才能早作准备。学习做人、做事、与人交往，通过挖掘自身的潜能，提升自己的整体素质，及时做出调整和完善，为将来的职业选择和职业发展打下坚实的基础。只有如此，在急剧变化的职业世界中，才具有更强的竞争能力，才能为自己的人生发展储备更多的资本，创造职业成功的机遇。

四、职业生涯规划对企业组织和社会的意义

职业生涯规划也是各类组织人力资源开发的有效途径。传统的人力资源管理注重的是人职匹配，即将合适的人放在合适的位置上。现代人力资源管理与开发更注重的是人职发展。因此进行职业生涯规划，制定员工的职业生涯规划是一项必需的管理活动。通过职业生涯规划，最大程度发挥员工的潜能，使组织的效能最大化。

职业生涯规划推动社会进步。社会的文明进步离不开高素质的人才，职业生涯教育的本质在于促进人的全面发展和培养人的综合素质，满足社会对高等人才的需求，减少社会人才资本的浪费。对大学生开展职业生涯教育，一方面可以全面提升大学生综合素质，提高就业竞争力；另一方面会使他们的就业观念更加现实，就业手段更加丰富，就业渠道更加多元化。这些都将大大促进就业率的提高，有力地缓解就业压力，促进社会的和谐与稳定。同时，对大学生进行职业生涯规划教育，促进学生职业和个人能力的匹配，更易做到人尽其才、才尽其用，既节约社会人力资本，又能最大限度地发挥个人潜能，推动社会进步。

第二节　职业生涯规划的发展脉络

职业生涯规划起源于美国。最初，它只是作为解决失业和就业问题的一项社会工作，而随着人本主义思潮兴起，职业指导也慢慢地由最初简单的"协助人择业"，演变成了一项"协助个人发展、接受适当、完整的自我形象，同时发展并接受完整而适当的职业角色形象"的工作，它的名称也由最初的"职业指导"变成了"职业生涯规划"。当前，世界上主要的发达国家对职业生涯规划教育都给予了高度的重视，我国高校职业生涯规划教育工作在经过探索后也进入了快速发展的新阶段。

一、发达国家职业生涯规划教育的发展与现状

（一）国外职业生涯规划教育的发展

生涯规划的前身是职业辅导。职业辅导起源于20世纪初叶的美国。随着工业革命在美国的深入，社会生产力得到了迅猛发展，加速了社会分工和职业种类变化的进程，原来的职业选择和方法也越来越不适应社会发展的要求。当美国快速发展成为世界上主要的工业国家时，职业指导运动也开始在这个国家同步兴起。一批社会改革家、学校行政官员和教师掀起了一场旨在教育青少年如何了解自己、他人及周围世界的辅导运动。这场职业辅导运动，标志着职业辅导的诞生，也是现代生涯辅导的萌芽。在这场运动中，戴维斯(J. B. Davis)、帕森斯(F. Parsons)等人是公认的领导人和实践者。1907年，戴维斯首创了系统的职业辅导计划，1908年帕森斯创办了职业指导局，并提出了职业选择的特质因素理论。

帕森斯之后的三四十年间，美国职业界求才若渴的需求影响到了职业辅导的重点倾向。在这种情形下，提供职业资料成为职业选择最重要的基础工作，因而让求职者了解职业信息资料成了职业辅导的最重要的内容。

到了20世纪40年代至50年代，社会与经济的变迁使得职业辅导的重点由职业资料分析转移到重视个人特质上来，当然这也受到了罗杰斯(C. R. Rogers)理论的影响。1942年，罗杰斯的名著《咨询和心理治疗》问世，标志着这一理论流派走向成熟。在罗杰斯所提出的当事人中心疗法的概念冲击下，对个人发展的重视逐渐成为辅导工作的重心。传统的职业辅导概念较局限于工作本身的选择，且偏重人与事的配合，而忽略与工作有关的个人情绪与人格因素。随着时代的变迁，人的发展得到了很大的重视，以个人发展为中心的观点受到更多人的重视和接受。

大约从20世纪40年代起，许多心理学、社会学的研究开始探讨职业行为与生涯发展的问题。到了20世纪50年代之后，逐渐形成更多的辅导与咨询的理论派别，也直接或间接地涉及对生涯规划问题的探讨，从而为生涯规划理论的建立做出了重要的贡献。

20世纪60年代前后，是西方生涯规划理论成长和成熟的重要时期。不少著名的生涯规划理论都是在这个阶段提出或者发展起来的。金斯伯格、舒伯的生涯发展理论，罗伊(Anne Roe)的人格理论，霍兰德(John Holland)的人格类型理论，鲍丁(E. S. Bordin)的心

理动力理论等，都是在这个时期成形的。

追溯历史，职业指导只是作为解决失业和就业问题的一项社会工作，而随着人本主义思潮兴起，职业指导也慢慢地由最初简单的“协助人择业”，演变成了一项“协助个人发展、接受适当、完整的自我形象，同时发展并接受完整而适当的职业角色形象”的工作。它的名称也由最初的“职业指导”变成了“职业生涯规划”。生涯规划理论的大量涌现，将生涯规划推向一个以注重个体生涯发展历程为重心的方向。生涯规划终于取代了职业辅导的地位，扩展了职业辅导的范围，使职业辅导成为生涯辅导的一个组成部分。

（二）国外职业生涯规划教育的现状

当前，世界主要先进国家对职业生涯教育都给予了高度的重视，甚至以政府法案的形式进行了职业生涯教育改革，如美国分别在 20 世纪 70 年代制定了《生计教育法案》，90 年代制定了《学校一就业法案》。生涯教育在美国、英国、日本等国家已很普及，许多国家各个层次的学校都开设了职业生涯辅导课程。在美国，儿童从幼儿园开始就接受生涯教育，高中阶段更是请专家给学生们做职业兴趣分析，几乎每位大学生都可以在职业规划师的指导下选择工作。

发达国家和地区的高校普遍重视大学生职业生涯规划教育，并在实践过程中形成了一套较为完善的理论模式和教育体系。设置健全完善的就业指导服务机构，拥有专业化的就业指导人员，注重与政府、社会的联动，开展贯穿大学生涯的职业生涯规划教育，提供个性化的职业辅导，组织多样的社会活动为学生搭建平台，为学生提供快速方便的信息服务，为学生设计个人职业生涯规划报告。

二、我国职业生涯规划教育的发展与现状

（一）我国大学生职业生涯规划教育的发展历程

1. 萌芽阶段

20 世纪初，我国的职业指导受到美国等西方国家的影响，1916 年，清华学校校长周诒春等人首次将心理测试的手段应用到学生选择职业中，并实施“生涯规划”相关的课程辅导，这是中国生涯教育的开端。1917 年，老一辈革命家、教育家黄炎培联合蔡元培、梁启超等在上海创立了“中华职业教育社”，大力提倡职业教育，提出了“职业教育应贯彻全教育过程和全部职业生涯”，达到以“无业者有业，有业者乐业”为终极目标的职业教育思想体系。他还投入相当多的精力于职业指导和职业心理试验两项工作，并于 1919 年成立职业指导部，在《教育与职业》杂志上刊发职业指导专号和职业心理专号。1927 年，中华职业教育社在上海创办了我国第一个“职业指导所”，此后，在各地又建立了一批职业指导所，为发展我国职业指导事业奠定了基础。

这一时期的代表人物还有邹韬奋先生，他在此项工作中倾注了大量的心血。1922—1926 年，他研究和编译了《职业教育研究》《职业智能测验法》《职业指导》《职业指导实验》《职业心理学》等著作，发表了《中国职业指导现况》等文章。他认为职业指导绝不只是引导如何获得职业，而是涉及教育哲学、心理学、统计学、社会学等众多学科的工作，要以种种方法帮助人怎样选择职业、怎样预备职业、怎样加入职业，并能在职业上求得进步。

2. 1949年后国家统一分配阶段

中华人民共和国成立后，由于实行计划经济和就业的统包统配等政策，在相当长的一段时间里，职业生涯规划教育问题一直是高等院校教育的空白。职业生涯规划教育基本上被国家统一分配所取代。在绝大多数青年学生的头脑中都没有自己自由选择职业的概念，更没有对职业发展的设想，他们不需要思考自身的体质、能力、爱好、兴趣等，需要做的只是接受国家计划的安排。

3. 酝酿和探索阶段

我国从1977年恢复高考到1990年期间，大学毕业生实行的是"统招统分"的计划分配制度，主要是由政府解决大学生的就业问题，大学生的择业和创业问题尚未浮出水面。随着经济社会的发展和就业形势的变化，党和政府从国情出发，开始了就业指导的酝酿工作。1986年，劳动人事部编写了就业训练教材《就业指导》供各地对求职人员开展职业培训时使用，并通过职业介绍机构开展了初步的职业指导工作。1989年，国家教委印发了《高等学校毕业生分配制度改革方案》，高校毕业生由国家统包统配的就业制度终于被改革的利剑击破。1993年，中共中央、国务院颁布了《中国教育改革和发展纲要》，明确提出了大学生"自主择业"的要求，就业指导问题随之开始引起注意。

1994年，劳动部颁发了《职业指导办法》，明确规定职业介绍机构应开展职业指导工作；国家教委文件指出学校职业生涯辅导的任务是"帮助学生了解社会，了解职业和专业，了解自己的生理、心理、兴趣、才能和体质等特点，教育学生学会正确处理国家、社会需要与个人志愿的关系，增强对未来职业的适应能力，使学生能正确选择符合社会需要及其身心特点的职业或专业"。这些探索为职业生涯规划教育奠定了初步基础。

4. 起步实施阶段

随着毕业生就业制度改革的不断深入，以就业指导为重点的职业指导提上重要日程。1995年，国家教委下发通知，要求各普通高校正式开设就业指导课，同时加强教材编写工作。1997年，国家教委颁发了《普通高等学校毕业生就业工作暂行规定》，对高校的就业指导工作做出了明确规定，各高校纷纷建立了相应的机构。1999年，劳动保障部制定颁布了《职业指导人员国家职业标准（试行）》，出版了相应的培训教材。2000年6月，职业指导人员职业资格鉴定工作在全国范围内展开，标志着我国职业指导和职业介绍队伍建设进一步走向规范化。

我国现代意义上的大学生职业生涯规划教育的提出并受到关注应该是从21世纪开始的。2000年10月，由北京市学联等单位发起，在中国人民大学、北京大学、清华大学等8所首都高校组织开展"2000年大学生生涯规划"活动，受到首都大学生的普遍欢迎。到2001年，国内许多高校普遍开始增设就业指导课程或讲座，部分就业指导教材也相继出版，就业指导服务水平有了不同程度的提高。

纵观我国大学生职业生涯规划教育的发展历程，其突出特点是初期起步早、中断时间长，目前呈现快速发展的势头。

（二）我国大学生职业生涯规划教育的现状

大学生职业生涯规划教育作为职业指导教育的延伸和发展，经过探索后进入了快速

发展的新阶段，这一领域受到前所未有的重视。一些学者逐渐认识到大学生职业生涯规划指导的重要意义，开始将国外优秀的职业生涯规划理论引入我国大学生职业生涯规划的研究中并加以发展。同时还加强与世界上主要的发达国家职业生涯规划教育领域的交流，学习和借鉴发达国家和地区高校职业生涯规划教育的先进经验，以更好地开展我国高校职业生涯规划教育工作。许多高校也都开设了职业生涯规划课程，对引导大学生树立职业生涯观念、做好职业生涯规划、成功实现就业创业起到了重要的作用。

经过对职业生涯教育多年的建设和发展，我国已逐步形成了以职业生涯规划教育为基础、就业指导教育为手段的大学生职业教育体系。但是，我们也要清醒地认识到，在我国，高中阶段以前是基本没有职业规划教育的，绝大部分学生在对职业发展毫无了解的时候就被分为文科生和理科生，在进入大学选择专业时也很少考虑到个人的职业兴趣和能力倾向，这就造成了大量学生进入高校后学习兴趣锐减，将60分当成奋斗的目标，将一纸文凭作为检验学习成绩的标准。目前，尽管许多高校已开展了职业生涯规划教育工作，为学生择业、就业提供了较多的帮助，但是从总体上看仍处于初步发展阶段。在实践中，职业生涯规划教育仍存在一些问题，如大学生职业生涯规划意识薄弱、职业认知方法简单、职业生涯定向模糊、职业规划与行动的脱节、职业规划实施的反馈机制缺乏。其最直接的结果就是，在大量的用人单位招不到合适人才的同时，数以百万计的高校毕业生因达不到用人单位的要求而无法成功就业。曾经有人对北京人文、经济类综合性重点大学的在校大学生进行了调查，结果显示：62%的大学生对自己将来的发展、工作、职业生涯没有规划，33%的大学生不明确，只有5%的大学生有明确的规划。这组数据提醒我们，高校对大学生进行职业生涯规划教育已迫在眉睫。

第三节　职业生涯规划的相关概念

职业生涯在人生中占有重要的时间比例。在日常生活中，不了解什么是职业、什么是职业生涯似乎并没有多大的影响。但一旦我们想去探索自己的职业生涯、对职业生涯进行规划时，探讨这些基本概念，就变得非常重要了。

[案例]

三个工人在砌一堵墙。

有人过来问："你们在干什么？"

第一个人没好气地说："没看见吗？砌墙！"

第二个人抬起头来笑了笑，说："我们在盖一幢高楼。"

第三个人边干边哼着歌曲，他的笑容很灿烂："我们正在建设一座新城市。"

10年后，第一个人在另一个工地上砌墙；第二个人坐在办公室中画图纸，他成了工程师；第三个人呢，成为前两个人的老板。

（资料来源：《大学生生涯规划与职业发展》，赵新凭编）

这个故事告诉我们，理想是高扬在我们心中的一面旗帜，会产生一种无形的创造性和

张力，让平凡的工作充满想象，并引领我们为之努力奋斗。

从上述案例不难看出职业认知的重要性。对大学生来讲，只有对未来就业目标有一定的认知，在求职择业时才不会盲目。

一、职业的内涵

（一）职业的定义

从词义上分析，“职”是指职位、职责，即我们平时所说的在一定的职位上就要尽一定的责任。“业”是指从事的行业、事业、业务，即具体干什么事情。从社会学和经济学的角度来分析，职业是指参与社会分工，利用专门的知识和技能为社会创造物质财富和精神财富，以获取合理报酬作为物质生活来源，并满足精神需求的工作。它是人类文明进步、经济发展以及社会劳动分工的结果。

（二）职业的特征

（1）经济性特征：从事职业活动的就业者能获得经济收入，并且相对稳定、持续。

（2）社会性特征：人们的职业劳动不仅为个人谋生，同时也是尽社会义务。职业是个体进入社会生活后获得的社会位置和劳动角色，社会成员在职业岗位上为社会整体做贡献，社会整体以全体成员的劳动成果作为积累而获得持续的发展和进步。

（3）技术性特征：从事职业活动的就业者，需要具备相应的知识和技术。随着社会的进步和发展，许多职业对劳动者所具备的知识和技术水平的要求会越来越高。

（三）职业与工作

职业不同于工作，它更多的是指一种事业。职业是从时间和空间两个维度去认识工作，即存在于不同时期、不同组织中的同一类工作，如医生职业、教师职业、职业规划师等。

职业问题不是简单的工作问题。就职业一词的本义而论，它至少包含了两个方面的含义：首先，职业体现了专业的分工。没有高度的专业分工，就不会有现代意义上的职业观念，职业化意味着要专门从事某项事务。其次，它体现了一种精神追求，职业发展的过程也是个人价值不断实现的过程，职业要求个人对它忠诚。

工作是由一系列相似的职位所组成的一个特定的专业领域。如医生从事医疗工作，教师从事教育工作。一旦确定了某一条道路，这就是职业了。工作可以是有偿的，也可以是无偿的。一种职业可包含着多份工作。

二、生涯的内涵

从词义上分析，生，指生命、活着；涯，指边际。生涯是指个人通过从事工作所创造出的一个有目的并延续一定时间的生活模式，它是一个时间概念。美国职业生涯管理专家舒伯（Super. D. E）认为，生涯是个人终其一生所扮演的各种职业和生活角色的整个过程，生涯的发展是以人为中心的，由此表现出个人独特的发展形态。

三、职业生涯的内涵

（一）职业生涯的定义

对于职业生涯的认识，学者们观点众多，我们认为职业生涯是指个人在围绕其每一生命阶段目标而进行的有目的的学习与工作活动中所创造出的一种相对稳定的生活模式。

简单地讲，职业生涯是有关工作的过程或结果，它包含了一个人从职业学习开始到职业劳动的最后结束，是整个的人生职业工作经历。从时间上来说，职业生涯可有狭义与广义之分。狭义的职业生涯限定于直接从事职业工作的这段生命时光，比如说，从大学毕业开始工作到退休这段时间。广义的职业生涯是从职业能力的获得、职业兴趣的培养、选择职业、就业，直到最后完全退出职业劳动这样一个完整的职业发展过程，也即开始上学接受知识教育一直到退休这段过程。

（二）职业生涯的基本特征

1. 职业生涯的独特性

每个个体都是独特的，具有不同的特点，在职业条件、职业理想、职业选择等方面都不同，再加上每个人为实现自己的职业理想所做的职业努力的不同，形成了每个人独特的职业生涯历程。

2. 职业生涯的发展性

职业生涯是一种发展、演进的动态过程。从整体来看，每个人的职业生涯都有一定的逻辑性。在个人与他人、个人与环境、个人与社会的互动中，每个人根据自己不断允实的社会职业信息、职业决策技术，做出与该阶段相符的职业生涯规划。这个发展过程涵盖了一个人一生的各个层面。

3. 职业生涯的终身性

职业生涯是一种动态发展的历程，每个人在不同阶段有着不同的追求，每个阶段都不断地做出职业生涯规划并积极地去实施，这是一个终身的活动。即使在晚年阶段，个人也会不同程度地扮演好自己的角色，发挥自我价值。“老骥伏枥，志在千里”正是人生晚年对职业生涯的追求。

4. 职业生涯的阶段性

随着社会的发展，一个人并非终身都在一个行业或组织中，个人的职业生涯更多地受到其职业兴趣与职业动机的影响。因此职业生涯有阶段性的特点，每个阶段有着不同的目标和任务，每个人的职业生涯都是一种发展、演变的动态过程。

（三）内职业生涯与外职业生涯

职业生涯从不同的角度有不同的分类方法。著名心理学家施恩将职业生涯分为外职业生涯与内职业生涯。

1. 外职业生涯

是对组织而言的职业生涯。它是指在职业生涯过程中所经历的职业角色（职位）及获取的物质财富的总和。外职业生涯包括从事职业时的工作单位、工作地点、工作内容、工作职务与职称、工作环境和工资待遇等因素的组合及其变化过程。

外职业生涯强调外部环境和外部条件，其构成因素会随外在条件的变化而变化。它的构成因素通常是由别人认可和给予的，也容易被别人否认和收回。

2. 内职业生涯

是针对个人而言的职业生涯。它是指在职业生涯发展中通过提升自身素质与职业技能而获取的个人综合能力、社会地位及荣誉的总和。内职业生涯强调自身各项因素的获得与提高，它是别人无法替代和窃取的财富。

内职业生涯包括从事一项职业时所需的知识、观念、心理素质、经验、能力、身体健康、内心感受等因素的组合及其变化过程。内职业生涯各项因素的获取，可以由别人的帮助而实现，但主要还是靠自己努力追求。

3. 内、外职业生涯的关系

内职业生涯与外职业生涯密不可分。内职业生涯的发展是外职业生涯发展的前提，内职业生涯的发展带动外职业生涯的发展。大学生在找工作时，会咨询用人单位这些问题，如“一个月薪水有多少？有奖金吗？……”这些都是外职业生涯的内容。我们应多询问：“你们需要什么样的人才？我能争取到什么样的锻炼机会？”如果用一棵树比喻成一个人的职业生涯发展，展露在外的树干、树枝、叶、花、果即为外职业生涯的部分，而隐埋在地下的树根、茎即是内职业生涯的部分。我们应该把焦点放在内职业生涯的“树根”上。一棵大树，只有根深蒂固才会枝繁叶茂。

在内职业生涯中，有些因素，如知识、经验等需要相对特定的环境才能发挥作用；有些因素，如高尚的品德、积极的心态、终身学习的能力等，却是万能的种子，无论在怎样的环境中都能生长。越来越多的用人单位已经认识到这一点。很多用人单位认识到，其需要的人才专业技能是一个方面，但思想品质最重要，重点要看能不能吃苦、有没有团队精神。《易经》云：“形而上者谓之道，形而下者谓之器。”所以，希望同学们要把自我发展的重点放在培育高尚的品德和积极的心态，树立“终身学习”的理念上。良好的道德品质、良好的心态与观念也是一种能力，是能力中的原生质，它能孕育、分化、产生其他多种能力。

四、职业生涯规划的初认知

（一）职业生涯规划的定义

职业生涯规划是指个人发展与组织发展相结合，根据自身条件和现实环境，在对个人职业生涯的主客观条件进行测定、分析、总结的基础上，对自己的兴趣、爱好、能力、特点进行综合分析与权衡，结合时代的特点，根据自己的职业倾向，确定其最佳的职业奋斗目标，并为实现这一目标做出行之有效的战略设想和计划安排。也即：

我是谁 —— 我怎么样去行动 ——→ 我将成为谁

职业生涯规划线路图

个体的职业生涯规划强调个人该如何为自己做出适当的选择，探讨个人如何规划自己未来的生涯发展。职业生涯规划的目的绝不仅仅是帮助个人按照自己的资历条件找到一份适合的工作，更重要的是帮助个人了解自己的真正需求，为自己定下事业大计，拟订一生的发展方向，最终实现自我。

（二）职业生涯规划的特点

1. 个性化

每个人的生涯发展是独一无二的，职业生涯也是独一无二的。因此职业生涯规划也因人而异。每个大学生的个性、兴趣、价值观、综合素质等不尽相同，大学生在进行职业生涯规划时，要综合分析自身条件和现实环境，有针对性地规划，切忌盲从。

2. 可行性

即规划是根据实际情况（自己的能力、兴趣、气质和性格，组织的发展状况和机会，自己的竞争力等）做出的，职业目标的确定，应该建立在充分分析自己主客观条件的基础上，不是脱离实际的幻想。

3. 适时性

即确定的目标符合当时的情况，所进行的各种活动都有实施的措施。职业生涯规划需要有具体可行的计划和完成时间，及时检查计划的实施情况和效果。

4. 适应性

即适当地考虑到环境的变化因素，规划应该有一定的弹性和伸缩性。在职业生涯规划的实施过程中，周围各种可变因素在发生变化，因此我们要及时调整。

5. 持续性

职业生涯规划是一项连续、系统的工作。就广义而言，职业生涯贯穿人的一生，在个体走上工作岗位之前的所有阶段都是个体为职业准备的时期，特别是大学生正处于职业预备期阶段，其职业生涯规划不仅仅是毕业前期的工作与任务，而应贯穿大学四年以及更长远的未来。

（三）职业生涯规划的分类

职业生涯规划按照时间的长短来分类，可分为短期规划、中期规划、长期规划、人生规划四种类型。

1. 短期规划

即 2—3 年以内的规划。主要是确定近期目标，规划近期完成的任务。如 2—3 年内掌握哪些专业知识和技能，等等。

2. 中期规划

一般为 3—5 年内的目标与任务。如到不同业务部门做经理，规划从大型公司部门经理到小公司做总经理等。

3. 长期规划

5—10 年的规划，主要设定较长远的目标。如规划 30 岁时成为一家中型公司的部门经理，40 岁时成为一家大型公司副总经理，等等。

4. 人生规划

整个职业生涯规划，时间跨度通常在 20 年以上，设定整个人生的发展目标和阶梯。

（四）职业生涯规划的出发点

职业生涯规划的出发点为“四定”和“四择”。“四定”即定向、定点、定位和定心，“四择”即择己所爱、择己所能、择世所需、择己所利。

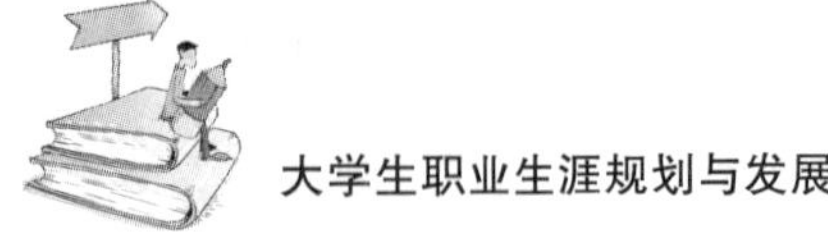

1.“四定”

职业生涯规划，简单地说，就是要解决职业生涯设计中“干什么”、“何处干”、“怎么干”、“以什么样的心态干”这四个最基本的问题。

定向，就是确定自己的职业方向。方向和目标有所不同，目标是自己拟定的期望达到的一个理想，而方向是为达到目标而选择的一种路径。如果方向错误，则会偏离目标，即使修正也需要花费很多的时间和精力。对于大学生来说，职业定向需要冷静的头脑和十足的勇气，根据自己的兴趣、理想、专业去选择自己未来的职业方向。

定点，就是确定职业发展的地点。地点也是现实环境的一个因素。就中国来说，各地的经济发展现状和前景都不同，甚至差异很大，比如中心城市和边远山区，沿海一带和西部地区。近几年的调查研究显示，绝大多数毕业生选择就业地点只盯着经济发达的地区，但这些地区竞争激烈，人满为患不说，外地生源还要面临环境、观念、语言、文化等差异带来的困难，而且发展与晋升的空间与机会并不见得比发展中地区更好。

定位，就是确定自己在职业人群中的位置。定位过低会导致个人在职业生涯中无法实现自我价值的最大化，过高则容易因连遭挫折而对职业生活失去信心。大学生往往因为定位的不准确，出现“高不成低不就”的现象，毕业几年仍漂泊不定。因此，大学生需要准确地标定自己的位置，既不能自卑也不要自傲，应根据自己的实际水平，在择业时对职位、薪资、工作内容等做好判断和把握。

定心，就是稳定自己的心态。人的一生必然会有高低起伏，成功与挫折总是结伴而行，个人的职业生涯也不例外。在实现职业理想和目标的过程中，难免也会有磕磕碰碰和意想不到的困难。对大学生来说，就是要保持一种平常心态，敢于直视就业过程中的困难和问题，不以物喜，不以己悲，始终坚定地按照自己的正确计划去实现理想。

2.“四择”

择己所爱，就是选择自己喜欢的职业。在制定职业生涯规划时，首先要考虑自己的兴趣，只有从事你喜欢的职业才能给你带来满足感、成就感和无穷的力量，别人认为好的职业，并不一定适合你。球王贝利曾说:“我热爱足球，足球就是我的生命。”正是抱着对足球的热爱和执着，才使贝利步入足坛，把足球作为他终生的职业目标，也正是足球给他带来无穷的乐趣、荣誉和财富。

择己所能，就是选择自己能发挥优势的职业。任何职业都要求从业者掌握一定的技能，具备一定的条件。职业不同对技能的要求也不一样。任何一项技能都必须经过一定时间的训练才能掌握，而每个人的一生都是有限的，任何人都不可能掌握所有的技能。

择世所需，就是选择社会需要的职业。社会需求不断变化，旧的需求不断消失，同时新需求不断产生，昨天的抢手货可能在今天会变得无人问津，今天的热门职业，明天不一定还如朝阳般生机勃勃。科技的发展、消费者的习惯，以及这些改变的影响，可能减少社会上对某些工作的需要，甚至最终使这些工作消失，如铁匠、钢笔修理工、抄表员等。

择己所利，就是选择对自己有利的职业。一个不得不承认的事实是，职业对你而言，依然是一种谋生的手段，在谋取个人幸福的同时，也创造了社会财富，为社会做出了贡献。择业时，首先是考虑自己的预期收益。个人预期收益在于使自己由低到高的基本需求得到最大的满足，而衡量其满足程度的指标，表现在收入、社会地位、职业生涯的稳定性与挑

战性等。不同的人有不同的偏好，每个人都会尽可能满足自己所有的需求。

（五）职业生涯规划的目的

1. 明确目标与方向

［案例］

朝着北斗星走，就能走出沙漠

比赛尔是西撒哈拉沙漠中一颗璀璨的明珠，每年有数以万计的旅游者来这儿。可是在肯莱文发现它之前，这里还是一个封闭而落后的地方。这里的人没有一个走出过大沙漠，据说不是他们不愿离开这块贫瘠的土地，是尝试过很多次都没有走出来。

肯莱文当然不相信这种说法。他用手语向这儿的人问原因，结果每个人的回答都一样：从这儿无论向哪个方向走，最后都还是转回到出发的地方。为了证实这种说法，他做了一次试验，从比赛尔村向北走，结果三天半时间他就走了出来。

比赛尔人为什么走不出来呢？肯莱文非常纳闷，最后他雇一个比赛尔人，让他带路，看看到底是为什么。他们带了半个月的水和食品，牵了两峰骆驼，肯莱文收起指南针等设备，只拄一根木棍跟在后面。

十天过去了，他们走了大约八百英里的路程，第十一天的早晨，他们果然又回到了比赛尔。这一次肯莱文终于明白了，比赛尔人之所以走不出大沙漠，是因为他们根本就不认识北斗星。

在一望无际的沙漠里，一个人如果凭借着感觉往前走，他会走出许多大小不一的圆圈，最后的足迹十有八九是一把卷尺的形状。比赛尔村处在浩瀚的沙漠中间，方圆上千公里没有一点参照物，若不认识北斗星又没有指南针，想走出沙漠确实是不可能的。

肯莱文在离开比赛尔时，带了一位叫阿古特尔的青年，就是上次和他合作的人。他告诉这位汉子，只要你白天休息，夜晚朝着北方的那颗星星走，就能走出沙漠。阿古特尔照着去做，三天之后，他果然来到了大漠的边缘。阿古特尔因此成为比赛尔的开拓者，他的铜像被竖在小城的中央，铜像的底座上刻着一行字：新生活是从选定方向开始的。

（资料来源：《读者》）

这个故事告诉我们，一个人无论他现在多大年龄，他真正的人生之旅，都是从设定目标的那一天开始的，以前的日子，只不过是在绕圈子而已。一旦设定了目标，就会少走许多的弯路。古语云：“凡事预则立，不预则废。”运筹帷幄，决胜于千里之外，这是讲计划、计谋的重要性，职业生涯规划也不例外。

职业生涯规划中有两个重要的步骤都涉及目标的确定，一是人生的目标，二是各个角色的目标。设立目标和方向，就好比罗盘指针被磁化之前所指的方向是不确定的，但是指针被磁化具有特殊属性之后，它们就会永远指向北方——忠实于两极了。同样，树立大的方向后，无论迈出的是哪一步，都是朝着这个大方向，指向目标的。正如刚才的案例告诉我们：“如果你不知道自己要到哪儿去，那通常你哪儿也去不了。”

2. 累积理想和成就

[案例]

想象一下,你手里有一张足够大的白纸,现在,把它折叠51次,它会有多高?

这个厚度大约是2251799813685248公里,超过了地球和太阳的距离!

折叠51次高度如此"可观",但如果仅仅是将51张白纸叠在一起呢?

(资料来源:《人力资源》2009年第1期)

这个案例告诉我们:因为没有方向,缺乏规划的人生,就像是将51张白纸简单叠在一起。今天做这个,明天做那个,每次努力之间都没有联系。这样一来,哪怕每件工作都做得非常出色,它们对整个人生来说却只不过是简单的叠加而已。如果将你的每一次努力作出有效的设计规划,它们的效率将成几何级数倍增,而非简单叠加。

3. 减少路径依赖

北森测评网、新浪网与《中国大学生就业》杂志三家机构曾共同进行了"当代大学生第一份工作现状调查",结果显示有50%的大学生选择在1年内更换工作;两年内,大学生的流失率接近75%,比例之高令人震惊。许多没有进行生涯规划的大学生抱着"走一步算一步"和"骑驴找马"的心态开始了职业旅程,结果懵懵懂懂地踏入某个职业领域,产生了"路径依赖"。

[案例]

永远的4英尺8.5英寸

现代铁路两条铁轨之间的标准距离是4英尺8.5英寸(合1.44米),为什么采用这个标准呢?原来,早期的铁路是由建电车的人所设计的,而4英尺8.5英寸正是电车轨的标准。

那么,电车轨的标准又是从哪里来的呢?追究下去,人们发现电车轨道标准来自马车的轮距标准。

马车又为什么要用这个轮距标准呢?原来英国马路辙迹的宽度是4英尺8.5英寸,所以,如果马车用其他轮距,它的轮子很快会在英国的老路上撞坏。

这些辙迹又是从何而来的呢?从古罗马人那里来的。因为整个欧洲,包括英国的长途老路都是由罗马人为他们的军队所铺设的,而4英尺8.5英寸正是罗马战车的宽度。

可以再问,罗马人为什么以4英尺8.5英寸为战车的轮距宽度呢?原因很简单,这是牵引一辆战车的两匹马屁股的宽度。原来是马的屁股决定了千年后的现代铁路铁轨宽度。

故事到这里还没有结束，美国航天飞机燃料箱两旁有两个火箭推进器，因为这些推进器造好之后要用火车运送，路上又要通过一些隧道，而这些隧道的宽度只比火车轨道宽一点，因此火箭助推器的宽度要由铁轨宽度来决定。

所以，最后的结论是：美国航天飞机火箭助推器的宽度，竟然是由两千年前两匹马的屁股的宽度所决定的。

（资料来源：http://blogger.org.cn/blog/more.asp? name=hxxz&id=25082）

从上边的故事里我们可以非常直观地感受到“路径依赖”所产生的巨大的威力。路径依赖，指人们一旦选择了某一个制度，就好比走上一条不归路，惯性的力量会使这一制度不断“自我强化”，让你轻易走不出去，甚至“一条路走到黑”，即出现制度被“锁定”的情形。人们过去做出的选择决定了他们现在及未来可能的选择。好的路径会起到正反馈的作用，通过惯性和冲力，产生飞轮效应而进入良性循环；不好的路径会起到负反馈的作用，就如厄运循环，可能会被锁定在某种低层次状态下。

4. 降低机会成本

抱着走一步算一步的心态，往往也会陷入“机会成本”的泥潭。选择做一件事，会放弃另一件，那个被放弃的事件所带来的收益就是机会成本。在经济学上，机会成本用于考察为了得到某种东西所必须放弃的所有东西——金钱、时间、物品、劳务——远远不止，它甚至包括一幅迷人的风景。你必须先有心理准备，机会成本包括的范围是如此之大，可能远远地超出你的想象。

职业生涯的发展如同爬树一样，一旦发现树上所结的果实并非自己所需或枝干已经腐朽时，唯一的选择就是退下来，换一棵树或者朝另一个方向继续爬。在旧树干上爬得越高的人，退下来的难度也就越大，而且越是等待观望，所付出的代价就越大。

（六）职业生涯与人生价值

假如：有一天，你买了张彩票，结果中了五百万，你还会继续工作吗？对于这个问题，微软公司的员工会如何回答呢？微软公司曾使几百名员工一跃成为百万富翁，而这些百万富翁中有许多人在获得经济上的独立后仍继续为微软公司工作。是什么力量使得这些富翁们仍然聚在一起工作呢？他们每周要工作 60 小时，而且额外报酬微薄。若从经济收入考虑，他们完全没有这个必要。答案其实很简单，微软公司犹如一个大家庭，这个大家庭的成员都有一种特殊的归属感，从而深化了工作的意义，同时也为生活增添了新的价值。

职业生涯应着眼于人的高级需求的满足和人的全面发展。关于人的需要，西方行为心理学家提出了多种理论，其中最著名的是美国社会心理学家马斯洛的需要层次理论。

马斯洛的需要层次理论从人本主义的角度阐述了需要对人的行为的激励作用。马斯洛把需要划分为五个层次，这些层次构成了一个从低到高、从宽到窄的金字塔结构。具体内容有：

1. 生理需要

即人对维持生命所需要的衣、食、住等方面的需要。从事职业活动正是为了满足人们

的最基本的需要。

2. 安全需要

即人们希望得到安全保障，免遭威胁的需要。在职业生涯中，表现为人们希望避免社会风险，不丢掉职业，不丧失经济收入的需要。

3. 社交需要

即人们渴望与他人建立良好感情，渴望被接受，成为群体中一员的归属感。职业组织是现代社会最重要的社会组织形式之一。职业生活是满足人的社交需要的最重要手段。

4. 尊重需要

即自尊的需要，人们希望他人尊重自己的心理状态。人们在职业组织中的地位和人在社会中获得的职业评价，在一般情况下是人们获得尊重的最主要方面。

5. 自我实现需要

即人们希望能够施展个人的抱负和有所成就的需要。一般而言，人的才能的实现，大量体现在职业生涯的成果、成功和成就上。

马斯洛的需求层次理论有两个基本点：一是人的需求是有层次的，某一层次的需求得到满足后，更高层次的需求才会出现；二是某一层次的需求一旦得到满足，便不能再起激励作用。一个人的人生价值是在为社会、为他人做贡献和对自我价值不断认可的过程中实现的，职业生涯是实现人生价值的重要途径，我们每个人都应该在满足基本需要的基础上追求更高阶层的满足，而不能只停留在低层次需求上。

【本章小结】

1. 职业生涯规划有助于大学生思考人生意义，明确方向，有助于激励大学生完善自我，提升综合素质，有助于大学生提高职业竞争力，取得最佳的职业前程，满足社会对高等人才的需求，推动社会进步。

2. 职业生涯规划的前身是职业辅导，是一项由“协助人择业”转变为“协助个人发展，接受适当、完整的自我形象，同时发展并接受完整而适当的职业角色形象”的工作。

3. 大学生职业生涯规划应以“定向、定点、定位、定心”和“择己所爱、择己所能、择世所需、择己所利”为出发点，规划大学生活，树立职业目标，最终通过职业生涯发展实现人生价值。

【思考题】

1. 你以前听说过或接触过职业生涯规划或类似的内容吗？你是如何理解的？谈谈自己的一些想法。

2. 你目前所学专业与未来你想从事的职业之间有什么样的关系？

3. 如何理解成功的人生与职业发展、职业生涯规划的关系？

【延伸阅读】

假如时光可以倒流

法国有一位著名的牧师纳德·兰塞姆，无论是在里昂的富人区还是穷人区里，他都深受人们的尊重和敬仰。许多人在生命垂危或临终前，对亲朋好友提出的唯一要求就是：请纳德·兰塞姆牧师来到自己的病榻前，要把自己的临终遗言告诉那位可敬的牧师。兰塞姆一生曾听过一万多个人的临终忏悔并将其记录下来，足足有60多本。

许多人都好奇地向兰塞姆牧师探询那些临终者的遗言是什么，但兰塞姆都微笑不语，他将临终遗言一一记录下来，想用自己生命的最后时光，为后人们编著一本最有教益的书。兰塞姆曾经对人们说，大家所关注的千万富翁、王公贵族的遗言没有几个如大家所臆猜的那样是同他们的万贯家产有关的，那些社会显达名流的遗言也没有几个是与他们的权势和社会地位有关的，他们的遗言是悔恨，是对自己一生的忏悔。忏悔差不多是所有临终者遗言的共同话题。

兰塞姆只透露过几个普通人的生命遗言。他说，在里昂市，曾经有一位布店的老板，他一生勤勤恳恳，白手起家，逐渐发展到了有了自己的门店、豪华住宅以及不菲的家产，回首一生，他感慨万千。兰塞姆想，这个商人的临终遗言可能是和他一生辛苦创下的财产有关吧。但恰恰不是，病榻上的布店老板用气若游丝的声音说："亲爱的牧师，我今生最遗憾的是自己未能成为一个音乐家啊！"兰塞姆不解地盯着病榻上双目深陷的临终者。那位临终者长叹了一声解释说："我年轻的时候十分喜欢音乐，曾经和著名的音乐家卡拉扬一起拜师进修音乐，我们一起弹钢琴、吹小号。那时，我的音乐造诣，远远比卡拉扬出色，老师和同学们都十分看重我的音乐前程。"临终者气喘吁吁，停下来歇了歇，又长长地叹了口气说："十分可惜的是，20多岁时我却迷上了赛马，从此整天泡在赛马场里，把自己的音乐天赋给荒废了，后来为了生活我又经营起了布店生意，生意一做就是几十年，再也没有涉足过音乐，要不，我一定不会比卡拉扬逊色，一定也能成为一位举世瞩目的音乐家，而不是这样一位碌碌无为的布店老板。唉，如果时光可以倒流，生命可以重来，我绝不会做这种让人悔恨的傻事了！"老人说罢悔泪长流。

80岁时，兰塞姆牧师开始整理自己记录了一生的那些临终者的遗言，并把这本书命名为《最后的话》。《基督教科学箴言报》曾预言，该书一旦出版，将是世界上最伟大的一部书，因为它将对每一个人的生命都有所教益和启发。但令人惋惜的是，在书稿即将编完的时候，由于大地震引发火灾，兰塞姆一生的心血被付之一炬。火灾平息后，人们纷纷劝兰塞姆牧师重新开始，凭记忆再写《最后的话》，但老人拒绝了。他说："生命遗言最后最重要的话，我会将它刻在我的墓碑上。"

兰塞姆去世后，被安葬在圣保罗大教堂，墓碑上刻着他自己写的碑文：假若时光可以倒流，世界上将有一半的人可以成为伟人！

（资料来源：《职业生涯规划》，闫岩等主编）

第二章 职业生涯规划基本理论

学习目标

通过本章学习，学生应该了解职业生涯在其发展过程中形成的特质因素理论、人格类型理论、心理动力理论、生涯发展阶段理论、职业抱负发展理论、职业锚理论以及职业生涯决策理论，熟悉每个理论的代表人物和基本观点，掌握每个理论的内涵，学会运用相关理论进行自我职业生涯规划。

自20世纪初美国职业辅导的先驱弗兰克·帕森斯(Frank Parsons)提出特质因素理论以来，心理学家、社会学家、经济学家和教育学家等通过大量的研究和实践，从不同的角度阐释了职业生涯规划与发展的理论和方法，形成了许多关于职业生涯选择与发展的理论派别。

第一节　职业选择理论

职业选择理论以特质—因素理论为基础，源于19世纪官能心理学的研究，核心就是人与职业之间的匹配。后来的一些职业指导专家如帕森斯(Frank Parsons)、威廉姆斯(E. G. Williams)等人进一步发展了该理论，再加之心理学的发展、职业信息资料的建立，更充实丰富了职业选择理论，使之成为职业生涯管理中的奠基性理论。

一、特质因素理论

这一理论最早由美国波士顿大学的弗兰克·帕森斯教授提出，这是用于职业选择与职业指导的最经典的理论之一。作为职业选择的经典性理论，特质因素理论至今仍然有效，并对职业生涯规划和职业心理学的发展具有重要的指导意义。

(一) 职业选择的三大要素和条件

弗兰克·帕森斯认为，在选择职业的过程中，涉及三个主要的因素：对工作性质和环境的了解，对自我爱好和能力的认识，以及两者之间的协调与匹配。这就是所谓的“职业选择的三大原则”。

原则一：了解自己，包括了解个人的能力、能力倾向、兴趣、资源、限制及其他特质；

原则二：了解各种职业成功所必需的条件、优缺点、酬劳、机会及发展前途；

原则三：合理推论上述两类资料的关系。

弗兰克·帕森斯强调，职业选择首先是要在做出选择之前先评估个人的能力。因为个人选择职业的关键，就在于个人的特质与特定行业的要求条件是否相配。其次是要进行职业调查，即强调要对工作进行分析，包括研究工作情形，参观工作场所，与工人和管理人员交谈。最后要以个人和职业的互相配合作为职业选择的最终目标。弗兰克·帕森斯认为，只有这样，你才能适应工作，并且使个人和社会同时得益。

（二）人职匹配的两种类型

1. 条件匹配（因素匹配）

需要专门技术和专业知识的职业与掌握该种特殊技能和专业知识的择业者相匹配；劳动条件较差的职业，需要吃苦耐劳、体格健壮的劳动者与之相匹配。

2. 特长匹配（特性匹配）

需要具备一定特长的职业与具有此特长的择业者相匹配。如具有敏感、易动感情、不守常规、有独创性、个性强、理想主义等人格特性的人，宜从事需要良好的审美能力、自我情感表达能力的艺术创作类的职业。

（三）人职匹配过程

根据弗兰克·帕森斯所揭示的职业选择三要素，我们可以把职业选择过程分为三个步骤。

特性评价：通过心理测量及其他手段，分析个人的身体状况、能力倾向、兴趣爱好、气质与性格等方面的个人资料，以及有关家庭文化背景、父母职业、经济收入、学业成绩、闲暇兴趣等，从而获得全面的材料，做出综合评价。

因素分析：分析各种职业对自身的要求（因素），并且广泛收集相关职业信息，如职业性质、工资待遇、工作条件以及晋升的可能性；求职的最低条件，如学历要求、所需的专业训练、身体要求、年龄、各种能力及其他心理特点等，为准备就业而需要参加的教育课程训练计划等。

二者匹配：根据个人的特性评价与社会职业因素分析结果，来选择一项既适合自己的特点、又有可能获得的职业。

（四）理论的启示

特质因素理论指出，个体在选择工作过程中，尽量要使工作性质和环境与自我的爱好和能力相匹配，从而形成合力，对双方来说可以使效果最大化。

特质因素理论只看到了特质因素的影响，忽视了其他因素在职业选择过程中的作用，具有一定的片面性。

二、人格类型理论

该理论由美国约翰·霍普金斯大学的心理学教授约翰·霍兰德（John Henry Holland）于20世纪50年代提出。这一理论是霍兰德以自己的职业咨询经验为基础提出的一种关于职业选择的人格类型理论。这是一种在特质因素理论基础上发展起来的人格与职业类型相匹配的理论。

（一）霍兰德职业兴趣类型分类

霍兰德根据人格的不同，把职业的选择分为六种，分别为现实型、探索型、艺术型、社会型、企业家型、传统型；工作性质也分为六种：现实性的、调查研究性的、艺术性的、社会性的、开拓性的、常规性的。人格类型理论的实质在于择业者的人格特点与职业类型的适应。适宜的职业环境中个人可以充分施展自己的技能和能力，表达自己的态度和价值观，并且能够完成那些令人愉快的使命（见表 2－1）。

表 2－1　霍兰德职业兴趣类型分类

类型	人格特点	职业类型	主要职业
现实型（Realistic）	愿意使用工具从事操作性强的工作，动手能力强，做事手脚灵活，动作协调；不善言辞，不善交际	各类工程技术工作、农业工作；通常需要一定体力，需要运用工具或操作机械	工程师、技术员；机械操作、维修安装工人、木工、电工、鞋匠等；司机；测绘员、描图员；农民、牧民、渔民等
探索型（Investigative）	抽象能力强，求知欲强，肯动脑筋，善思考，不愿动手；喜欢独立和富有创造性的工作；知识渊博，有学识才能，不善于领导他人	科学研究和科学实验工作	自然科学和社会科学方面的研究人员、专家；化学、冶金、电子、无线电、电视、飞机等方面的工程师、技术人员；飞行驾驶员、计算机操作人员等
艺术型（Artistic）	喜欢以各种艺术形式的创作来表现自己的才能，实现自身价值；具有特殊艺术才能和个性；乐于创造新颖的、与众不同的艺术成果，渴望表现自己的个性	各种艺术创造工作	音乐、舞蹈、戏剧等方面的演员、艺术家编导、教师；文学、艺术方面的评论员；广播节目的主持人、编辑、作者；绘图、书法、摄影家；艺术、家具、珠宝、房屋装饰等行业的设计师等
社会型（Social）	喜欢从事为他人服务和教育他人的工作；喜欢参与解决人们共同关心的社会问题，渴望发挥自己的社会作用；比较看重社会义务和社会道德	各种直接为他人服务的工作，如医疗服务、教育服务、生活服务等	教师、保育员、行政人员；医护人员；衣食住行服务行业的经理、管理人员和服务人员；福利人员等
企业家型（Enterprising）	精力充沛、自信、善交际，具有领导才能；喜欢竞争，敢冒风险；喜欢权力、地位和物质财富	组织与影响他人共同完成组织目标的工作	经理、企业家、政府官员、商人、行政部门和单位的领导者、管理者
传统型（Conventional）	喜欢按计划办事，习惯接受他人的智慧和领导，自己不谋求领导职位；不喜欢冒险和竞争；工作踏实，忠诚可靠，遵守纪律	各类文件档案、图书资料、统计报表之类相关的各类科室工作	会计、出纳、统计人员；打字员；办公室人员；秘书和文书；图书管理员；旅游、外贸职员，保管员，邮递员，审计人员，人事职员等

（二）六种类型之间的关系

霍兰德提出了六角形模型来解释六种职业类型之间的关系：在六角形模型中，六种类型被表示为以下三种关系：相邻关系，如企业家型和社会性；相隔关系，如传统型与社会型的关系；相对关系，如现实型和社会型的关系。任何两种类型之间的距离越近，其职业环境与人格特质的相似程度就越高。如企业家型和社会型在六角形模型中是相邻的类型，它们的相似性也最高，这两种类型的人都比其他类型的人更喜欢与人打交道，只是他们打交道的方式不同而已。而现实型和社会型正好处于相对的位置，这就意味着其相似性最低。

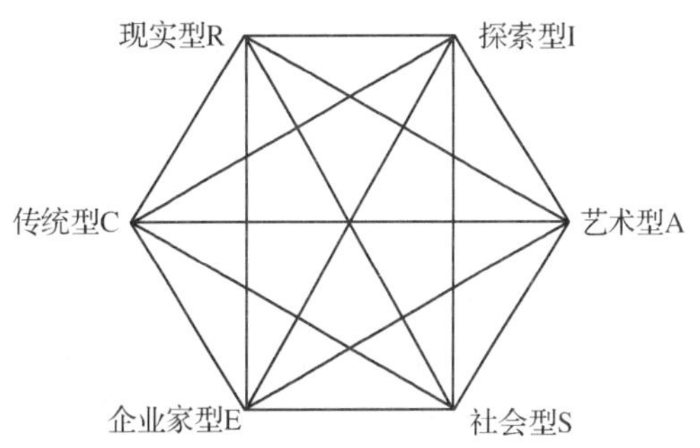

图 2-1　霍兰德六角形模型

六角形模型可以帮助我们对人格特质类型与职业环境类型之间的适配性进行评估。例如一个社会型人格特质占主导地位的人在一个社会型职业环境中工作会感到快乐和内在满足，最有可能充分发挥自己的才能。但个人又有着广泛的适应能力，社会型人格类型在某种程度上相近于企业家型、艺术型另外两种人格类型，则也能适应另两种职业类型的工作。也就是说，某些类型之间存在着较多的相关性。但社会型和现实型处于相对位置，相似性最低，如果社会型的人，让他在一个现实型的工作环境中工作，他可能就会感到不舒服，因为这两种类型具有不同的特点。因此在现实生活中，人们要尽量选择与自我兴趣类型匹配的职业环境，这样可以最好地发挥个人的潜能。

根据霍兰德的人格类型理论，在职业决策中最理想的是个体能够找到与其人格类型重合的职业环境。一个人在与其人格类型相一致的环境中工作，容易得到乐趣和内在满足，最有可能充分发挥自己的才能。然而，尽管大多数人的人格类型可以主要地划分为某一类型，但个人又有着广泛的适应能力，其人格类型在某种程度上相近于另外两种人格类型，则也能适应另两种职业类型的工作。也就是说，某些类型之间存在着较多的相关性，同时每一类型又有种极为相斥的职业环境类型。霍兰德用一个六边形简明地描述了六种类型之间的关系（见图 2-1）。

（三）类型理论四个核心假设

核心假设一：在我们的文化里，大多数的人可以被归纳为六种类型：现实型（Realistic Type，R）、探索型（investigative Type，I）、艺术型（Artistic Type，A）、社会型（Social Type，S）、企业家型（Enterprising Type，E）和传统型（conventional Type，C）。这六种类型按照一个固定的顺序可排成一个六角形（RIASEC）。

核心假设二：在我们的社会环境中，有六类职业：现实型、探索型、艺术型、社会型、企业家型和传统型。同样，这六大职业类型，按照一个固定的顺序排成一个六角形。

核心假设三：人总是寻找适合个人人格类型的环境，锻炼相应的技巧与能力，从而表现出各自的态度及价值观，面对相似的问题，扮演相应的角色。

核心假设四：一个人的行为表现，是由他的人格与他所处的环境交互作用而决定的。

（四）三类型理论三个辅助假设

约翰·霍兰德理论的三个辅助假设不仅可用来解释人，也可用于解释职业。

1. 一致性

是指各类人格类型或各种职业环境之间的相似程度。譬如，现实型（R）和探索型（I）在某些性质上有共通的地方，表现为不善交际、喜欢做事而不善于与人接触等，我们称这两种类型的一致性高。反之，传统型（C）和艺术型（A）的一致性偏低，因为两者所有的特点是完全不同的，如前者顺从性大，后者独创性强。

各类型的一致性程度可以用它们在六角模型上的距离表示。

一致性高的，它们在六角模型上的位置是临近的。如 RI、RC、IR、IA、AI、AS、SA、SE、ES、EC、CE 和 CR。

一致性中等的，它们在六角模型上的位置是相隔的，如 RA、RE、IS、IC、AR、AE、SC、EA、ER、CS 和 CI。

一致性低的，它们在六角模型上的位置是相对的，如 RS、IE、AC、SR、EI 和 CA。

2. 区分性

是指个人人格特质发展或其所偏好之职业环境的清晰程度。某些人或某些职业环境的界定较为清晰，较为接近某一类型，而与其他类型相似甚少，这种情况表示区分性良好；若有些人与多种类型相近，则表示他们的区分性较低。

3. 适配性

是指人格类型与职业类型的匹配度。不同类型的人需要不同的生活或工作环境，如探索型的人需要有探索型的职业环境，因为只有这种职业环境才能给予他所需要的机会与奖励，这种情况即称为适配。

适配性是约翰·霍兰德三个辅助假设理论中最为重要的一个假设。不同的人需要不同的工作环境，人与职业配合得当，如 R 型的人在 R 型的职业环境中，其适配性就高；如果 R 型的人选择了 I、C 型的职业环境，则适配的程度次高；如果 R 型的人选择了 A、E 型的职业环境，则适配的程度适中；反之，如果 R 型的人选择了 S 型的职业环境，则适配的程度最低。

根据约翰·霍兰德的假设，适配性的高低，可以预测个人的职业满意程度、职业稳定性以及职业成就。

（五）理论启示

人格类型理论讨论了职业选择和人格类型之间的内在关系，指出了在职业选择中应该与自我的人格类型相匹配，从而使自我和职业能相得益彰。

人格类型理论只把人的人格类型分为六种，不足以覆盖人格类型的全面性，且在实际的职业生涯选择过程中，不仅仅是人格类型要与职业相匹配，还要考虑环境、社会等现实因素对职业选择的影响。

三、心理动力理论

职业是用来满足个人需要的一种方式，假如一个人有机会自由选择自己的职业的话，

他会用自己的方式寻求渠道以达到自己所预期的结果，直到找到一个可以让自己比较快乐而且免于焦虑的职业。在这一选择的过程中，每个人早期经验所形成的适应体系、需要等人格结构，是最重要的心理动力来源。

20 世纪 50 年代后期，随着人本主义心理学的兴起，出现了两个比较有影响力的职业生涯理论流派，即"需要论"（Need Theory）和"心理动力论"（Psychodynamic Approach）。这些理论重视人的需要和人的职业价值观在职业选择中的作用，以及人的早期经验与职业动机对职业选择与职业成功的影响。

美国心理学家鲍丁（Bordin）、纳切曼（Nachmann）和西格尔（Segal）等人，于 20 世纪 60 年代后期提出了一种强调个人内在动力和需要等动机因素在个人职业选择过程中的重要性的职业选择和职业指导理论，即"心理动力论"。

心理动力理论强调个人内在动力和需要等动机因素在个人职业选择过程中的重要性。该理论认为，社会上所有职业都是可以归入代表心理分析需要的、分属一定范围的职业群。影响个体职业选择的动力来源于个人早期经验所形成的适应体系、需要等人格结构。它们影响个人的能力、兴趣及态度的发展，从而影响其日后的职业选择与行为的有效性。

（一）主要假设

（1）职业选择的适当与否是自我功能的表现；

（2）个人对于职业的价值观与态度，是由于认同作用的结果；

（3）鲍丁等人扩大古典分析精神学派的性驱力观点，将其他的基本需要视为动力来源，而职业的选择是为了满足个人的基本需要。

（二）主要理论观点

心理动力论者认为，职业选择是个人综合快乐原则与现实原则的结果。个人在人格与冲动的引导下，通过升华作用，选择可以满足其需要与冲动的职业。

职业发展的重点应着重"自我功能"的增强。若心理问题获得解决，则包括职业选择在内的日常生活问题将可顺利完成而不需再加指导。

鲍丁等人依据传统精神分析学派的观点，探讨职业发展的过程，视工作为一种升华作用，而影响个体职业选择的动力来源则是个人早期经验所形成的适应体系、需要等人格结构。它们影响个人的能力、兴趣及态度的发展，进而左右其日后的职业选择与行为的有效性。个人生命的前六年决定着他未来的需要模式，而这种需要模式的发展受制于家庭环境，成年后的职业选择就取决于早期形成的需要。如果缺少职业信息，职业期望可能因此受挫，在工作中会显示出一种类似于婴儿期冲动的升华的行为。若个人有自由选择的机会，则必将选择能以自己喜欢的方式寻求满足其需要而又可免于焦虑的职业。

心理动力论者认为，社会上所有职业都能归入代表心理分析需要的、分属以下范围的职业群：养育的、操作的、感觉的、探究的、流动的、抑制的、显示的、有节奏的运动等，并认为这一理论除了那些由于文化水平和经济因素而无法自由选择的人之外，可以适用于其他所有的人。

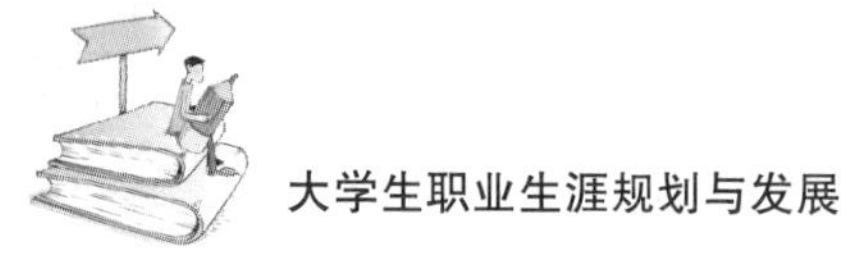

（三）理论启示

心理动力理论看到了人内在心理需要在职业选择过程中的重要作用，看到了职业选择过程中我们应该重视和关注个体的需求。

心理动力理论对外在的环境忽略不谈，没有看到在职业选择过程中，社会现实因素对职业的事实上的影响，而且只把职业归结为一些职业群也不完全符合社会的现实。

第二节　职业生涯发展理论

无论从人自身心理发展的内在规律，还是从社会生活的变化所产生的影响来看，人的职业心理总是处于一种动态的发展过程之中，因而个性与职业的匹配也不是一次就可以完成的。职业生涯发展理论就是从动态的角度来研究人的职业行为、职业发展阶段的理论。

一、生涯发展阶段理论

动态发展性的“生涯”概念逐渐取代静态稳定性的“职业”概念，主要起源于 20 世纪 50 年代哈维赫斯特（Havinghurst）的发展阶段论和金斯伯格（Ginsberg）等人的职业发展理论。舒伯（Super）集差异心理学、发展心理学、职业社会学及人格发展理论之大成，并进行了长期的研究，系统地提出了有关生涯发展的观点。

（一）职业发展的十二项基本命题

舒伯多年来对生涯的发展、测评、自我观念、适应、成熟等领域做过大量、全面的研究，提出了 12 项基本命题，这 12 项命题可以看成生涯发展理论的基本主张和框架基础。

命题一：生涯发展是一个连续不断、循序渐进且不可逆转的过程。

命题二：生涯发展是一个有次序、具有固定形态的过程，因此每阶段的发展都是可预测的。

命题三：生涯发展是一个经过整合的动态过程。

命题四：一个人的自我概念在青春期以前就开始形成，至青春期较明朗，并于成人期由自我概念转化为生涯概念。

命题五：从青少年期至成人期，个体实际的人格特质及社会的现实环境等，都会因年龄、时间的增长而增加对人的影响力。

命题六：父母亲之间的互动关系，以及他们对职业计划结果的解释，会影响到下一代对自己职业角色的选择。

命题七：一个人是否能由某一职业水平跳到另一职业水平，即是否有升迁发展机会，是由他的智慧能力，父母经济地位，本人对权势的需求，个人的价值观、兴趣，人际关系技巧以及社会环境，经济的需求状况等共同决定的。

命题八：一个人会踏入某一类型的行业，是由下列因素来决定的：个人的兴趣、能力，个人的价值观及需求，个人的学历，利用社会资源的程度及社会职业结构、趋势等。

命题九：即使每一种职业对从业者都有特定的能力、人格特质及兴趣的要求，但在某

种范围内，仍然允许不同类型的人来从事这种工作。同样的，一个人也可从事多种不同类型的行业。

命题十：个人的工作满足感视个人是否能配合自己的人格特质，即是否能将能力、兴趣、价值观适当地发挥出来而定。

命题十一：个人工作满足的程度，常取决于个人是否能将自我概念实现于工作中。

命题十二：对少部分人而言，家庭及社会因素是人格重整的中心。对大部分的人来说，工作是人格重整的焦点，即经过工作过程，理想我与现实我之间会逐渐融合。

（二）生涯发展阶段

1. 金斯伯格的生涯发展阶段

金斯伯格认为，职业在个人生活中是一个连续的、长期的发展过程。童年时期就开始孕育职业选择的萌芽，随着年龄、资历、教育等因素的变化，个体的职业选择也会表现出不同的特征。职业发展如同人的身心发展一样，可以分为几个阶段，每个阶段都有不同的特点和任务。对于个人而言，如果前一阶段的职业发展任务不能顺利完成，就会影响后一阶段的职业成熟，最后导致职业选择时产生障碍。

金斯伯格认为职业选择经历是从模糊的空想走向现实。他将这一逐渐成熟的心理过程分为三个阶段。

空想阶段(11 岁以前)：在这个阶段个体希望快点长大成人，憧憬引人注目、令人激动的理想化职业，情感色彩浓，带有很大的冲动性和盲目性，十分不稳定。

尝试阶段(11 岁至 17 岁)：这个阶段与青春期同时到来。个体开始思考今后的职业和自己所面临的任务，并把这个任务作为奋斗的目标。这个阶段又包括由兴趣、能力、价值观起主导作用的三个时期。11—12 岁是兴趣期，在考虑未来职业时，个人的兴趣占优势；13—14 岁为能力期，个体逐渐认识到自己独立完成工作的能力与职业的关系；15 岁以后是价值期，个体开始认识到职业的社会价值，并试图把兴趣与能力统一到开始形成的价值体系中去。这是职业形成的最重要阶段。

现实阶段(17 岁至成人)：这一阶段的个体更注重现实，力求主观因素与客观因素协调统一。这个阶段也可分为三个时期。首先是探索期，个体尝试把自己的选择与社会的需要联系起来；接下来是具体化时期，这时职业目标已基本确定，个体开始为之努力；最后是特定化时期，为了实现特定的职业选择，个体准备考入高一级学校，或接受专业训练，准备就业。

2. 舒伯的生涯发展理论

从 1957 年到 1990 年，著名职业生涯规划大师舒伯(Donald E. Super)拓宽和修改了他的终身职业生涯发展理论，这期间他最主要的贡献是“生涯彩虹图”。为了综合阐述生涯发展阶段与角色彼此间的相互影响，舒伯创造性地描绘出一个多重角色生涯发展的综合图形——“生涯彩虹图”，形象地展现了生涯发展的时空关系，更好地诠释了生涯的定义。在生涯彩虹图中，纵向层面代表的是纵贯上下的生活空间，是由一组职位和角色所组成。分成：子女、学生、休闲者、公民、工作者、持家者六个不同的角色，他们交互影响交织出个人独特的生涯类型(见图 2－2)。

他认为在个人发展历程中，随年龄的增长而扮演不同的角色，图的外圈为主要发展阶段，内圈阴暗部分的范围，长短不一，表示在该年龄阶段各种角色的分量；在同一年龄阶段可能同时扮演数种角色，因此彼此会有所重叠，但其所占比例分量则有所不同。

根据舒伯的看法，一个人一生中扮演的许许多多角色就像彩虹同时具有许多色带。舒伯将显著角色的概念引入了生涯彩虹图。他认为，角色除与年龄及社会期望有关外，与个人所涉入的时间及情绪程度都有关联，因此每一阶段都有显著角色。

在生涯彩虹图中，最外的层面代表横跨一生的“生活广度”，又称为“大周期”，包括成长期、探索期、建立期、维持期和衰退期。里面的各层面代表纵观上下的“生活空间”，由一组角色和职位组成，包括子女、学生、休闲者、公民、工作者、持家者等主要角色。各种角色之间是相互作用的，一个角色的成功，特别是早期角色的成功，将会为其他角色提供良好的基础；反之，某一个角色的失败，也可能导致另一个角色的失败。舒伯进一步指出，为了某一角色的成功付出太大的代价，也有可能导致其他角色的失败。

彩虹图中的阴影部分表示角色的相互替换、盛衰消长。它除了受到年龄增长和社会对个人发展、任务期待的影响外，往往跟个人在各个角色上所花的时间和感情投入的程度有关。从这个彩虹图的阴影比例中可以看出，成长阶段（0—14 岁）最显著的角色是子女；探索阶段（15—20 岁）是学生；建立阶段（30 岁左右）是家长和工作者；维持阶段（45 岁左右）工作者的角色突然中断，又恢复了学生角色，同时公民与休闲者的角色逐渐增加，这正如一般所说的“中年危机”的出现，同时暗示这时必须再学习、再调适才有可能处理好职业与家庭生活中所面临的问题。

成长阶段（从出生至 14 岁）：这一阶段主要根据儿童自我概念形成的特点，发展儿童的自我形象，发展他们对工作意义的认识以及对工作的正确态度。分为幻想期、兴趣期、能力期。幻想期为 4 至 10 岁，以“需要”为主要因素，在幻想期中，角色扮演起着重要作用；兴趣期为 11 至 12 岁，对某一职业的兴趣是个体抱负和活动的主要决定因素；能力期为 13 至 14 岁，以“能力”为主要因素，个体能力逐渐成为儿童活动的推动力。

探索阶段（15 至 24 岁）：这一阶段青少年通过学校生活和社会实践，对自我能力及角色、职业进行探索。这个阶段可划分为试探期、过渡期和承诺期三个时期。试探期为 15 至 17 岁，考虑需要、兴趣、能力和机会，可能会做暂时决定，并在学业和工作中尝试；过渡期为 18 至 21 岁，开始就业或进行专业训练，更重视现实，并力图实现自我观念，将一般性职业选择变为特定的选择；承诺期为 22 至 24 岁，青年进行生涯初步确定并验证其成为长期职业的可能性，如果不合适则进行调整。

建立阶段（25 至 44 岁）：自我与职业的结合，促进职业的稳定，即通过调整、稳固并力求上进。大致分为两个时期：承诺稳定期为 25 至 30 岁，个体开始寻找安定的工作，如果工作不满意则力求调整；建立期为 31 至 44 岁，个体致力于工作上的稳固，大部分人处于富有创造性的时期。

维持阶段（45 岁至 65 岁）：这一阶段的主要任务是维持个人现有的成就和地位。

衰退阶段（65 岁以上）：这一阶段的任务是根据个体心理与生理机能的日益衰老，逐渐离开工作岗位，协助个体发展新的角色，寻求新的生活方式替代和满足个人发展的需求。

3. 舒伯的循环式发展任务

当你成为一名大学新生,刚刚走进大学校门时,首先必须适应大学生这一新的角色与大学生活这一新的环境。经过“成长”和“探索”,一旦“建立”了较固定的适应模式,同时“维持”了大学学习生活之后,你又要开始面对另一个阶段的准备——求职。这时,你原有的、已经适应了的习惯又会逐渐“衰退”。继而你对新阶段的任务又要进入一个全新的“成长—探索—建立—维持—衰退”循环,如此周而复始。

舒伯的这一循环式发展观点,对个体生涯的发展任务的探索又向前跨了一步。他认为在人一生的生涯发展中,各个阶段同样要面对成长、探索、建立、维持和衰退的问题,因而形成“成长—探索—建立—维持—衰退”的循环。

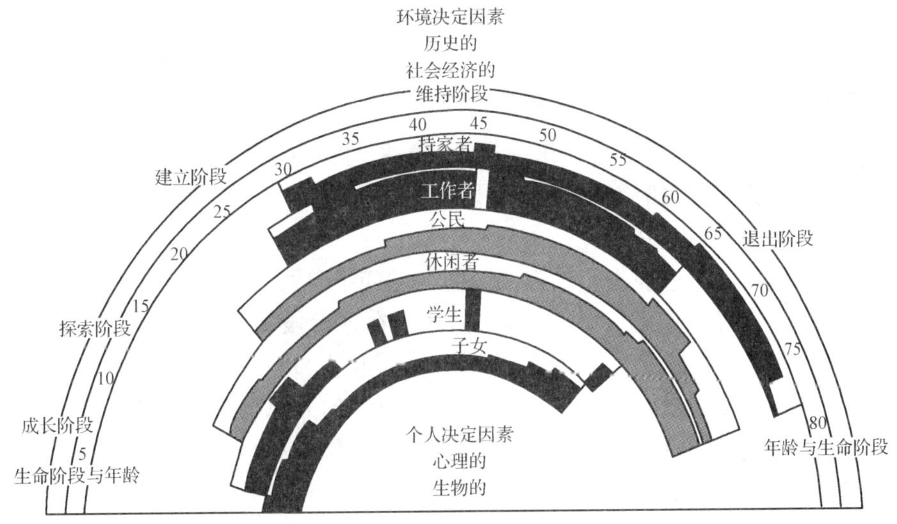

图 2－2　舒伯的生涯彩虹图

就生涯彩虹的内容来看,阴影的部分就是每个角色的投入程度。颜色愈深表示这个角色所需投入的程度愈深。

(三) 理论的启示

职业生涯发展理论从动态的角度考虑了职业生涯状况,指出不同阶段有不同的需求,所以在职业生涯规划过程中要考虑某个阶段的特殊性需求。

职业生涯发展理论用整体性和系统性的视角来看待职业生涯问题,把人的职业生涯看成了一个连续的过程,而不仅仅是成人的需求,所以我们在职业规划过程中需要用全面的视角来看待人的职业生涯需求。

二、职业抱负发展理论

职业抱负的发展过程是一个不断缩小范围的过程。在这个过程中,人们逐渐淘汰和放弃那些不能接受的选择,建立一个自己认为可以接受的社会空间。不仅如此,人们在面对内在或外在障碍时,为了得到那些虽然他们不太喜欢但更可能得到的机会,还是会放弃那些他们最喜欢的选择。

这就是戈特弗雷德森(Nicholas Gotfredsen)职业抱负发展的范围限定与妥协的理论观点。与舒伯的理论相似的是,戈特弗雷德森认为自我概念的发展是整个职业发展过程的核心。自我概念不仅要回答“我是谁”的问题,而且要回答“我希望我将来是谁”。自我概念不仅包括心理层面(如价值观、人格、对家庭的计划等),而且包括社会层面(如性别角色、社会地位等)。它包括三个方面的内容:性别类型、社会声望和职业兴趣。

(一) 对职业抱负和择业的发展性看法

(1) 职业选择是一个实践“群性自我”的过程,而实践心理方面的自我是次要的。

(2) 个人对职业的认知和认知结构影响各职业类别对当事人的吸引力。

(3) 在职业选择的过程中,个人先排除一些不能接受的可能性。这个“收窄”的过程在童年早期便开始。

(4) “妥协”是职业发展过程的重要部分。

(二) 职业发展阶段和排除职业可能性

戈特弗雷德森提出了一个有关儿童和青少年时期职业发展阶段的模式。在每个发展阶段中,每个人都会按照当时对他们而言很重要的自我概念范畴,而排除一些可选择的职业。这个系统的限制过程叫“职业抱负限制”。

戈特弗雷德森认为,职业抱负的发展可以分为四个阶段。

第一阶段(3—5 岁)是大小和力量取向阶段。在这阶段中,儿童倾向从简单的“大”或“小”的角度来看人和事物,他们觉得职业是大人(成年人)负责的角色。

第二阶段(6—8 岁)是性别角色取向阶段。这时期的儿童比先前时期更能够运用具体的思考方法。性别角色成为这一阶段的自我概念中重要的一环。儿童用性别的观念来衡量周围的环境和职业,并排除他们认为不适合自己性别(错误的性别类型)的职业选择。举例说,若一个女孩子觉得工程师是“男性”的职业,她便会排除将来当工程师这一可能性。

第三阶段(8—13 岁)是社会评价取向阶段。这一阶段的青少年除了考虑事物是否适合自己的性别外,他们更注意同辈及社会上所重视的东西。他们将职业视做势力、阶级和地位的象征。因此,这时期的青少年便将他们认为地位太低或太高的职业排除。

第四阶段(14 岁以上)是内在的、独特的自我导向阶段。这一阶段与前述的阶段不同,因为在这一阶段以前,儿童或青少年是根据他们“外在”的自我概念来排除某些职业的,而在第四阶段的青少年则将他们的注意力集中在“内在”的自我概念,如性格、兴趣、技能和价值观上。这一时期的青少年将可选择的职业与这几方面的自我概念做比较,然后决定哪些职业最适合自己。他们在该阶段的探索,都是围绕着未在先前三个阶段中被排除的职业选择。

(三) 职业发展与妥协

与限制过程同步进行的是妥协。妥协是指一个人因外在的现实(如职位空缺、就业机会、经济发展)而对自己的职业爱好做出修改。当理想与现实的工作世界有分别时,你便要修订自己的职业爱好和选择。根据戈特弗雷德森的理论,妥协是一个很复杂的过程,其间个人通常对职业与个人兴趣的适配性做出妥协,而令这一职业与自己对性别及社会地位的取向更为吻合。

（1）青少年因为现实环境而放弃追求一些事业理想。

（2）一般而言，影响妥协的因素仍以职业的性别类型、声誉、个人特质为主。

（3）青少年不一定追求一个“很好的选择”，他们会接受一个“不错的选择”。

（4）青少年会在理智上改变自己，渐渐将一个不错的选择看成一个很好的选择。

（四）职业抱负发展理论的启示

职业抱负发展的过程是范围限定和妥协的过程，虽然这个过程是自然的职业发展过程，但是要特别注意防止以不成熟的态度和不必要的牺牲而将自己的职业选择范围限定在过于狭小的领域。

职业性别类型和职业的声誉会影响我们对职业发展和选择的看法。不同的生涯规划活动，可以帮助我们重新考虑那些因为性别态度和声誉而被排除的职业选择。

初期经验对职业发展有很重要的影响，职业规划工作越早越好。

三、职业锚理论

职业锚理论产生于在职业生涯规划领域具有“教父”级地位的美国麻省理工学院斯隆商学院、美国著名的职业指导专家埃德加·H. 施恩（Edgar H. Schein）教授领导的专门研究小组所做的研究。

所谓职业锚，又称职业系留点。锚，是使船只停泊定位用的铁制器具。职业锚，实际就是人们选择和发展自己的职业时所围绕的中心，是指当一个人不得不做出选择的时候，他无论如何都不会放弃的职业中的那种至关重要的东西或价值观。职业锚强调个人能力、动机和价值观三方面的相互作用与整合，它是个人同工作环境互动作用的产物，在实际工作中是不断调整的。

（一）职业锚的核心内容

职业锚的核心内容主要包括三个部分：

（1）自省的才华与能力。以各种作业中的实际成功为基础。

（2）自省的动机和需要。以实际情景中的自我测试和自我诊断的机会，以及他人的反馈为基础。

（3）自省的态度与价值观。以自我与雇佣组织、职业环境的准则、价值观之间的实际碰撞为基础。

（二）正确理解职业锚

（1）职业锚以人习得的工作经验为基础。在了解自己的能力、动机、需要、价值观、才干的基础上，在工作经验中形成和发展。

（2）职业锚是能力、动机、价值观的整合。通过整合，达到自我满足和补偿的效果。

（3）职业锚不是预测。它不是根据各种能力、动机、价值观、态度、兴趣等测试工具测试出来的。它不能进行提前的预测。准确的职业定位是在工作实践中依据自省和已被证明的才干、动机、需要和价值观，并经过若干次的确认和强化之后确定的。

（4）职业锚不是一成不变的。个人的社会生命周期和家庭生命周期的成长和变化，带来从业者职业生涯中期、后期工作及任务的变化，导致重新选择和确定。

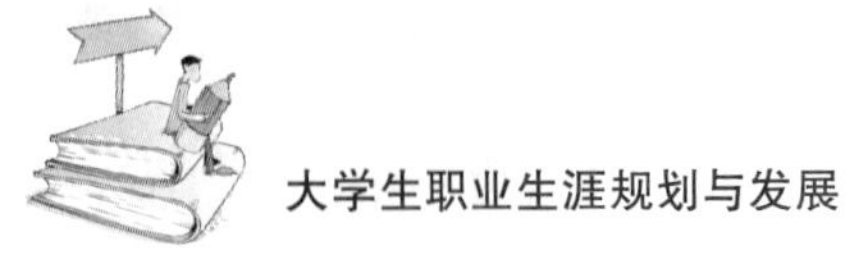

（三）职业锚的类型

1. 技术或功能型职业锚

属于这一类型的人在进行职业选择时，主要注意力是工作的实际技术或职能内容。他们总是围绕着技术能力或业务能力的特定领域安排自己的职业，根据能够最大限度地在其特定的领域保持挑战机会的标准进行工作流动。这些特定领域包括工程技术、财务分析、营销策划和系统分析等。

他们虽然在其技术能力领域内也会接受管理职责，但他们对管理职业并不感兴趣。例如，一个技术或功能型职业锚的财务分析员，他希望在发挥自己财务会计专长的领域中谋求发展，其最高目标是公司的财务副总裁，而不在任何其他职能领域中涉足，也许还会对全面管理抱有强烈的抵触。在组织的许多工作岗位上都会有倾向技术或功能型职业锚的人，如咨询公司的项目经理、工厂的技术副厂长、企业中的研究开发人员、统计人员和会计人员等。

2. 管理型职业锚

管理型职业锚的人把管理本身作为职业目标，而具体的技术工作或职能工作仅仅被看作通向更高的管理层道路上的必经阶段。他们认识到在一个或多个职能领域展现能力的必要性，但却没有一个职能领域能让他们久留。职业经验告诉他们具有升任组织高层领导所需的知识和技能，并能够把以下三种最基本的能力加以科学组合：第一，分析能力。这种能力要求对环境敏感，具有判断信息的有效性和解决问题的技巧。第二，人际沟通能力。是指能够影响、监督、率领、指挥和控制组织的各级人员，更有效地实现组织目标的能力。第三，情感能力。是指能够正确处理感情危机和人际危机，而不是被拖垮或压倒。管理型职业锚的主要职业领域是政府机构、企事业组织的主要负责人，如市长、局长、校长、厂长和总经理等。

3. 创造型职业锚

创造型职业锚的人时时追求建立或创造完全属于自己的成就。他们要求拥有自主权、管理能力和施展自己才华的特殊能力，创造是他们自我发展的核心。他们敢于冒险，具有形形色色的价值观和动机，他们个人的强烈需要是能够感受到所发生的一切都是与自己的创造成果联系在一起的。比如，成功的企业家就属于创造型职业锚，他们在创建新公司时，表现出非凡的创造性才干，而一旦建成，他们就会厌倦或不适应正规的工作而退出领导层，自愿或不自愿地让位于总经理，而自己继续开始创造性的追求。创造型职业锚的主要职业领域是发明家、冒险性投资者、产品开发人员和企业家等。

4. 自主与独立型职业锚

属于自主与独立型职业锚的人追求一种能最大限度地摆脱组织约束，施展自己职业能力的工作情景。他们认为，组织生活是受限制的、非理性的、侵犯个人自由的，因此，他们喜欢更有独立性和自主性的职业。这种类型的人自主需要比其他需要更强烈，他们很少体验到错过提升机会的冲突，很少会感到失败或缺少更大抱负的愧疚，仿佛摆脱组织控制是最大的快乐。他们的主要需要是随心所欲地制定自己的步调、时间表、生活方式和工作习惯。自主与独立型职业锚的主要职业领域是学者、科研人员、职业作家、个体咨询人

员、手工业者和个体工商户等。

5. 安全型职业锚

安全型职业锚的人倾向于根据组织对他们提出的要求行事，力图寻求一种稳定的职业、稳定可观的收入和稳定的事业前途。因此，他们比较容易接受组织对他们的工作安排，相信组织会根据他们的实际情况秉公办事。不论他们个人有什么样的理想和抱负，当个人目标和组织目标发生矛盾时，他们都会选择服从组织目标的要求。如果追求安全型职业锚的人具有很强的技术才能，他们也可能晋升到一个高级参谋的层次。但是，由于要求高度的感情安全，从而限制了他们沿着等级制度向更高层次的晋升。在现实生活中存在两种类型的安全取向：一种人的稳定源和安全源主要是来自给定组织中稳定的成员资格，如在政府部门或大公司工作；另一种人的安全源是以地区为基础，包括一种定局，使家庭稳定和自己融入社团的感情，如有的人在职业早期流动了几次，最后还是选择了在自己的家乡某公司就职；还有的人总是在同一地区选择职业，即使其他地区的就业机会再好，也不会离开本地区。

（四）理论启示

在确定职业生涯伊始，首先了解自己属于哪种类型的职业锚，有助于正确地选择相关职业。

职业锚理论也有助于企业人事部门正确恰当地安排员工适合其本身特点的工作，从而使人岗更加匹配。

第三节　职业生涯决策理论

虽然与职业选择的匹配理论和发展理论有些重叠，但职业生涯决策理论的目的主要着重于生涯决策历程与形态的探讨。

一、决策的概念

决策就是个人在两个以上的可能选择之间挑选、决定的过程。如果没有多于一种以上可供考虑的行动、选择或可能性，就不会有做决定的必要。所以，决策是个人在众多可行的方案中，选择最能令自己满意的方案的过程。这个历程看似简单，其实不然，因为其中包含许多复杂的决策因素。

决策理论其实根源于经济学，要点是在面对生涯、职业或升学抉择时，所做的选择尽量得到最大收益或最小损失。所以整个决策过程就牵涉到客观的可能性与价值、个人的价值观两方面的问题。心理学上称之为“效用期待论”。它根据下列四个主要问题来下决定：

(1) 各种可能的选择：有哪些可行的行动？

(2) 预期的效应：每个可能的选择各会造成的结果？而其中每个结果的发生概率是多少？

(3) 个人喜好：决策者对于每个选择可能造成的结果之喜好程度如何？

(4) 决策原则:如何依据每个决策所能达到的效果来做决定?

二、生涯决策理论

早期的生涯理论中,人们虽然认为决策是很重要的过程,但是却将此过程视为自然发生的,也就是所有的数据准备齐全之后,决策过程就会“自然而然”地发生。例如,弗兰克·帕森斯就认为,个人在选择职业时,只要掌握了充分且正确的数据,就能做出正确的决定。显然,弗兰克·帕森斯强调资料的重要性,认为决策只是次要的必然结果。

但是,后来的种种经验表明,并不是搜集及提供资料就能帮助个人做好职业的选择。故许多学者开始注意决策过程在生涯发展中的重要性。另外,在目前这个快速变化的社会里,个人如何去“适应”变化要比做出某个特定的选择更为重要。所以目前持发展论或行为论的生涯发展学家均肯定决策过程的重要性,并且视决策过程是职业或升学抉择所必备的最有效的认知技能。于是,决策过程就由刚开始的配角地位,渐渐成为众所瞩目的主角,在生涯发展上占有日趋重要的地位,以至到后来变成生涯理论里的一个派别。

三、认知信息加工理论

该理论由彼得森(Peterson)等人提出,其吸收了认知行为干预、决策制定策略及其他来源的观点,提出了认知信息加工金字塔和 casve 环这两个核心观点(见图 2-3)。

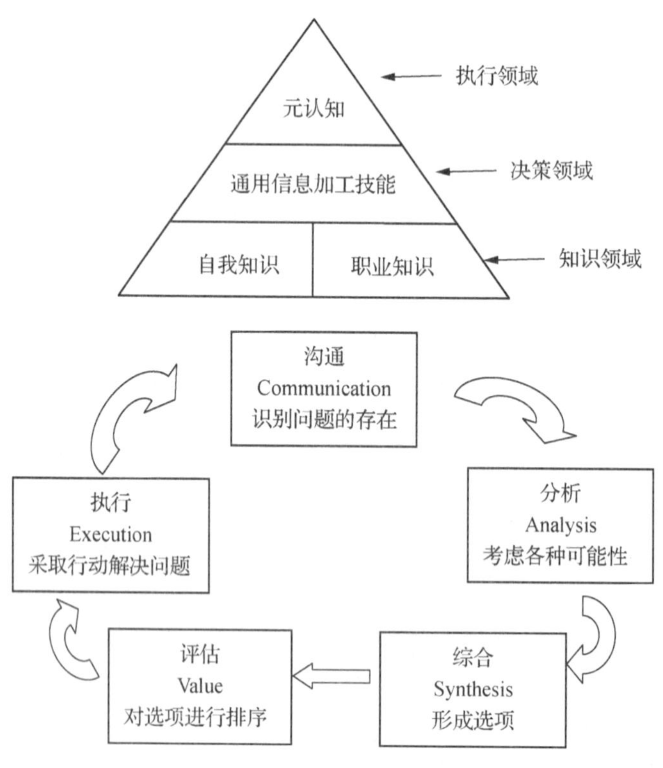

图 2-3 认知信息加工金字塔和 casve 环

该理论把生涯发展与咨询的过程视为学习信息加工能力的过程。该理论提出者按照

信息加工的特性构成了一个信息加工金字塔。位于塔底的领域是知识领域，包括自我知识和职业知识。中间领域是决策领域，包括沟通、分析、综合、评估、执行五个阶段。最上层的领域是执行领域，也称元认知，元认知是一个人所具有的关于自己思维活动和学习活动的知识及其实施的控制，是任何调节认知过程的认知活动，即是任何以认知过程与结果为对象的知识。该理论认为，知识领域相当于计算机的数据文件，需要我们进行存储。决策领域是计算机的程序软件，让我们对所存储的信息进行加工处理。执行领域相当于计算机的工作控制功能，操纵电脑按指令执行程序。决策技能可以通过学习五阶段循环模型获得。这五个阶段是：

（1）沟通（communication）。通过对自身情况和社会需求信息的了解，确定需要在多个需求中进行选择决策。

（2）分析（analysis）。澄清或获得关于自我、职业、决策及元认知的知识，包括获得我们需要的信息的各个步骤。发现自身择业观与社会需求之间的契合程度，对不同的选择进行评价和分析。

（3）综合（synthesis）。通过放大或缩小选择范围，精心搜索各种可能以发现尽可能多的解决问题的方法。对照不同单位的要求和特征，综合总结出社会需求的共性。向那些和自己的知识一致的解决方法靠拢。

（4）评价（valuing）。通过假定的选择方式，详细列出不同选择的目标、工作地区、待遇水平、提升空间、工作环境、单位文化、所处行业等对自我具有重要影响的项目，逐一分析。

（5）执行（execution）。设计计划来实施前面的选择。包括培训准备（如正规教育或培训经历）、实践检验（如实习、兼职、志愿工作等）与求职（如开始递交个人自荐材料、面试等）。

（6）沟通再循环。通过一轮循环，如未能如愿，即进入新一轮循环。

四、理论启示

职业生涯决策理论指出职业生涯其实是人们在面对各种信息和资料的基础上进行决策的过程，这种决策或是进行最佳的选择或是符合人们的基本的需求。

在职业生涯选择过程中，个人要在综合各种信息基础上进行决策，随着内外环境的变化，决策也会随之发生变化。

【本章小结】

1. 本章主要探讨了职业生涯的基本理论，对每个理论的代表人物及其基本观点进行了阐释，并就每个理论对职业选择的启示进行了说明。

2. 每个理论的产生都有其一定的历史背景，我们不能认为某个理论的正确性而忽视其他理论的合理，职业选择理论主要是从人的某个主要特质因素跟工作的匹配进行了说明，职业生涯发展理论从动态的角度看到了职业生涯的变化和发展，职业生涯决策理论解释了职业生涯是对各种信息不断进行判断决策而选择某一职业的过程。

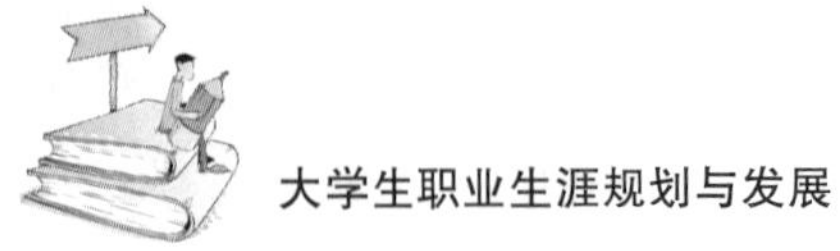

【思考题】

1. 请简述职业生涯基本理论的代表人物和基本观点。

2. 用霍兰德职业测验量表，测量自己的职业兴趣，了解测量结果是不是符合自身的特点。

3. 结合所学专业和自己的专业兴趣，对自己的职业生涯进行规划。

【延伸阅读】

杜同学是一所著名中医药大学毕业的学生，中医专业，性格温文尔雅，在人际交往过程中，她不轻易责怪别人，能替别人着想，很注意表达的方式，很容易相处。就是这样一个能力强、容易相处的人，但工作却总是不如意。

杜同学毕业后被分配到徐州一家大医院的急诊室。因为家里大部分人都从事医药行业，从小就非常熟悉医院，她说自己其实很喜欢急诊室紧张而又忙碌的气氛，不断有新的病人进来，既要亲自对病人进行紧急处理，又要指挥护士照应，还要回答病人家属的咨询，甚至有时还要计费、收费，等等，但她喜欢急诊室那种变化多、压力大，要求反应快、判断准的感觉。可是他们的工作时间长，工作环境很差，而主任想什么时候来上班就什么时候来，对普通医生的劳苦毫不关心。

所以杜同学离开了那家医院，去了一家大型的外资制药公司做销售。由于在上司面前，她是怎么想的就怎么说，上司不喜欢她。在这家公司她只做了9个月，做得很不开心。

她又去了另一家国企制药公司。这次她学会了对上司察言观色，不轻易表露自己的态度和看法，凡事先顺着上司的意思，不去主动与上司较劲，先取得了上司的信任。相处久后，她逐渐发现上司向自己要客户的资料后，偷偷地向自己的客户卖药。这回她没有因此影响自己的情绪，学会了泰然处之，宁肯眼前吃点小亏。

对客户，她以平和心对待，学着见人说人话，见鬼说鬼话，仔细观察客户的一言一行，学着分析客户的性格特点、爱好和需求，并尽量以专业化的形象出现在客户面前，尽可能争取公司资源来满足客户。

她对同事真诚相待，有难必帮，并用自己的人生经验鼓励别人，与来来去去的同事结下了很好的友情。新同事初到，她带引其尽快进入状态，并为其出谋划策。上司离任，无人管理，她仍按部就班安排好自己的工作，并尽可能以公司代表的身份访问客户，保持公司与重点客户的联络。新上司上任，她也无私相助。

在这家公司，她还是没有什么发展，没有得到提升。她在即将离开公司时，仍站好最后一班岗，没有计较公司的不当，做好交接工作。

杜同学给自己想过三个发展方向：作家、中医药大学的专业教授、医药界管理人员。

通过霍兰德职业性格测试，她属于社会型的，对她的职业生涯分析是：虽然易与他人相处，但在实际的管理过程中，本人并不能处理好上下级关系且不愿意面对日常繁琐的工作安排，所以走医药界管理人员的职业发展道路有一定难度。喜欢面对一些突然出现的需要或危机而随机应变，喜欢处理事实和实际问题，而不是理论或想法。观察敏锐、反应迅速，擅长随机应变，喜欢影响、指挥别人，很适合做可以经常主刀做手术的外科医生。

所以建议读一个外科博士，然后去一个好的医院做外科医生。凭着自己的专业技术，还可以逐步上升到医院的管理层。业余有兴致可以写点东西在媒体发表，做一个专栏作家。

案例思考

1. 杜同学找到满意的工作了吗？为什么？

2. 选择一种职业需要考虑哪些因素？该如何规划自己的职业生涯？试用职业锚理论或生涯发展理论进行分析和阐述。

第三章 大学校园生活规划

学习目标

通过本章学习，学生应该对大学有初步认识，了解大学与高中阶段的区别，学会积极调整自我状态，适应新角色、新生活、新管理。做好时间管理，养成良好生活习惯，建立和谐的人际关系，形成正确的消费观，提升安全意识，保持健康心理，为自己规划一个美好的大学校园生活。

大学为每位新生提供了一个实现人生理想的成长成才的环境。环境对每个人都是相同的，是公平的，关键是“修行在个人”。面对新的环境、新的生活，不少新生往往不知所措，出现诸多问题。全面地认识大学，顺利完成好中学到大学的过渡，有利于合理规划大学校园生活。“天行健，君子以自强不息；地势坤，君子以厚德载物。”莘莘学子应该珍惜大学生活的每时每刻，通过自己不懈的努力，以臻尽善尽美。

第一节　认识大学

走过拼搏的高三，熬过紧张的高考，度过忐忑的暑假，莘莘学子终于迎来了收获的喜悦，带着对未来美好的憧憬，踏入了大学的校门，人生的理想将在这里奠基，辉煌的事业将从这里起步，丰富的大学生活也将从这里开始……何为大学？大学如何？带着你的疑惑与梦想，走近大学，揭开其神秘的面纱。

一、何为大学

（一）大学含义

大学（拉丁语：Universitas），泛指实施高等教育的学校，指提供教学和研究条件以及授权颁发学位的高等教育组织。“大学”一词是从拉丁语“Universitas”派生而来，大致意思是“教师和学者的社区”。大学的教学层次通常分为两种类型，分别是研究生和本科生；其中研究生包括硕士研究生和博士研究生两个层次。

截至 2015 年 5 月 21 日，中华人民共和国大陆地区共有普通高等学校 2845 所，其中普通高等学校 2553 所(含独立设置民办普通高校 447 所，独立学院 275 所，中外合作办学 7 所)，成人高等学校 292 所。

在中国古代，类似于大学的高等教育机构有国学(太学、国子监)以及后来的高等书院等。中国古代的高等学校可以追溯到公元前两千多年，如虞舜之时，即有上庠，"上庠"即"高等学校"的意思。不过，中国古代的高等学校和西方现代的大学存在差别，尤其官办学校以培养治理政府的仕人及从事文化教育的文人为主，学科上自然科学尤为缺乏，所以到近代整个的传统教育体系都面临着转型、革新。

随着时代的发展，大学已经从社会边缘走向社会中心，在国家与社会的发展中占据着越来越重要的地位，发挥着越来越大的作用。可以说，当今大学承担着培育人才、科研创新、服务社会和引领文化等多重职能，当代大学已经成为社会发展的"助推器"、科学追求的"思想库"、学生成才的"炼金炉"、终身学习的"加油站"。

大学之所以是大学，就因为它是"大"、"学"——研究范围博大，研究学问高深，研究视野广阔；胸怀宽广，大器大象，兼容并包，气度恢宏，充溢着一种大象无形的灵性氛围、文化的光芒和神圣精神。这样，大学才成为人类文明和社会进步的综合标志，成为人类的精神家园。

(二) 大学职能

一般来说，大学主要有四大职能，即人才培养、科学研究、服务社会、文化传承。人才培养是大学的核心工作；科学研究是大学的重要职能，也是人才培养的重要载体；服务社会是人才培养和科学研究功能的延伸；文化传承是大学的历史使命。

1. 培养人才

培养人才，是高等学校的基本职能。最早建立并且延续不断的有意大利的波隆纳大学、法国的巴黎大学、英国的牛津大学和剑桥大学等。中世纪大学的办学模式，一开始就带有一定的专业性，培养社会所需要的官吏、法官、牧师、医生等专门人才。所以培养专门人才是大学最早也是最基本的社会职能。

2. 科学研究

科学研究，是高等学校的重要社会职能。中世纪大学出现时，近代科学还没有产生，自然不存在发展科学的职能。15 世纪以后，工业革命为科学的发展奠定了大工业的技术基础，并要求为解决日益复杂的生产技术问题提供理论和方法，科学研究开始受社会所重视，社会需要有一批专门从事科学研究的人才。过去那种依靠个人经验在实践中传授和训练生产技术的方式，已不能适应社会的需要。这样，高等学校也就成为当然的培养科学研究人才的最理想的场所。

3. 社会服务

同发展科学一样，高等学校直接为社会服务的职能，不仅是社会的客观需要，也符合高等学校自身发展的逻辑。高等学校作为社会文化科学的中心，在社会文化、科学技术、卫生保健中居于领先地位，能够也应该负起对社会，特别是在当地的各方面工作中起指导或咨询的作用。高等学校直接为社会服务的形式和内容是多种多样的，根据不同科类和不同专业的特点，各就所长，积极创造条件，搞好社会服务工作。

4. 文化传承与创新

文化的基础是道德。道德是教育的生命，没有道德的教育便是一种罪恶。一个民族道德水准的高低，不是通过违法犯罪者的多少和比例来观察的，而是通过教育来体现的。大学之所以受人尊重，原因之一是大学之中有大德、有大道、有大爱、有大师、有大精神。这“五大”，使得大学成为道德的高地、社会良心的堡垒。当社会需要新道德的时候，会不约而同地到大学里寻找，大学同时也就成为社会道德的仓库。大学里的师生，便构成了道德共同体。“大学之道在明明德，在亲民，在止于至善。”大学只有明其德、求至善，才能造就一代又一代的“亲民”。大学正是通过“明德”、“正道”和“求善”引领和示范一个民族文化基础形成的。

（三）大学精神

大学精神是一种价值取向，是大学生命力的源泉，是大学文化的精髓和核心之所在，对大学的生存和发展起着决定性作用。一所大学精神的形成，与这所大学的产生和发展的年代、历史背景、地理环境、文化氛围等密切相关。

国内外著名的高校，背后都有其不可忽视的大学精神的力量，这种精神对大学师生产生了强大的凝聚力和内驱力，使得大学经久不衰，青春常在。美国著名哲学家威廉·詹姆斯深刻而又精辟地概括了哈佛大学的精神：“真正的哈佛”乃是一个“无形的、内在的、精神的哈佛”，这就是“自由的思想”、“自由的创造”。正是在这种大学精神的引导之下，哈佛成为世界一流大学。

南京中医药大学的精神为：“自信、敬业”。自信体现一种卓越的人格素质。自尊、自强方能自信；而自信又是克服困难、达到目标的基础，亦含有坚信中医药事业必定发扬光大之意。敬业为热爱专业、热爱职业、热爱事业之意。自信、敬业从人格与从业态度提出要求，言简意赅，涵义深远。南京中医药大学在这种精神的引领下，秉承历史文化精髓，总结凝练出“仁德、仁术、仁人”的“三仁”教育理念。“仁德”，就是以仁爱为核心内容的道德品质；“仁术”，就是以精诚为价值追求的知识技能；“仁人”，就是以德术合一为目标的人的全面发展。

二、大学如何

每一名大学新生，都曾经无数次在脑海里勾画过美妙的大学校园和生活，走近大学，看看大学究竟如何。

（一）你的学校

当你填报高考志愿的时候，一定在招生简章上了解到大学的基本情况，如办学历史、规模、学校地点、专业设置以及全国排名等，但现实中，与你密切相关的可能是图书馆、实验室、校史馆、体育场、教学楼等。

1. 图书馆——知识的殿堂

每一所大学都会拥有自己的图书馆，它是大学标志性建筑，是校园里一道亮丽的风景。图书馆一般建筑规模大、藏书多，为同学们提供借阅、阅览以及知识增值服务。这里

环境优雅安静、管理有序，是广大师生读书、自学、查阅资料的重要场所。作为新时期的大学生，应该培养自己醇厚的读书兴趣，“好读书、读好书”，充分利用图书馆资源，陶冶情操、拓宽知识面、提高自身素质。

2. 实验室——教学科研基地

大学实验室是学校教学科研的重要阵地，也是反映大学教学、科研、学科建设和管理水平的重要标志之一。大学实验室分为专业性实验室，如医学院校的“解剖实验室”、“生理实验室”等；公共课实验室，如“计算机中心”、“化学实验室”等；重点学科实验室，这是以特色学科为基础，以专家、学者、教授为主体建立起来的，是体现学校科研能力和教学水平的标志。同学们在进入实验室之前，务必要认真阅读实验室的相关规定，确保实验安全。

3. 校史馆——学校的编年史

校史馆是以陈列学校发展历史、展示学校办学过程和不同时代学校面貌的场馆；是学校传统与校园文化集中表现的舞台。以史为证，明示后人；以史为基，稳步发展；以史为鉴，放眼未来。同学们入校伊始，便可去校史馆观摩聆听，了解学校的历史，融入学校的文化，传承学校的精神。

4. 体育馆(场)——强身健体好去处

“生命在于运动”，体育锻炼能改善和增强人的体质，预防疾病，提高学习工作效率。大学的体育馆(场)向广大师生开放，这里有现代化的体育设施：网球场、乒乓球馆、羽毛球馆等，为同学们提供了强身健体的场所。在网络高速发展的时代，人们已经离不开电脑、手机，大学生们也都成为“低头族”，由共青团中央、教育部、国家体育总局、全国学联主办的群众性体育活动“三走”项目，就是希望同学们能够“走下网络，走出宿舍，走向操场”，拥有健康的体魄。在中医院校，中华传统功法如“太极拳”、“五禽戏”、“易筋经”、“少林内功”等成为体育运动项目中的热门。

5. 教学楼——知识传承的场所

中学上课基本上都在固定的教室里，等老师来上课，你的同学和同桌基本上是固定的。而大学里上课，是你自己根据自己的课表，按规定的时间去找教室上课，不同的课在不同的教室，你的同学也不是固定的，你的座位也可以自由选择。教室是大学学习中知识传播的重要场所。

（二）你的老师

大学老师很多都被赋予了神圣的光环，总是和“博学”、“资深”、“社会地位”等词联系在一起，大学新生都是带着崇拜的眼神看待大学老师的。但时间久了，同学们就会说大学老师像风，“来无影去无踪”，只能在课堂上一睹风采。大学老师不仅仅要完成教学任务，还要面临着科研压力，有的还担任着行政职务。“风一样的”大学老师，依然是大学生成长成才的引路人。

1. 教授

教授，是大学老师职称中最高的级别。著名教育学家梅贻琦曾说：“所谓大学者，非有大楼之谓也，而有大师之谓也。”这里的“大师”就是大学里杰出的教授。大学教授们在学术专业领域有着深厚的造诣，在教学岗位上有着丰富的经验。每一所大学都有会一定数

量的教授,除了在课堂上,同学们还可以在一些讲座中,一睹风采。

2. 辅导员

在中学,同学们都有班主任,到了大学,同学们就有了辅导员。辅导员是离同学们最近的老师。辅导员是大学生思想政治教育的组织者和实施者,是大学生日常生活的管理者,是大学生心灵健康的呵护者,是大学生成长的伴随者和见证者。每个辅导员一般管理数个班级。辅导员的工作从根本上说就是做学生的工作,是"围绕学生、关照学生、服务学生"的工作。同学们在日常生活、心理健康、生涯规划、就业指导方面遇到了任何困惑都可以寻求辅导员的帮助,他们为同学们的大学生涯领航、引路。

3. 学业导师

有条件的大学实施了学业导师制,顾名思义,就是指导同学们学业发展的导师。学业导师制充分贯彻全员育人、全过程育人、全方位育人的现代教育理念,是在任课教师和学生之间建立一种"导学"关系,有效弥补辅导员教育管理的不足。同学们在专业学习、科技创新、论文写作等学业方面遇到困惑,可以向学业导师请教,定会受益匪浅。

(三) 你的榜样

"三人行,必有我师焉;择其善者而从之,其不善者而改之。"同学们的身边,一定有着值得学习的榜样。榜样,是大家行为准则的典范,也是处理事务的标杆。杰出的校友,优秀的学长,都可以成为同学们的榜样。

1. 杰出校友

校友是大学的最佳品牌代言人,是母校撒向大江南北的名片。杰出校友往往是大学进行校园励志教育的重要人选,他们拥有丰富的专业知识和人生经历,正是同学们的现实榜样。在这所学校里,同学们和那些校友,走过同一条小路,踩过同一片青砖,在同一个食堂用餐,同一间教室读书,同一个操场呐喊。前辈们可以通过努力取得成功,同学们也可以。因此,同学们初到一所大学,可以先查询学校的杰出校友,"见贤思齐",激励自己,将来也成为杰出校友中的一员。

2. 学长学姐

校园中,优秀的学长学姐就在同学们身边。各类奖学金的获得者,科技创新比赛中的佼佼者,专业技能比赛中的优胜者,这些都是同学们学习的榜样。"他山之石,可以攻玉",学习他们的优秀事迹,可以让同学们少走弯路,找到大学生活学习的捷径。

三、认识变化

从中学到大学,从农村到城市,从家庭到学校,从父母身边到独立生活,从被动学习到主动求知,从他律到自律……这些都是高中至大学的变化,只有认识到了变化,才能更好地去适应变化,规划生活。

(一) 生活环境的变化

当同学们背着行囊步入大学的时候,生活环境自然也随之变化,这对大学新生来说是最早也是最大的变化。

1. 生活方式的变化

大学是完完全全的集体生活，自主、自律成为大学生活的主旋律。生活方式从昔日依赖父母、很难独立生活，转变为凡事都要靠自己，如洗衣、吃饭、整理宿舍、日常开销等都得由自己打理，这对于缺乏独立生活经验的新生来说，是一种新的挑战。

2. 生活习惯的变化

大学宿舍不再是自己的独立空间，舍友们来自五湖四海，完全是陌生的面孔。不同的地域、不同的民族、不同的语言环境、不同的饮食习惯都会给新生带来不适应，甚至作息时间、卫生习惯也会有所不同，这就要求同学们能够相互包容，生活上要顾及并协调室友的习惯，不能再我行我素。

（二）管理方式的变化

1. 教学管理方式变化

不同于高中，大学的教学管理一般实行学分制，有其灵活性和选择性。大学的课程与中学有明显的区分，一般分为必修课和选修课，每一位同学在完成规定的必修课程之外，可以结合自身情况和专业需要选修课程，只要修满要求的学分即可顺利毕业。大学里是可以跨院系、跨专业、跨学科参加学习，毕业年限也会根据同学们的学习情况适当提前或者延期。

2. 学生管理方式变化

高中的学生管理主要是他律，很大程度上是班主任事无巨细地管理着整个班级。大学里，主张的是学生的自律，充分发挥学生的主体作用，要求学生自我管理、自我教育和自我服务。大学里有着严格的规章制度，强调的是在严格纪律的基础上的自律。主张发挥学生干部、学生组织、学生团体的积极性和主动性，通过强化学生的自我管理能力，达到学生自我管理的目的。

第二节　适应大学生活

当你还是一名高中生时，一定迫切希望考上大学，因为父母、老师总是会这样告诉你："再苦再累，就一年了……就三个月了……就一个月了……熬过去，考上大学就好了，就轻松了……"，你在脑海里重复着从校园故事片上了解到的大学美好生活场景，心中充满了无限的向往。而当你真正跨进大学校园后，却发现大学校园里总是流行着那几个字："彷徨"。为什么？却又说不清楚。习惯了高中的生活，突然没有了高中时的"约束"，竟然变得无所适从，好像有许多事情要做，可又不知从何做起……，迷茫……这种感觉，是许多大学新生进入大学后都会有的。

俗话说，良好的开端是成功的一半，很多现实的例子告诉我们，大学一年级"转型"到位与否，对今后能否顺利完成学业和健康成长影响非常大。在大学这一人生拼搏的"赛场"上，一步领先，就会处处主动，反之，就会步步被动。

一、适应新角色

在中学时，不少人是在校内和班级内担任一定职务、有一定知名度的学习尖子，而在

人才荟萃的大学校园里，他们中的大多数成为不再担任职务的普通学生。大学新生必须适应这种由出人头地到默默无闻，由高才生到一般学生的转变，克服失落感和自卑感，对成才要充满信心。从社会角度看，大、中学生担当着不同的社会角色。一般说来，中学生的心理和思想仍不够成熟，职业方向仍不确定，他们是“潜人才”；而大学生作为“准人才”，职业方向基本确定，社会对大学生的期望和要求也比中学生高得多。因此，要实现由中学生到大学生的转变，就要处处用大学生的标准严格要求自己，要学会做事，做一个高素质的受社会欢迎的大学生。

二、适应新集体

（一）适应宿舍生活

跨入大学，离开父母独自生活，衣食住行学等日常生活都要靠自己安排。而因为一些非常偶然的因素，比如专业班级因素，来自不同地区的同学分配在同一个大厅或同一个宿舍。对于习惯了原来的生活环境，没有住过集体宿舍的同学来讲，不同生活习惯、不同兴趣爱好、甚至不同民族信仰的同学住到一起，怎样合理安排自己的生活，同学间怎样才能和睦相处，成为大家跨入大学校门后需要解决的首要问题。宿舍关系处理得当，同学会感到愉快、温暖和充实；反之，则会体验到烦恼、孤独甚至厌世等消极情绪。

1. 加强沟通与交流

生活在同一宿舍，同学的生活习惯有很多不同，有好有坏，比如，有的同学习惯晚睡、晚起，有的同学习惯大声讲话，这时大家要做的不是相互埋怨、相互指责，应该委婉地提出来，加强同学间的沟通与交流，在与学校宿舍管理规定相一致的前提下，养成较好的生活作息习惯。

2. 相互理解、相互包容

同学间，在同一事情的处理上出现分歧的时候，要冷静处理，试着站在对方的立场上思考问题，相互理解、相互包容。要做到理解他人，就要做到用心以对方所期望的方式来对待对方，而不是根据自己的想当然和希望来对待对方。

真正做到相互理解是人际交往中一件很不容易的事情。常言道，知己难求。故而我们要抱着一颗平常心，真诚待人、多些宽容、少些计较，经常总结反省自己交往过程中的成败得失，多学习一些人际交往之道。

主动地互相理解和关心成为一种需要。自理能力强的同学会很快就适应，应对自如；自理能力弱的同学，则可能计划失当、顾此失彼。因此，同学们应该尽快适应新的环境，既要学会过集体生活，又要学会处理学习生活中遇到的各种实际问题。

（二）适应班级

大学的班级与中学班级不同，中学的班级，主要由老师管理；大学的班级靠大家自己管理。同学们自己组织活动、自己参与活动。没有固定的教室，上完一次课，就要再转换到下一个地点去上课，课间大家在通往教室的路上，每个同学有自己的课程表，大家各自游走于不同的课堂。大家在各个班级间走动，班级的符号，不再像中学那么清晰。大家有更多的时间和机会结交更多的朋友，分享更多的资源。

在大学，每位同学都应树立主人翁意识，将班级的成长与个人成长相联系，班级的荣誉与个人荣誉相联系，管理好自己的班级，建设好自己的家庭。每位成员都应以积极乐观的心态融入集体，积极参与集体组织的活动，并能够为集体、为他人着想，在大家的意见与自己的意见发生冲突时，学会少数服从多数。懂得营造快乐、向上的集体环境是每个人的责任。

三、适应新的人际关系

在大学，人际交往的重要性凸显出来，不仅仅是交往的范围扩大，更重要的是交往的类型、方式方法等都有了较大的变化。

大学生人际关系在微观意义上就是交往关系。交往是人的一种现实需要，大学生更需要交往。大学生通过沟通和相互作用，实现了相互了解，建立了一定的情感联系和人际关系。大学生人际交往的主要类型有：

血缘型：它是大学生的一种天然的人际关系，如父母、兄弟关系等。

地缘型：主要指大学生因地域相同的缘故而结成的人际关系，如同乡会等。

业缘型：指大学生以所学专业为纽带形成的人际关系，包括师生关系、同学关系等。

趣缘型：指大学生以兴趣为主而结成的人际关系，专业兴趣所造成的业缘人际关系也属此类，如话剧社、剧团等。

情缘性：指男女大学生为满足爱情的需要，通过与异性交往而建立的人际关系，情缘关系是大学生人际关系中紧密性较强的一种。

四、适应新管理

2014 年 5 月 4 日，习近平总书记在同北京大学师生座谈时指出：“道不可坐论，德不可空谈。于实处用力，从知行上下功夫，核心价值观才能内化为人们的精神追求，外化为人们的自觉行动。”这揭示大学生思想政治教育要坚持以人为本，由“管理人”转为“培育人”，迈向从他律到他律与自律结合、最终实现自律的修德境界。大学生自律就是要做好自我管理。

我们常常会发现这样的问题：同在一所大学、同学一个专业、同在一个教室上课，有的同学成绩非常好，有的同学的成绩却非常差。这是为什么呢？差异来源于自我管理的有效性。

（一）自我管理的意义

1. 时代需要

大学生自我管理是当代教育改革新形式的顺势之举。在高校以“育人为中心”的思想要求下，大学生自我管理不仅是成长成才的重要条件，也是大学生全面发展的重要组成部分。2017 年 2 月，在教育部颁发的新修订的《普通高等学校学生管理规定》中，再一次强调了大学生自我管理的时代需要，“鼓励和支持学生实行自我管理、自我服务、自我教育、自我监督”。

2. 自身需要

“学会如何治理世界，必须首先学会如何管理我们自己。”自我管理是每个人自身发展的需要，通过自我管理可以最大限度发挥自身潜能，实现全面发展。一个有较高自我管理能力的人，不仅能较合理有效地安排各项人生任务，而且在客观理解他人、摆正自己与他人位置方面也有着天然的优势，于是便在自身与环境、主观与客观这两个方面都能实现基本条件的最佳利用，把自己安排在一个最能做出贡献的地方，从而大大提高事业和人生的成功率。

（二）自我管理的有效形式

1. 学生组织是大学生自我管理的重要平台

学生组织，主要包含班集体、分团委学生会、各类社团等。大学的班级，是大学生自我管理的重要基地。通过班级班委会和团支委的选举，大学生能加强自我认识，提高自信，提升组织和协调能力。除了班集体，大学还有众多其他学生组织和学生团体。学生会、团委等学生组织是学生骨干展示才华的绝好舞台。学生社团，以其丰富多趣的活动内容吸引广大学子的踊跃参加，基本能满足大学生的个性发展需要，更是大学生锻炼自我管理能力的大好平台。

2. 社会实践是大学生自我管理的基本途径

大学生社会实践是高等院校实践教育的重要组成部分，其目的在于弥补学校教育教学工作的不足，丰富和深化大学生思想政治教育的实践内容，促进青年学生在理论和实践相结合的过程中增长才干、健康成长，从而优质成才、全面成才。社会实践活动，尤其是利用寒暑假开展社会实践，是大学生认识社会、走入社会的重要形式，更是提高自我管理能力的重要途径。大学生社会实践作为课堂教育的补充，作为理论知识和实践知识的联系纽带，有着实现大学生自我管理的独特功能。

3. 职业生涯规划是大学生自我管理的有效载体

大学生职业生涯规划就是指导学生通过自我认知确定生涯发展目标，进行自我肯定，促进自我成长，最终达到自我实现的个人发展过程，是大学生自我管理的有效载体。

第三节　合理规划大学校园生活

人生就是一个不断选择、不断放弃和再选择的过程。有风雨也有艳阳，有苦辣也有甘甜。重要的是，抉择前需要慎重地思考，走好人生的每一步，尤其是关键的几步。人生需要规划，大学阶段同样需要规划。大学生活是人的一生中最精彩、最珍贵的时光。在这个时期，合理规划尤为重要。科学分配自由时间来应对生活中的种种问题：养成良好的生活习惯和合理的消费观，增强安全意识，提升心理健康素质，积极参与到丰富的社团生活之中，为自身的成长成才做好充实的准备。

一、大学校园生活规划的重要意义

大学校园生活规划是指学生根据自己发展需求以及生活实际，确立自己大学校园生活的计划和打算。

（一）有利于大学生充分认识自己，全面了解自身情况

“知人者智，自知者明。”大学生活规划可以帮助大学生们充分了解自己的兴趣爱好、

性格特长、自我发展方向。弄清自己想要干什么、能干什么、应该干什么，有利于大学生对自己的大学生活做出正确的选择，选定适合自己的发展路线，对大学生活的目标做出最佳抉择。

（二）有利于大学生及时确立发展目标，形成正确的生活观

"凡事预则立，不预则废。"大学生活规划可以帮助大学生及时确立发展目标，形成正确的大学生活观，通过个人努力，实现自身理想。

（三）有利于大学生成长成才，做好就业准备，提升核心竞争力

通过合理规划自己的大学生活，可以帮助大学生树立崇高的理想信念，明确自己的奋斗目标。学会认知、学会做事、学会生存、学会共同生活，在提高专业技能的同时提升自己的道德修养，增强自己的综合素质，提升核心竞争力，为走进职场做好充分准备。

二、大学校园生活规划主要步骤

大学生活规划主要步骤可以分为：确定目标、制定方案、实施方案、反馈调整。具体如下：

（一）确定目标

如果你想成为时间的主人而不是它的奴隶，那你必须为自己确立目标，因为没有什么能比确立个人目标更能促进你进步了。进入大学后，许多学生容易被高考的胜利冲昏脑袋，很快就松懈了下来，殊不知高考不是人生的终极目标，大学也不是未来的保险箱。如果在入学初就为自己制定一个长远目标并定期制定短期目标，那么大学的生活将会更加丰富多彩。

1. 长期目标

长期目标是需要经过一段较长时间才能取得的成绩。大学新生入校之后，可以通过咨询学长学姐、辅导员或学业导师，来了解大学的课程学习任务和进度，确保自己制定的长期目标与教学不相冲突。

2. 短期目标

短期目标是完成长期目标过程中所经过的相对有限的步骤。每周计划和每日计划都属于短期目标，把每周的目标确定好了之后，每天的计划也就清晰可见了。每周确定一个固定时间思考下周的目标，先列出必须实现的目标，再列出可能完成的目标。每天一早把当天该做的事情按照轻重缓急排好顺序，然后依照着每天的安排去完成，这样会大大提高自己的学习生活效率。

（二）制定可行的方案

制定方案过程中必然会产生一个具体性的、细节性的计划，那就是平时行动的指南。它会帮助你分配和管理你的时间、精力，指导你在什么时间该做什么。同时还会告诉你在哪个阶段你会取得什么样的成功。

（三）执行和实施方案

在执行计划的过程当中，一定要严格要求自己，同时要坚持不懈、持之以恒。切不可马虎了事，“三天打鱼，两天晒网”。书山有路勤为径，学海无涯苦作舟。寒窗苦读需要坚持不懈，严于律己。

（四）反馈调整

目标是相对固定的，但规划则是随着实际情况不断改进、不断完善的。因此，在生活规划的过程当中，必须全面考虑可能出现的情况，对执行的结果进行检查校正，及时反馈，汲取成功经验，吸取失败教训，为实现自己的目标奠定坚实基础。

三、大学校园生活规划之时间管理

时间管理是大学生活规划的核心。成功人士都有一个共同的特点，那就是他们都是时间管理好手。时间管理是大学生的必修课，合理利用时间对大学生来说尤为重要。然而，在身边，很多同学都难以适应大学的宽松管理，在“自由”中迷失了自己。时常会看到一些同学或上课迟到，或者寒暑假没有规划，得过且过，或者零散时间不懂得充分利用等现象，这都是没有进行时间管理的表现，是对宝贵时间、年轻生命的浪费。

有的大学生尽管已经确立了自己的奋斗目标，但仍然不能顺利完成，其中一个重要的原因就是没有制定具体的时间表，让时间悄悄地溜走了，反问自己“时间都去了哪儿?”最好的办法就是给自己做一张有详细内容安排的时间表，这样会大大提高你的效率，节约时间。

（一）分析自己能掌握的时间

时间是由一连串的事件组成的，包括过去的、现在的和将来的。分析自己能够掌握的时间，也就是分析有多少事情是自己可以把控的。有些事情是不能改变和控制的，比如说上课时间，而有的事情是可以掌控和利用，比如作息时间和课外空余时间。

（二）分析事件的轻重缓急

将需要完成的任务和活动按照轻重缓急排出顺序。可以分三个层次：“必须要完成的”、“应该可以完成的”和“最好去完成的”。全力以赴去做“必须要完成的”，努力去做“应该可以完成的”，利用多余时间去做“最好去完成的”。

（三）高效利用时间

按照既定的计划，集中精力提高效率。高效的利用时间可能让你提前完成任务。运用80%—20%原则。人如果利用最高效的时间，只要20%的投入就能产生80%的效率。相对来说，如果使用最低效的时间，80%的时间投入只能产生20%效率。所以，我们要把握一天中20%的最高效时间专门用于最困难的科目和最需要思考的学习上。

（四）克服拖延症

“时间的最大损失是拖延、期待和依赖未来。”很多大学生可能会有这样的感触：明明自己已经制订了详细的计划，明明自己很清楚将要做的事情，而且这些事情都是必须要完成的。但是，当我们准备开始的时候，却又在犹豫“是现在就要开始么？晚些时候再开始也可以的吧？没关系的，再等一会儿，反正现在还早”。于是，就不自觉地放下了这个任务，暂缓了这个计划，去做了些较为轻松的娱乐项目。长此以往，当很多人习惯了拖延的

时候，往往积极进取的心也随之丧失。战胜拖延，这需要你有坚定的决心，这并不容易，但也不是不可能。在自己想偷懒的时候，给自己打气，千万不能"宽容自己"，给自己找借口。"千里之堤，毁于蚁穴"，当我们战胜了懒惰，克服了拖延症，离成功也就不远了。

四、大学校园生活规划的总体内容

（一）日常生活

"身体是革命的本钱"，没有了健康的体魄，其余一切都毫无意义。大学生所处的青春期是人体生长发育过程中的重要阶段，身体的健康与否对大学生活以及今后的人生都将产生至关重要的影响。

良好的日常生活习惯有益于个人身心健康发育和成长，有利于高效率地学习。大凡学习成绩优秀、表现出色的大学生，都有着良好的生活习惯，无论用脑、作息、饮食、运动等均有科学规律。

1. 会休息才会学习

有些同学学习积极努力，十分勤奋刻苦，然而考试成绩却不尽如人意。这其中的一个重要原因，就是他们学习与休息的方法不当。勤奋程度之大小、学习时间长短在一定范围内是与成绩成正比的，但绝不是只要勤奋刻苦、学习时间长，成绩就会越好。要想学习成绩好，一是高效时刻勤学，二是不断创造高效时刻。学会主动休息可以为自己提供高效学习时刻。主动休息是指每工作或学习一定时间，身体尚未觉得疲倦时就休息。

2. 合理安排业余生活

大学生的业余生活是丰富多彩的。在正常的教学活动以外，大学生还可以参加各类文娱活动、运动会，进行社交、公关及社会公益性活动，听学术报告、专家讲座，或者利用业余时间发展个人的兴趣爱好。对大学生而言，四五年的大学生活是非常短暂的，这就要求大学生能围绕自己的主要任务与目标来合理支配业余时间。大学生的主要任务就是学习，强调学习的重要并不意味着抹杀生活本身的丰富内容。大学生在紧张的学习之余同样需要休息与放松，看电视、打篮球、参加周末舞会或约几个同伴去郊游都不失为良好的选择。利用业余时间发展自己的兴趣也不失为明智的做法。不过在这当中要注意合理选择内容，要让自己的业余生活健康向上、充满朝气，自觉抵制不良风气的诱惑。

（二）心理健康

如果说身体健康是成功的物质基础，那么心理健康也一定是成功的必备条件。一个人，如果心理不健康，即使身体上没有缺陷或疾病，依旧不能算是一个健康的人。大学生正处于心理成熟的过渡期，良好的心理素质不仅关系到身体健康，还影响着大学生活。

1. 自觉学习心理健康知识

心理健康知识是大学生增进自我了解和自我调节的重要理论武器。大学生们都应该自觉地去学习心理卫生知识，主动加强心理卫生意识。大学里通常都会开设一些心理课程，无论是必修课还是选修课，同学们都可以通过课程的学习来了解心理健康知识。也可以聆听一些心理讲座，阅读心理健康书籍，积极参加心理团训活动，认识心理健康的意义，

了解心理健康标准，掌握心理调适的方式。

2. 正确认识自己

正确认识自己，不自卑，不自负，要自信。大学生们需要客观地评价自己，认清自己的不足和缺点，结合自己的实际情况制定相应的行动目标。目标过高难以实现，会有挫折感，容易产生自卑心理；目标过低轻易获得，会沾沾自喜，容易滋生自负心理。客观地评价、接纳自我的态度可以促进大学生心理健康。

3. 保持乐观心态

“你不能控制他人，但你可以控制自己；你不能预知明天，但你可以把握今天；你不能事事顺利，但你可以事事尽力；你不能延伸生命的长度，但你可以决定生命的厚度；你不能左右天气，但你可以改变心情；你不能选择容貌，但你可以展现笑容。”这段话正是告诉我们，时刻保持一颗乐观积极的心。经常给自己灌以“心灵鸡汤”，让积极的心态成为开启心灵的钥匙。无论目前你的日子如何艰难，无论你遇到多么大的挫折，只要你能保持乐观积极的心态，你就能改变生活。

4. 建立良好人际关系

大学里人际关系是否和谐影响到大学生的心理健康。大学生都是同龄人，有共同的语言，容易走到一起，较社会上的人来说相对单纯。相互包容、换位思考是获得良好人际关系的前提，和谐的人际关系可以增加大学生的自信，减少心理不适，实现心理平衡。

5. 学会自娱自乐

情绪如同天气，时好时坏，当心情低落、寂寞烦躁之时，不妨给自己找个减压阀，学会心灵按摩。大学生们可以通过自娱自乐来缓解压抑。可以积极愉快地参加一些娱乐活动，放松和调整自己的状态，比如参加社团活动、体育锻炼等，让自己更有效地投入到下一个阶段的工作和学习中去，这对维护自身的心理健康十分有益。

（三）人际关系

人际交往在大学生活中是不可或缺的。大学生活里，人际关系也较为复杂，人际矛盾也有不少，保持积极乐观、自信向上的心态，是处理好人际关系不可缺少的因素。

1. 肯定对方，真诚热情

肯定对方。人类普遍存在着自尊的需要，只有在自尊心高度满足的情况下，他才会产生最大程度的愉悦，才会对人际交往中对方的态度、观点易于接受。特别是处于青春期的大学生，自尊心极强，因而在交往中首先就必须肯定对方，尊重对方，这是成功交往的基础。

真诚热情。人际交往中，若对方感到了你的真诚与热情，显然会得到对方肯定的评价。所以在交往中，不但需要充沛的热情，同时又坦诚言明自身的利益，显得真诚而又合情合理。这样，自然会得到对方的接纳，为成功交往架起了一道桥梁。

2. 在实践中提高交往能力

良好的人际关系是在交往中形成和发展起来的。初入校门的大学生，在和一些不熟悉的人交往时，可以从一般的寒暄开始，之后转入中性话题。如来自哪个学校，姓名，有哪些业余爱好等，而后再转入双方感兴趣的、触及个人利益的话题，如工作、学习、身体等。

良好的人际关系也有赖于相互的了解。相互了解有赖于彼此思想上的沟通。因此要注意常与人交谈，交换看法，讨论感兴趣的事情。这样，可籍此表达自己的喜怒哀乐，降低内心压力。沟通时，语言表达要清楚、准确、简练、生动。要学会有效聆听，做到耐心、虚心、会心，把握谈话技巧，吸引住对方。

此外，一个人在不同场合会扮演不同角色，在教室是学生，在阅览室是读者，在商店是顾客。在交往活动中，如果心理上能经常地把自己想象成交往对方，了解一下自己处在对方情境中的心理状态和行为方式，体会一下他人的心理感受，就会理解别人的感情和行为，从而改善自己待人的态度，这种心理互换也是培养交往能力的好办法。

3. 克服交往中的害羞心理

害羞是一种正常的心理现象，先天素质起了很大的作用。有些人性格内向，说话低声细语，见到生人就脸红，常怀有一种胆怯心理。

首先要在思想上抛弃一切顾虑，即不要怕做错了事、说错了话，要认定说错了虽不能收回，但可以改正；做错了，只要吸取教训，能起到“前车之鉴”的作用；失败并不等于无能。这样，在行动之前就不会光想到失败，他们就会走出自我否定和自我暗示的阴影。

其次要树立自信，要肯定自己，发现自己的闪光点，而不是只看到自身的不足，这样有助于在交往中发挥自己的特长。最终有所成功，并在成功体验下对自己重新评价，开始相信自己的能力，如果再有第二、第三次的成功，害羞者就会对自己形成一个比较稳定的自我肯定认识，害羞心理就会悄悄地从他们身边走开。

另外，学会交往也是克服害羞的有效方法。害羞者可以在与人交往中观察别人是怎样交往的，特别是要观察两类人：一是观察交往成功者，看看他们为什么总是交往的中心，为什么能将各种复杂交往方法运用得得心应手；二是观察从害羞中走出来的那些人，并向他们学习。

（四）生活消费

由于大学生都是从校门到校门（如今大多又是独生子女）的，一般都没有独立理财的经验。上大学后，突然拥有了家人给予并非自己独立挣得的钱，所以，学会合理消费就显得很重要了。

1. 改变认知，树立正确的消费观

正确认识不良消费心理的危害性，大力提倡艰苦奋斗、勤俭节约的传统美德，正确地处理自身经济条件与消费需求的关系，以消除不良消费心理。

正确的消费观包括：首先，要制定一个消费规划，合理分配在各方面的花费，该花的就花，不该花的坚决不花；其次，应该注意自己的经济实力，不要攀比；再次，不应该都依赖父母，自己可以在课余从事兼职活动补贴自己的消费。

2. 提高财商素质

所谓财商，指一个人在财务方面的智力，即对钱财的理性认识与运用。财商是与智商、情商并列的现代社会三大不可缺少的素质。财商主要包括两个方面的内容：其一，正确认识金钱及金钱规律的能力，其二，正确运用金钱及金钱规律的能力。

3. 转移重心，将精力集中到学业上

有的大学生考上大学，从原来比较封闭的生活环境中走出之后，生活的重心和注意力

不再在学业上，而是为了社交、结交朋友，甚至为讨异性欢心而表现出高消费、享乐消费等畸形消费心理。要改变这种消费心理，必须转移生活的重心和注意力，将主要的精力首先集中到学业上，将学业上取得好成绩当作真正的享乐。

4. 回归现实，做生活中真实的人

大学生的骄傲在于人生的理想、学习的本领、为人的品质等有利于自身和社会的积极方面，而不是钱物的多少。所以，为克服日常消费中的摆谱、攀比、从众等虚荣心理，一定要从虚幻的虚荣心理中走出来，回归现实，树立正确的荣誉观，做生活中真实的人。

（五）人身安全

高等教育快速发展的今天，不少省市都建设了大学城，学习生活在其中的大学生人口高达数十万，加之周边的社区人口，高校大学城显然已经成为一个小社会。身处其中的大学生难免会面临各种各样的安全问题，因此大学生要不断强化安全防范意识，掌握安全基本知识和本领，加强对自我的安全保护。

1. 交通安全

不管是校内还是校外，发生交通事故最主要的原因是思想麻痹、安全意识淡薄。乘坐交通工具，依次上下，不挤不抢。车辆行驶中不得把身体伸出窗外，乘坐长途客车、中巴车不能贪图便宜，不要乘坐车况不好的车，不要乘坐“黑巴”、“摩的”。乘坐火车、轮船、飞机时必须遵守车站、码头和机场的各项安全管理规定。

2. 消防安全

消防逃生口诀：逃生预演，临危不乱；熟悉环境，暗记出口；通道出口，畅通无阻；扑灭小火，惠及他人；镇静辩向，迅速撤离；不入险地，不贪财物；简易防护，蒙鼻匍匐；善用通道，莫入电梯；缓降逃生，滑绳自救；避难场所，固守待援；缓晃轻抛，寻求援助；火已及身、切勿惊跑；跳楼有术，虽损求生。

3. 防盗防骗

大学生受骗主要是因为思想单纯、防范意识较差，贪图虚荣、遇事不够理智，有求于人、交友行事轻率、贪图小利、急功近利等。大学生要提高防范意识，学会自我保护。积极参加学校组织的安全防范教育，多知道、多了解、多掌握一些防范措施。交友要谨慎，避免以感情代替理智。

（六）网络使用

信息化时代，网络给人们带来了全新变化，给生活学习带来了方便。网络所形成的虚拟空间，打破了传统，打破了垄断，创造了无限可能。网络可以说是一把双刃剑，一方面，可以让人们更便捷地获取知识和信息；另一方面，网络鱼龙混杂、良莠不齐的信息增加了人们识辨真伪的难度。尤其是对大学生来说，很多人因沉迷于网络游戏、受到网络诈骗、迷恋上网聊天等，受到了经济损失甚至身心伤害，有的因此荒废了学业。因此大学生应该警惕网络可能带来的危害，做好安全防御，合理使用网络。

1. 预防不良网络信息侵害

网络是大学生们获取信息、丰富知识、思想交流的重要平台，但是也往往会被不法分子利用，他们通过网络传播不良信息。不良信息主要包括不良政治信息、黄赌毒信息，这些都危害大学生成长，危害社会稳定与和谐。大学生要遵守《网络文明公约》，善于网上学习，不浏览不良信息，增强自我保护意识，增强明辨是非的能力，自觉抵制各种不良信息及违法犯罪行为的危害。

2. 预防网络诈骗

(1) 常见的网络诈骗。网络诈骗万变不离其宗，都是想要套出账户和密码。比如，通过电子邮件冒充银行网站，以系统升级等名义诱骗用户点击假网站，套取信息；利用网络聊天的形式，以网友的身份兜售游戏卡、游戏装备等套取信息；通过一些专业设置的木马程序盗取信息。

(2) 预防网络诈骗。第一，大学生们保持高度警惕，及时更新杀毒软件，加强自我防御措施，严阵以待，保护好自己的财产。第二，不要轻易相信网友，即使网友见面，也要选择自己熟悉的地方、人多的地方。第三，不要轻易相信"天上掉馅饼"，对于一些"低价"、"高回报"的事情，要留有心眼，明辨是非。第四，不要轻易透露自己的真实信息。

3. 杜绝沉迷网络

大学阶段本应该是大学生们学习科学文化知识的黄金时期，但有些大学生一旦沉迷于网络游戏之后，便耗费了大量本应用于学习、休息和课余活动的时间，严重影响了他们正常的学习和生活，造成严重分心，学习兴趣下降，学习目标丧失，上课注意力不集中，厌学、旷课等现象频发，学习成绩下降，多门课程不及格，甚至无法毕业。

大学生们要正视网瘾的危害，科学安排上网时间，限制上网内容，同学之间相互监督。杜绝沉迷网络重在预防。丰富日常生活，积极参加有益活动，注重培养自己的兴趣，多与同学、老师、家长交流，获得心灵上的慰藉和成长。

(七) 社会实践

"纸上得来终觉浅，绝知此事要躬行。"在大学里，学习书本知识固然重要，但参加实践活动也是必不可少的。校园里的社团、校外的社会实践，都能让大学生们学到书本以外的知识。

1. 学生社团

大学生们基于兴趣爱好、特长或责任自发组织的团体就是学生社团。大学里的社团很多，以南京中医药大学为例，既有先锋社这样的理论社团，也有朝阳模拟医院这样的实践类社团；既有戏剧社这样的兴趣类社团，也有足球协会这样的文体类社团；既有养心社这类传统文化社团，也有大艺团这样的新型社团。可谓"八仙过海，各显神通"。

面对眼花缭乱的社团，大学生们应该以兴趣为主导；正确定位，不可草率；切忌贪多，顾此失彼；放下功利，锻炼自我。一旦加入就要认真对待社团活动，要处理好学习与社团的关系。

2. 社会实践

社会实践是促进大学生全面发展的必不可少的途径，是大学生施展自身才华的最佳形式。大学生走出校门到社会中进行实践，是深入了解国情、民情的有效途径，是将学习的专业知识运用于实际的可行选择。每年暑假，学校各个院系、社团乃至班级都会组织各种各样的社会实践团体，或去考察，或进行"科技、文化、卫生"三下乡活动。此外，在某些课程的学习中，也会贯穿一些实践主题，比如某个项目的调研等。无论哪种形式的社会实践，都可以让大学生们从实际的所见所闻中得到切身感受。

3. 志愿服务

志愿服务，意义深远。大学阶段正处在人生发展的重要时期，也是大学生走向社会的过渡阶段。积极参加志愿服务，一方面能够激发学习兴趣和创新热情，提高大学生自发学习和钻研技能的积极性；另一方面，志愿服务也为大学生提供了理论知识的实践场所。

赠人玫瑰，手有余香。大学生在志愿服务活动中，把关怀带给社会的同时，也传递了爱心，传播了文明。大学生志愿服务的途径主要有“义教”、“义诊”、“义务劳动”等。例如南京中医药大学的学生组织，会经常组织医学专业的同学到社区、农村进行“义诊”，志愿服务。“农民健康百村工程”就是该校特色志愿服务项目。

五、大学校园生活的年度规划

（一）大一：了解情况，端正态度

刚进入大学的大一新生，对大学的生活充满了向往，但同时也存在着困惑。大一刚开学时，就要问问自己，想要成为什么样的人。大一阶段的生活主要以适应学校环境、了解学校情况为主。多利用《学生手册》了解学校的相关规定。做好时间统筹，学会自我管理，可以选择性参与自己感兴趣的社团活动，进行适当的志愿服务，增强与同学、老师的交流，加强人际沟通能力。

（二）大二：适时而变，全面发展

如果说大学是人生发展的黄金时期，那么大二就是大学发展的黄金时期。经历了大一的青涩和懵懂，大二的生活更多的是成熟和稳重。大二是整个大学的积累期，此时的大学生活应该以丰富自己的专业知识、提高自己的专业素质为主。在学生组织、社团工作中获得锻炼，提升自己的能力。适当的社会实践能让自己眼界更加开阔。初步考虑自己的未来发展方向。

（三）大三：着眼动态，努力实践

进入大三，意味着大学的生活已经过去一半。经历了大一大二的酸甜苦辣，应该用“蜕变”来形容我们的大三。在大二考虑毕业方向的基础上，大三应该确定下来自己的发展方向，并为此做出自己的努力。大三阶段的生活主要以提高自己的职业技能为主，更多地关注社会上有关就业或者考研的信息。同时，利用一部分课余时间进行相关的社会实践。

（四）大四/大五：主动选择，提早行动

走过了大学三年，毕业季终于到来。考研或是择业，已经迫在眉睫。学会主动出击，为自己留出多种选择。选择的方向有很多：出国留学深造，继续考研钻研专业知识，抑或是直接参加工作，这些都需要我们主动选择，提早行动。

表 3-1　大学校园生活年度规划表

年度 规划	大一	大二	大三	大四/大五
日常生活计划				
体育锻炼计划				
心理健康计划				
社交计划				
理财计划				
实践计划				

总之，大学校园生活规划最终目标是完成个人的全面发展，成为一个充分实现个人价值和成为有用的人才，充分实现大学生活的最终意义。德国哲学家雅斯贝尔斯在谈及其大学之理念时说："大学应始终贯穿这一思想观念，即大学生应是独立自主、把握自己命运的人。"生活需要自己来勾画，不一样的规划就有不一样的人生。要敢于为自己制定努力的目标，规划自己的生活，因为一旦有了明确的目标，就有了努力的方向和前进的动力。经过大学几年生活，学会在学习中自主寻求知识，从生活中合理把握时间，从实践中提高综合能力。只有做到了这些，才能成为一个有思想有价值的人才，度过有意义的大学生活。

【本章小结】

1. 大学具有人才培养、科学研究、社会服务、文化传承创新的职能。大学相比于高中来说，生活上更加独立，由在父母身边生活过渡到集体生活；学习上由被动学习到主动求知，由"升学"为导向过渡到"就业"为导向；管理方式由"他律"过渡到"自律"。

2. 进入大学，大学生们要适应新的角色，以大学生的标准来严格要求自己。要适应新的集体，要有更强的集体荣誉感。要适应新的人际关系，学会包容，学会换位思考。要适应新的管理方式，做好自我管理。

3. 大学生们合理规划大学生活就是要做好自我管理。在日常生活、身心健康、财务管理、校园安全等方面做好相应的规划和管理，为自身的全面发展提供保障。

【思考题】

1. 中学与大学有哪些不同之处？
2. 大学新生如何尽快适应大学生活？
3. 大学新生如何做好自我管理？

【延伸阅读】

李开复给大学生的一封信：大学四年应该这样度过（节选）

大学是人一生中最为关键的阶段。从入学的第一天起，你就应当对大学四年有一个

正确的认识和规划。为了在学习中享受到最大的快乐，为了在毕业时找到自己最喜爱的工作，每一个刚进入大学校园的人都应当掌握七项学习：学习自修之道、基础知识、实践贯通、兴趣培养、积极主动、掌控时间、为人处事。只要做好了这七点，你就能成为一个有潜力、有思想、有价值、有前途的快乐的毕业生。

1. 自修之道：从举一反三到无师自通

中学生在学习知识时更多的是追求"记住"知识，而大学生就应当要求自己"理解"知识并善于提出问题。对每一个知识点，都应当多问几个"为什么"。一旦真正理解了理论或方法的来龙去脉，大家就能举一反三地学习其他知识，解决其他问题，甚至达到无师自通的境界。

2. 基础知识：数学、英语、计算机、互联网

如果说大学是一个学习和进步的平台，那么，这个平台的地基就是大学里的基础课程。在大学期间，同学们一定要学好基础知识，其中包括数学、英语、计算机和互联网的使用，以及本专业要求的基础课程(如商学院的财务、经济等课程)。

3. 实践贯通："做过的才真正明白"

无论学习何种专业、何种课程，如果能在学习中努力实践，做到融会贯通，我们就可以更深入地理解知识体系，可以牢牢地记住学过的知识。因此，我建议同学们多选些与实践相关的专业课。实践时，最好是几个同学合作，这样，既可经过实践理解专业知识，也可以学会如何与人合作，培养团队精神。

4. 培养兴趣：开阔视野，立定志向

最好的寻找兴趣点的方法是开拓自己的视野，接触众多的领域。唯有接触你才能尝试，唯有尝试你才能找到自己的最爱。而大学正是这样一个可以让你接触并尝试众多领域的独一无二的场所。因此，大学生应当更好地把握在校时间，充分利用学校的资源，通过使用图书馆资源、旁听课程、搜索网络、听讲座、打工、参加社团活动、与朋友交流、使用电子邮件和电子论坛等不同方式接触更多的领域、更多的工作类型和更多的专家学者。

人生的路很长，每个人都可以有很多不同的兴趣爱好。在追寻兴趣之外，更重要的是要找寻自己终身不变的志向。大家不必把某种兴趣当作自己最后的目标，也不必把任何一种兴趣的发展道路完全切断，在志向的指引下，不同的兴趣完全可以平行发展，实在必要时再做出最佳的抉择。志向就像罗盘，兴趣就像风帆，两者相辅相成、缺一不可，它们可以让你驶向理想的港湾。

5. 积极主动：果断负责，创造机遇

从大学的第一天开始，你就必须从被动转向主动，你必须成为自己未来的主人，你必须积极地管理自己的学业和将来的事业。积极主动的第一步是要有积极的态度。积极主动的第二步是对自己的一切负责，勇敢面对人生。积极主动的第三步是要做好充分的准备：事事用心，事事尽力，不要等机遇上门；要把握住机遇，创造机遇。积极主动的第四步是"以终为始"，积极地规划大学四年。

6. 时间：事分轻重缓急，人应自控自觉

除了积极主动的态度，大学生还要学会安排自己的时间，管理自己的事务。每个人都有许多"紧急事"和"重要事"，想把每件事都做到最好是不切实际的。我建议大家把"必须

做的事”和“尽量做的事”分开。必须做的事要做到最好，但尽量做的事尽力而为即可。建议大家用良好的态度和宽广的胸怀接受那些你暂时不能改变的事情，多关注那些你能够改变的事情。此外，还要注意生物钟的运行规律，按时作息，劳逸结合，这样才能在学习时有最好的状态。

7. 为人处事：培养友情，参与群体

很多大学生入校时都是第一次离开父母，离开自己生长的环境。进入校园开始集体生活后，如何与同学、朋友以及社团的同事相处就成了大学生学习内容的一部分。大学是大家最后一次可以在相对宽松的环境中学习、培养、训练如何与人相处的机会。在未来，人们在社会里、在工作中与人相处的能力会变得越来越重要，甚至超过了工作本身。所以，大学生要好好把握机会，培养自己的交流意识和团队精神。

（资料来源：百度文库）

第四章 大学学业规划

学习目标

通过本章学习，学生应该了解大学的学习环境、学习特点、学习方法和学习原则。重视大学学业规划，并能够结合实际，制定出适合自己的学业规划。学生应该明确学业规划的特点，并能随着自身发展及时调整方案。正确理解专业的概念，专业与职业发展的关系，并加强大学期间专业能力的学习。了解大学期间各级各类资格等级考试，初步认识中医药院校主要专业职业发展方向。

学生进入大学后，不再像高中那样时刻有人督促和指导学习、生活。突然降临的自由和放松，往往使大一新生无所适从，以致对大学学习、生活缺乏整体的规划，产生了很多学业问题。美国哈佛大学的调查提示我们，大学生进行整体的学业规划意义重大。大学生学业规划就是指大学生通过对自身特点和社会需要，进行的深入分析和正确认识，确定自己的学业发展方向，然后结合自己的实际情况制订学业发展计划，并为此做出行之有效的安排。大学生学业规划是大学生职业生涯规划的核心内容，是职业生涯规划在大学期间阶段性体现。在欧美等国家，人才培养的重要组成部分和高等教育的重要内容之一便是学业规划。

第一节　正确认识大学学习

大学是人生中最美好的阶段，但同时，大学也是人生中变化最大的阶段。从中学到大学，是人生的重要转折，同学们经过十二年的寒窗苦读之后，走向了“自我管理”的新生活：生活上要自理，学习上要自觉，娱乐上要自控。尤其是大学的学习内容、方法和要求，与高中时代的学习相比，发生了很大变化。在大学的学习生活中，同学们要树立起良好心态，树立学习目标，做好学习计划、充分利用资源、合理安排时间，依靠自己的奋斗与努力，不断推进知识的求索与创新。

一、全新的学习环境

（一）由被动学习变为主动学习

高中是基础教育，强调基础知识、基本技能和基本学习方法的掌握，老师教学以传授知识为主，学生以接受、记忆和练习为主。整个学习阶段，学生较少有自主学习的机会，大都在老师安排下进行。

大学属于专业教育阶段，学生的学习与高中相比发生了质的飞跃。首先是师生关系发生了变化，教师由学生学习的“保姆”转变为学习的导师，除了上课和一定的指导外，不再干预学生学习。其次是学习内容也由基础知识转变为一定领域的专业知识，教师不再面面俱到地讲解书本，而是讲述某一领域的学术前沿知识。再次是教师的讲课方法发生了变化，许多问题没有明确结论，需要学生发挥主体性的作用，自行去思考和解决问题。

（二）由紧张学习变为宽松学习

高中学习，三天一小考，五天一大考，家长催促、同学竞争、班级排名，学生压力巨大。大学的学习与高中相比，宽松了许多。首先，上课时间少了。大学没有早晚自习，每天除上课以外，自由支配的时间很多。其次，大学考试少了，只有期终考试，有时甚至是开卷的。第三，大学很少排名次，除了评奖学金的时候。每个同学都在独立面对学习。

（三）由强制学习变为自主学习

高中的学习，主要是“管”字。在学校老师管，在家里家长管。进入大学后，学生自由了，自我发展的空间大了，自由支配的时间多了，学习上的统一要求少了。对学生来说，这种自由度的增大具有两面性。一方面为学生的自由发展提供了巨大的可能性和空间；但另一方面，部分自制力差的同学会无所事事，让时间白白流逝。

正因为高中学习与大学学习存在如此大的差别，很多大学生，特别是刚刚步入大学的新生产生了不适应的感觉。很多新生入学后，不约而同地产生了“松口气”、“歇歇脚”的想法，从而在学习上不求上进，生活上懒懒散散，沉迷于网络游戏等活动，以至于在第一学期就频频出现“挂科”现象，更不用提大二、大三时的“惨样”了。2014 年，南京某高校出台了《本科学生学业警示及帮扶办法（试行）》，依学业未完成的情节轻重对学生做出黄色、橙色、红色学业警示，被红色警示的作退学处理。2014 年下半学年红色警示 18 人，2015 年上半学年 13 人，2015 年下半学年 18 人。一年半时间里，这所高校劝退了 49 名学生。

习近平总书记曾经说过，大学阶段，“恰同学少年，风华正茂”，有老师指点，有同学切磋，有浩瀚的书籍引路，可以心无旁骛求知问学。此时不努力，更待何时？因此，在大学生活中，大学生们应当摆正学习态度、调整学习状态、提高学习信心，按照大学生活的规律，确定学业规划，制订行动计划。

二、大学学习的特点

（一）开放性

大学教育具有较强的开放性，知识与社会实际联系也更为紧密，需要学生掌握和了解的知识面广，且跨度大。同时，大学的学习更加社会化，在学习方法与学习内容上都必须反映社会的需求，与社会发展趋势和水平相一致，因此学习就必然带有开放性特征。大学学习过程中，大学生学习的时间和空间限制少了，自由度大了，获取知识的途径与手段也越来越多样化。而且，伴随着网络时代的到来，大大影响了学生接受知识的形式与途径，网络资源越来越成为学生获取信息与知识的重要来源。

（二）自由性

在中学，同学们是按老师的要求，在考试的压力下去学自己喜欢或不喜欢的内容。在大学，“学术自由”这一概念被广泛接受。学术自由，不仅指学者和教师的研究自由，教与学的自由，还包括学生的“学习自由”。学生有选择什么时候学、为何学、学什么、怎么学的自由。学生可以通过学分制、选课制、学分互认等方式自由选择学科专业和课程，大家自由地安排学习计划、学习时间和学习内容，自由地选择学习方式、方法，自由地参加各种活动，甚至可以自由转专业。

（三）自主性

在大学阶段，学习虽然也有一定的强制性，但更多地体现为自主性。首先，表现在对自由时间的处理和安排上。大学的自由时间多了很多，能不能利用好自己的时间和做好科学管理，合理规划好自己的学习计划，对大学阶段能否取得更好的学习成果至关重要。其次，大学生除了要学习专业基础知识外，还要结合今后的职业发展方向，有针对性、有目的地学习，成为某学科的专门人才。第三，大学生根据自己的兴趣和爱好，独立地阅读各种书籍，选择某些选修课，制订学习计划，采用适合自己的有效学习方法，也体现出较大的自主性。

（四）专业性与综合性

大学教育学习具有最显著的专业性。从填报志愿的时候，考生就面临着专业的选择。被大学录取之后，专业方向就已经确定了。大学四年的学习都是围绕着专业方向来统筹安排的。经过大学几年的学习，大学生将逐步成长为基础知识扎实、专业知识结构合理、创造性强、能力高、品行优良的德智体全面发展的高级专门人才。

现代科学发展的特点是学科划分得越来越细，但不同学科间的互相渗透和互相关联又越来越明显。这一特点要求大学生们不仅要懂得专业，也要了解相关学科的知识。控制论的创始人、美国科学家维纳认为：科学工作者应当成为这样的人，“他们每人都是自己领域中的专家，但是每人对他的邻近的领域都有十分正确和熟练的知识”。大学生既要专又要博，做到专而不窄，博而不滥，只有这样才能相互促进，有利于成才。

（五）探索性

大学是培养高级专门人才的地方，它与职业教育和中等教育的区别在于，大学生们在经过一段时间的专业训练后，可以初步具备科学研究的能力，为今后的学习深造或者职业生涯打下基础。在这个时期，大学生的学习具有明显的探索和研究的性质。大学的教学内容，由中学的对确定结论的论述，逐步转向介绍各家各派观点及最新学术发展动向。这就要求大学生的学习观念从正确再现教学内容向汇集百家之长、形成个人见解的方向转

变。大学生从在教师指导下完成作业，到独立完成毕业论文(或毕业设计)，都带有明显的探索的性质。同时，同学们还要勇于探索未知领域，利用实验室、图书馆以及开展社会实践等多种方式，进行科学研究的尝试，发展创造能力。

（六）多样性

大学学习脱离不了课堂学习，但并不像中学那样几乎是唯一途径。除了课堂教学以外，大学的实践性教学活动占有很大的比重，如实验、实习、见习等。同时，学生还可以依靠多种渠道和途径来获得知识，例如自学、专题讨论、听学术讲座、查阅文献资料、社会调查、参观考察、参加第二课堂等，这些都是大学生增长知识和才干的重要途径。

三、大学学习原则

学习原则就是同学们在校期间学习需要遵循的基本要求，主要有自主学习、自学为主、全面学习、创新学习、实践性学习原则等。

（一）自主学习原则

自主学习是与他主学习相对应的一种现代化学习方式，它强调以学生本人为中心，有效利用各方资源，通过学生本人独立的分析、探索、实践、质疑、创造等方式来进行学习。在新媒体时代，人们必须改变传统教育中以教师为定向的学习方式，更多地采用自我定向的学习方式即自主学习，来获得工作、生活所需的知识技能。而同学们走上工作岗位之后，自主、自动地学习，及时掌握最先进的科技知识并将其运用转化为能力，也是非常重要的。因此，在大学生活中，同学们必须改变中学教育中“过于强调接受学习”的倾向，培养自己的自主学习能力，使自己成长为有效的学习者，提高学习效果。

（二）自学为主原则

进入大学后，中学以教师为主导的教学模式变成了以学生为主导的自学模式。教师课堂讲授知识后，同学们不仅要消化理解课堂上的学习内容，还要大量阅读相关文献和书籍。自学能力的高低，成为影响学业的重要因素之一。自学能力主要包括：独立确定学习目标、能独立对教师授课内容提出质疑、能独立查询相关文献、能确定自修内容并将自修内容表达出来与人探讨、能独立写学术论文等。这个原则，是由大学自由、自主的特点决定的，同时也是由终身教育的特征决定的。大学生应充分发挥主观能动性，利用内部、外部条件，自觉主动地学习，努力把自己变成一个具有自我意识，并能够进行自主选择和自我控制的学习主体。

（三）全面学习原则

全面学习原则，就是要求大学生在大学期间不仅要学好专业知识，更要全面提升自身素质，以更好地面对未来的挑战。学习不仅仅是学习书本上的知识，更是要掌握科学方法，培养求知、探索的热情，学会分析、解决问题的方法和路径。知识面也要注意协调全面发展，学文科的要懂一些自然科学知识，学理科的要学一些人文科学的知识。无论学什么专业，都要有一些艺术、体育方面的爱好。同时，同学们还应注重自身综合能力的培养，例如语言沟通能力、文字表达能力、社会活动能力、人际交往能力等。

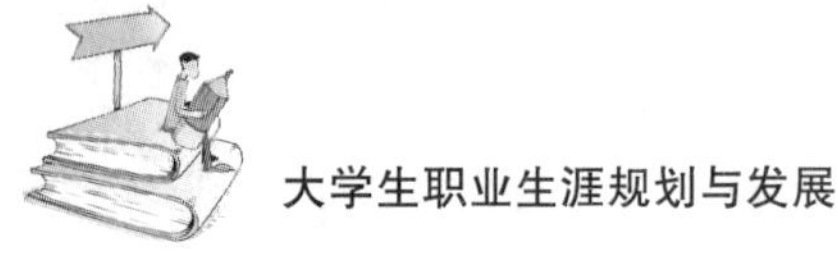

（四）质疑性学习原则

质疑性学习原则，就是面对权威、书本和老师，勇于提出自己的质疑。大学教育与中学的最大不同，就在于大学生的质疑能力。质疑的前提是脚踏实地，打下扎实的专业基础，同时要善于思考、勇于开拓，不断培养自己的创新与质疑精神，敢于突破陈旧的思维定式。古人说："于无疑处有疑，方是进矣。"质疑，注重在"问"。在学习过程中，大学生要清楚自己在学习过程中问什么。不要仅仅从教师那里得到正确答案，更要在众多的答案里谋求自己的最佳答案。只有在学习中勇于质疑，才能不断激发自己的创新精神与意识，同学们潜在的思考能力、创造能力和学习能力才能被真正激发出来。

（五）实践性学习原则

实践性原则，就是要求大学生不仅要从书本里学习知识，更要在科研、生产和社会实践中学习。在我国现行的教育体制下，基础教育培养出的学生普遍存在着实践能力差的现象。所以，在大学时期必须重视实践，积极参加校内外有利于提高自身综合素质的实践活动。在这些活动中，同学们要培养自己坚忍不拔和吃苦耐劳的精神，养成积极动脑、动口、动手的习惯，锻炼自己的心理承受能力，面对问题、解决问题的能力，注意提高自身品质修养，养成谦虚、宽容、礼让的高尚品德，使自己的综合素质得到全面均衡发展。

此外，医药院校的学习与普通高校相比，也有一些不同。例如严谨性。医药院校的大学生在校接受 4 年、5 年、7 年甚至 9 年的大学教育后，就会走上社会，为促进人类的健康而工作。正如《医学生誓词》中所说，健康所系，性命相托。因此作为一名医药院校的大学生，应该把学习动机、学习目的和努力方向与培养目标、社会需要和个人理想有机结合起来，树立奉献精神和严谨尽职的态度。正如南京中医药大学《杏林学子修身铭》中所述："医乃大道，救死扶伤，民生所系，性命存亡……跬步千里，力行为上，任重道远，矢志不忘。"

四、大学教学方法与学习方法

（一）教学方法

有人比喻说："小学是由教师扶着走，中学是由教师拉着走，大学是由教师指引走。"大学教学不仅仅是由教师占据三尺讲台，采取"填鸭式" 教学，而是由教师发挥主导作用，学生发挥主体作用。在学习时间的支配上、学习计划的安排上、学习潜力的挖掘上，同学们都大大增加了自主性。

大学的教学方法可以概括为以下几个特点：

1. 介绍思路多，详细讲解少

大学教学经常采用画龙点睛、点到为止的教学方法，有时还要留下问题，让同学课后思考。

2. 课堂讨论多，直接答疑少

大学提倡开展讨论，教师根据学生学习情况和教学的基本要求，提出一些值得研究和有争议的问题，让学生在课前准备，之后再拿到课堂进行讨论，甚至争辩。

3. 参考书目多，课外习题少

与中学的题海战术不同，大学的习题就少得多。即使有习题，也需要查阅教科书和有关参考资料，弄清楚问题的来龙去脉，而后才能得到比较圆满的答案。

4. 自学时间多，辅导时间少

在大学，课堂讲授时间相比中学减少了，自习时间相对增加了，而且自习时间主要靠自学。

综上所述，竞争力强、教学内容多、教学方法灵活、要求标准高已经成为大学教学的突出特点。

（二）学习方法

学习方法是提高学习效率，达到学习目的的手段。中国科学院前院长钱伟长曾对大学生说过：一个青年人不但要用功学习，而且要有好的科学的学习方法。要勤于思考，多想问题，不要靠死记硬背。学习方法对头，往往能收到事半功倍的成效。在大学学习中要把握住的几个主要环节是：预习、听课、复习、总结、记笔记、做作业、考试等。这些环节把握好了，就能为进一步获取知识打下良好的基础。

1. 预习

这是掌握听课主动权的主要方法。学生在预习中要把不理解的问题记下来，听课时增加求知的针对性。这样既能节省学习时间，又能提高听课效率，是学习中非常重要的环节。

2. 听课记好笔记

上课时要集中精力，全神贯注，对老师强调的要点、难点和独到的见解，要认真做好笔记。课堂上力争弄懂老师所讲内容，经过认真思考，消化吸收，变成自己的东西。

3. 复习和总结

课后及时复习，是巩固所学知识必不可少的一环。复习中要认真整理课堂笔记，对照课本和参考书，进行归纳和补充，并把多余的部分删掉，经过反复思考写出自己的心得和摘要。每过一个月或一个阶段要进行一次总结，以融会贯通所学知识，温故而知新，形成自己的思路，把握所学知识的来龙去脉，使所学知识更加完整系统。

4. 作业和考试

做作业是巩固消化知识，考试是检验对所学知识掌握的程度，它们都起到了及时找出薄弱环节并加以弥补的作用。做作业要举一反三、触类旁通，要养成良好习惯，对考试要有正确态度，不作弊，不单纯追求高分，要把考试作为检验自己学习效果和培养独立解决问题能力的演练。

在学习中抓住这几个基本环节，进行思考，在理解的基础上进行记忆，及时注意消化和吸收。经过不断思考、不断消化、不断加深理解的过程，这样得到的知识和能力才是扎实的。

（三）中医药及相关专业学习方法

大学教学中，经常采用的教学方法有：Seminar 教学法、PBL 教学法、CBS（医学病例为引导的）教学法、混合式教学法、LBL 教学法、TBL 教学法、情境教学法等。在中医药院校的学习中，同学们特别要注意，具备一定的中医思维，是学习中医药的基础。中医具有独特完整的理论体系，与西医理论体系是完全不同的。在学习中医过程中，很多同学容易感到迷茫，甚至诧异于阴阳五行与许多现代科学理论格格不入，很少能够理解并赞同。而经过一年的中医理论学习之后，理解并赞同的数量比例明显上升。所以，对于刚进入大学校园的新生来说，在第一时间培养中医思维，正确理解中西医理论的差异，对于中医大学生以后的学习有重大意义。

五、大学学业和学业规划

大学学业的概念，从狭义理解，是指专业知识学习和通识能力、学习能力的提升；从广义理解，大学生的学业是指大学生在高等教育阶段所进行的以学为主的一切活动。一般来说，学业规划是指为了提高学习者的人生职业（事业）发展效率，而对与之相关的学业进行的筹划与安排。大学生的学业规划有狭义和广义之分。狭义的学业规划，取大学生学业的狭义内涵。而广义的学业规划，则包括了大学生职业生涯实践的全部内容，不仅涵盖狭义的学业规划，还包括了成长规划和社会实践规划。在个人发展规划中，学业规划是职业规划的基础，职业规划是学业规划的发展。大学生的学业规划，重点是学业管理。

本文所指的大学生学业规划，取自上文所述狭义学业规划的概念，就是指学生根据自身实际情况，结合现有的学习条件，确立整个大学期间的学习目标，并为实现学习目标而确定行动时间、行动方向和行动方案。简单地说，就是大学生通过解决学什么、怎么学、什么时间学的问题，以确保自己能够顺利完成学业，为实现成功就业打好基础。对于在校学生来说，只有尽早设计自己的学业规划，明确自己的学业目标，才能在将来走上社会之后抓住机会，走向成功。

学生进入大学之后，不再像高中那样，时刻有人督促和指导学习、生活。突然降临的放松与自由，往往使学生们无所适从，以至于部分学生失去了学习动力。很多大一学生对大学学习缺乏整体的规划与目标，产生了很多学业问题。一位来自重点大学的学生这样写道：许多同学在经历了一年或者更长的大学生活之后，无论是在精神状态，还是其他方面，整个人就像散了架一般，不知道自己应该做些什么，也不知道自己将来的路在何方；每天只是机械地应付该上的课程，按时地吃饭、睡觉，甚至荒废学业，作息无规律，眼睁睁地看着时间一天天地流逝，却一点都感觉不到，自己有时心里也有些着急，可是总觉得无能为力。总之，将他们的话概括起来就是：大学里过得很郁闷。

其实，这些同学就是没有大学发展目标，没有大学四年的整体学业规划，也没有对自己的职业生涯进行规划。哈佛大学有一个著名的关于目标对人生影响的跟踪调查。调查的对象是一群智力、学历、环境等条件都差不多的大学生。调查发现，27%的人没有学业和职业规划；60%的人，规划模糊；10%的人，有清晰但比较短期的规划；3%的人，有清晰而长远的规划。以后的25年，他们开始了自己的职业生涯。25年后，哈佛大学又对这些调查对象进行调查，他们的职业和生活状况发生了很大的变化：3%的有清晰且长远人生规划的人，他们几乎都成了社会各界顶尖的成功人士；10%的有清晰短期人生规划者，大都生活在社会的中上层；60%人生规划模糊的人，几乎都生活在社会的中下层面，没有什么特别的成绩；而那些没有目标和规划的人，几乎都生活在社会的最底层，生活状况很不如意，经常处于失业状态。调查者因此得出结论：正确的学业与职业生涯规划，对人生有巨大的导向性作用。

因此，大学生需要对自身特点和社会需要进行深入分析和正确认识，确定自己的学业发展方向，然后结合自己的实际情况制订学业发展计划，并为此做出行之有效的安排。大学生学业规划是大学生职业生涯规划的核心内容，是职业生涯规划在大学期间阶段性体现。在欧美等国家，人才培养的重要组成部分和高等教育的重要内容之一便是学业规划。

六、学业规划的必要性

职业发展从学业规划开始，学业规划是职业生涯的“序曲”。它是在职业规划的相关理论的基础上发展起来的。它可以全面提升学生的个人综合素质，也可以为职场打造专门人才。依托职业规划，同学们便能够明确自身需要掌握的专业知识与综合素质，从而通过大学期间的各种学习形式与课外活动来获得。如果同学们计划毕业后选择就业，那么就可以有针对性地掌握就业所需要的知识；如果学生毕业后考研，那么就需要更深入地掌握专业知识和技能，为进一步深造做好准备。从这个角度来说，学业规划也可以看作职业规划的分支。

无论从个人还是社会的角度，大学生进行学业规划，都是十分必要的。大学生是中国社会未来的建设者和接班人。做好大学生学业规划可以帮助学生更好地就业，进而为人民、为社会、为国家服务。学业规划是职业规划的前提，两者关系密切，不可分割。合理进行学业规划，有助于学生深入地了解自我，找准奋斗方向，选择合适岗位，更好地服务社会。

学业规划能够提升学习主动性。大学与初高中不同，没有老师强行约束。大学教师只是起到指导作用，学习需要学生主动管理。这样的话，学业规划至关重要。

学业规划对学生自身发展裨益良多。信心建立在实力的基础上。学生通过不断完成阶段性学业规划任务，他们会获得成功后的成就感，这样可以逐步建立信心，逐渐成长为有用之才。

第二节　做好学业规划

大学学习是整个人生的重要阶段，是职业发展的准备期。在大学进行学习是为今后做职业准备，因此大学生涯可以被称为职业准备阶段或是职业准备期。职业规划是学业规划的依托，学业规划则是职业规划在大学阶段的体现。在具体实施阶段，大学生必须对自己进行全面分析和评估，将学习生涯与职业理想结合起来，制定长期目标和短期目标，在行动中对规划进行评估并结合实际情况进行调整。

一、学业规划的内容

大学生在学业规划的过程中所涉及的各方面因素，就是大学生学业规划的内容。它主要包括如下内容：

（一）理解学业规划内容

要制定学业规划，首先要理解它的概念，了解学业规划理论发展的前世今生，这样才能对学业规划的重要性有所了解。

（二）设定学业目标

即明确自己的学习想要达到的标准或结果。学业目标是学业生涯的总目标。

（三）自我评估与环境分析

自我评估是运用相应的测评体系对自己的兴趣、特长、性格、学识、智商、情商、协调、管理等能力的测评。通过自我分析，可以认识自己、了解自己。对环境的分析，必须建立在明确把握实际的基础上，进行针对性的规划实践。

（四）设定阶段性的学业目标

即以学期为划分，确定学生的学期目标。目标分解，可以有序从容地将大目标分解成小目标，降低完成难度。

（五）制订实现学业目标的计划

根据阶段性学业目标与自身学习实际，制订行动计划。明确的行动计划将使学生学业目标的实现有了可能。

（六）自我评估与调整

经过一段时间的学习生活，有意识地回顾自己的学习，校正自己的目标，在实施过程中自觉地总结经验教训。

二、明确学习目标

大学新生正处于富有理想、憧憬未来的时期，但大多数学生只把考上大学作为中学学习阶段的目标，对大学生活缺乏长远打算。升入大学，中学阶段的目标已经实现，有的同学认为已经完成任务，可以松口气了；有的同学开始满足现状，不思进取。因此很多大一的学生感到生活茫然、空虚、乏味。这主要是没有及时树立新的学习目标所致。

每年九月，全国高校陆续开学。而一个"读大学成本计算公式"正在网上热传。这个公式，量化了大学生的读书求学消费情况，计算他们一日光阴虚度到底要"损失"多少钱。这一账单迅速引发各大高校学子热议。

在南京，一个普通本科生每学年学费平均为 6 500 元左右，住宿费每年 1 500 元，学生生活费每月 1 000 元左右。除掉寒暑假后，学生在校约 9 个月。一个南京大学生在校一年的费用大约为 17 000 元左右。学生每学年上课约 160 天左右，则每一天的显性支出为 106 元左右。同时，《2016 年中国大学生就业报告》中显示，2015 届中国大学毕业生毕业半年后平均月收入 3 726 元。按照此数据计算，四年求学没有参加工作，时间成本为 178 848元，平均到上课天数，则每天为 279.45 元。这样，即显性支出为 106 元，隐性支出为 280 元左右。南京高校学子上课一天的成本为 386 元。当然，这只是大学生的平均成本，网购、旅游、聚餐、添置电子产品等，也在不同程度上增加了大学生的生活成本。因此，每旷课一天给同学们带来的经济损失相当可观。

确定学习目标主要需要考虑以下几个方面的因素：一是要分析自己的兴趣爱好，认定自己想干什么。目前有很多大学生对自己的兴趣模糊，甚至没有。所以要认定自己的兴趣爱好是什么，择己所爱，选择自己喜欢的专业方向和研究领域进行奋斗和学习。二是要分析自己的能力、特长，确定自己能干什么。任何职业都要求从业者掌握一定的技能，具备一定的条件，所以大学生要结合自己的兴趣爱好，在认定自己想干什么的基础上进行自

我分析，最终确定目前已经具备了哪些能力，还应该培养哪些能力。三是要分析未来，着眼于将来的社会发展趋势，选择社会需要又最适合发挥自身优势的专业方向和研究领域，把自己的兴趣爱好、能力特长与社会需要结合起来，才是确定大学生学习目标的关键所在。有了明确的目标，在今后的学习生活中，可以有目的地准备、主动地去学习，就会感觉到充实，大学生活才会有所追求。

在树立目标的时候，同学们还要讲究目标的合理性。有的同学在入学时会有一个明确的目标，比如有的同学立志考研，因此在平时的学习中一切以考研为目标，对于与考研专业课无关的课程往往应付了事；有些想跨专业考研的同学，甚至完全忽视了对本专业的学习。为了考研而付出辛苦努力，当然是值得提倡的，但是很多同学最后因为种种原因没有考上理想的学校和专业或者放弃考研，想再寻出路的时候，却发现自己没有足够的知识储备与能力。因此，在确定目标的时候，一定要合理规划好自己的大学学习生涯，做到"一颗红心，两手准备"。

三、明确学业规划

（一）博采众家之长

1. 通过心理学手段进行自我剖析，规划好学业目标

自我剖析阶段要求每个大学生对自己的实际情况做出全面分析。通过自我剖析，充分认识自己、全面了解自己，这是制定学业规划的第一步也是最重要一步。通常自我剖析的内容应包括自己的兴趣、特长、性格、学识、技能、智商、情商等。

以下是心理学一些自我剖析的内容和对应方法：

(1) 人格测试。常用的人格测试方法有明尼苏达多项人格测验(MMPI)、卡特尔人格测验、艾森克人格问卷等。

(2) 智力测试。常用的智力测试有韦克斯勒智力量表和瑞文推理量表以及威斯曼人员分类测验(PCT)等。

(3) 能力测验。其测验方法有明尼苏达办事员测验、简短雇佣测验(SET)等。

(4) 职业倾向测验。常用的方法有爱丁堡职业倾向问卷、库德职业偏好记录、明尼苏达职业兴趣问卷表等。

2. 通过就业环境的评估，从而规划好职业目标

就业环境的评估主要分析社会需求对自己学业和职业发展的影响。特别是近年来，社会的快速变迁、科技的高速发展、市场竞争的加剧，对个人发展产生了很大影响。同学们要着眼将来、预测趋势，立足于社会不断发展变化的需求，避免盲目跟风，因为最热门的并非是最好的。选择社会需要又最适合发挥自身优势的专业方向和研究领域才是最好的。把自己的兴趣爱好、能力特长、社会需要结合起来，把想干什么、能干什么、社会要求干什么有机地结合起来。

（二）规划的阶段性

大学生的学习生涯具有非常明显的阶段性，那么与之相适应，大学生学业规划必然呈现出明显的阶段性。所谓阶段性，实际上就是要在一个总体目标的指引下，把目标细化。

总体目标就像灯塔，指引着大学生奋斗前进的方向。为了实现这个总体目标，需要制定多个阶段性的分目标来给予保证。对于一个大学生来讲，就要根据大学四年不同阶段的不同目标和任务，采取切实有效的措施，一步一个脚印地去实施。

1. 大一打牢基础

大一是大学生活的开始。大一打好了基础，大二、大三的学习才会事半功倍。首先是及时调整学习态度与方法，认真踏实地学好基础课程，例如高数、英语及专业基础课。同时，根据自己的实际情况认真考虑是否需要修读“双学位”或者“辅修”第二专业，并尽早做好准备。

同时，从职业认知的角度出发，同学们应尽快认识自己、了解自己，弄清楚我是谁、我想干什么、我能干什么、我应该干什么。初步了解自己今后可以选择的职业，特别是将来想从事的或专业对口的职业。适当参加社团活动，提高组织能力与人际沟通能力。了解从事心仪职业的要求，以便进行学业安排。

2. 大二重视专业

大二这一年里，首先要狠抓基础课，其次也要做好由基础课向专业课过渡的准备，以便能顺利向大三平稳过渡。在这一年中，同学们应该通过英语四六级考试，通过计算机等级考试，并适当修读其他课程，使自己的知识多样化。

在这个阶段，同学们可以开始考虑未来是深造还是就业，要检验自己的知识技能，可以开始尝试社会实践活动，并要具有坚持性，最好能在课余时间多从事与自己未来职业或本专业相关的工作。纸上得来终觉浅，绝知此事要躬行。这样既可以提高自己的专业技能与素养，又可以体验不同层次的生活，培养吃苦精神，增强社会责任感。

3. 大三为见习、实习阶段

这一时期要主动加深对专业课程的学习，提高自身专业知识的素养。对医学专业的学生而言，因为医学专业是一门实践性很强的学科，因此在大三上学期甚至可提早至大二下学期，就要有意识地尝试进行专业实习。

同时，确定考研的同学要全身心准备。考研的目标看似简单，但事实上要完成这样一个目标需要制定许多个细小的目标和完整的计划。确定就业的同学要开始提高求职技能、搜集用人信息，进一步明确自己的职业方向，发展自身职业能力的不足，制订职业竞争力提升计划，并参加职业实践。

4. 大四、大五是分化期

这是大学生大学生涯的最后一年（医学生学制为五年）。在这一学年中，同学们的专业课程学习已近尾声。最重要的莫过于考研冲刺、毕业论文（设计）和各种职业规划目标的准备工作。在这个时期就可以检验自己确立的职业目标是否明确 ，前三年的准备是否已经充分。经过分化期的检验，基本上能够确定整个学业规划目标的实现程度。

（三）规划要体现具体性

所谓具体性，就是针对大学四年的不同阶段制定出明确的目标。具体来讲，就是说制定出的目标必须具有实质性的指导意义。大学生学习规划不是随便确定的，可以按以下步骤进行：首先，确定长期规划。一般是指大学生学习期间的总体目标，是自己经过努力

可以接近或达到的水平。在确定的过程中要考虑自己的能力、水平、兴趣和所学专业的特点。目标可以自己确定，也可以与老师和同学交流，在了解大家的看法后确定。其次，确定短期规划，暨阶段性目标。一般以时间为依据划分阶段，可以是一学年也可以是一学期。确定的目标要表达准确，并且是可以量化的。

四、学业规划调整

（一）目标调整

一个目标体系的形成不是一蹴而就的，必然是处于不断地调整和完善的过程中。因此，大学生要真正做好学业规划，可以建立起相应的目标调整和检验机制，使他们认识到目标体系形成的重要性和目标体系形成的方式方法。

确定目标后，学生每隔一段时间要做一下自我检查，到每学期末对制定的目标进行检验，看完成度和实际发挥的效果，并结合自身特点的变化和学业规划导师的意见，对自己的目标达成度做好个人自评，导师做好反馈意见，分析原因与障碍，如果没有达到目标，应该找出原因，想想是因为自己没有努力，还是目标定得太高了，及时反省并对下一学年的目标进行修正，变更实施措施与计划。

（二）学习方向调整

有的同学进入大学以后，对于自己的所学专业不满意，或者想学习更多的知识。

1. 转专业

根据教育部《普通高等学校学生管理规定》和相关高校学生学籍管理实施细则，对于符合条件的同学通过一定程序选拔可以转专业。一般申请时间是要在完成大一课程之后，不同学校申请时间略有不同。转专业的同学，一般要求成绩要处于班级前列，且没有不及格现象，转专业时也需要通过笔试与面试。

2. 辅修和第二专业

辅修是由高校自行组织，以学分制形式进行课时学习，修毕一定学分后由本校颁发相应专业的结业证(一般为 25 学分以上)。与第一学位相区别，第二学位是在辅修的基础上，加一定学分后，通过毕业考核及论文答辩，由本校颁发(辅修)第二学士学位(非国家标准形式)。

3. 自考

高等教育自学考试简称自考，1981 年经国务院批准创立，是对自学者进行的以学历考试为主的高等教育国家考试。自学考试每年两次在全国考委规定的同一时间进行考试。自学考试采用分科施考、学分累计的方式逐步完成学业。按照专业考试计划的要求，分课程进行考试，课程考试合格者发单科合格证并按规定计算学分。考完专业考试计划规定的全部课程并取得合格成绩，完成毕业论文或其他教学实践任务，思想品德鉴定合格者准予毕业并取得毕业证书。国家承认学历。

五、学业规划的实施与自我管理

（一）学业规划的实施

有了规划合理的科学的大学学业规划，还要好好实施，严格按照规划实行才能取得效果。但在大学生活中还可能出现很多突发事件，会让大家会手忙脚乱，无法严格按照规划去实施。这时候，就需要大家分清楚轻重缓急，不能只顾埋头干活，也要抬头看天，不能忘记了努力的方向。学业规划就是努力的方向，为了保证自己的行动能与目标一致，就需要同学们约束自己的行为。

(1) 经常性地回想学业规划，必要时做出调整。如果理想蓝图已经发生改变，那么构想和行动计划也需要做出变动，目标和策略也需要随之变化。

(2) 把规划和任务贴在经常可见的地方，特别是重要的学习目标和学习计划表，时刻提醒自己。

(3) 当做出一个比较重要的决定时，需要详细考虑一下可行性，并与自己的学业规划详细衡量，明确自己的本意，这样可以避免随大流而做出不符合自己实际情况的决定。

(4) 至少保证每一个月检查一次自己的学习进度。过程监督十分重要，可以及时发现规划存在的问题，同时也可以考察规划完成的情况。同时，也可与父母老师讨论自己的规划，以取得外部的监督。

(5) 自律很重要。大学里，玩耍的诱惑很多，外部监督因素较少。如果没有很强的自律精神，学业规划通常不会落到实处。

（二）学业规划的自我管理

大学生学业规划自我管理需要做到以下四点：

1. 制定规划前的“三个问题”

在制定规划之前，每个学生应该问自己“三个问题”：一是“我是个什么样的人”，二是“我将来想做什么”，三是“我能干什么”。第一个问题是了解自己的性格、气质，从而可以客观地从心理学上认识自己，增强学业规划的匹配性和可行性。第二个问题是了解自己的职业取向，即自己将来想做什么工作，这个工作是否与自己的性格、气质相符。第三个问题是让同学了解自己目前的能力水平，认清自己的知识能力与未来职业的要求，找准努力的方向。

2. 处理好“三对关系”

大学是最后一个能够系统学习知识的地方，同时也是走上社会之前的演练场。有人曾说，大学就是个“小社会”。同学们在这里除了学习文化知识外，还要学会人际交往与其他社会技能。因此，在大学里要处理好为人与为学、知识与能力、理论与实践的关系。同学们要“先为人、再为学”，学习不要仅停留在书本上，要有批判和怀疑的精神，要努力培养自己解决实际问题的能力。

3. 建立自我激励机制

个体在前进的过程中是需要激励的，特别是来自自身的激励。当同学们有一个远大的、自己愿意为之付出努力的目标之后，就会心无旁骛地投入其中。自我激励机制的建

立，需要同学们有坚强的意志和毅力，不断勉励自己，使自己保持持续发展的态势。同时，同学们可以撰写学业规划日记，及时反思，帮自己总结，反思自己的行为，记录自己的奋斗历程，找出自己的进步与不足。

4. 组织学习小组来促进自我管理

自我管理的过程中，如果能与志同道合、有着共同目标的同学，组成学习小组或是学习共同体，也是一种很好的自我管理模式。大家可以互相勉励、相互交流、共同发展。

六、专业与职业发展的关系

所谓专业，是指高等学校或中等专业学校根据社会专业分工的需要设立的学业类别。中国高等学校和中等专业学校，根据国家建设需要和学校性质设置各种专业。各专业都有独立的教学计划，以实现专业的培养目标和要求。

专业是学业门类，职业是工作门类。学业（即专业）的完成意味着工作（即职业）的开始，所以两者之间具有一定联系。在社会发展的进程中，不同的知识结构和不同的素质特点，产生了不同形式的社会分工。也就是说，专业水平在一定程度上决定了自身的职业方向。而职业的发展需要具备某种且达到一定水准的专业知识和专业技能。

不同的职业，需要不同的知识、技能以及品德、身体素质条件。而不同的知识和技能则是专业的主要内容。从经济和效率的角度来看，同学们所选择的专业当然应该是职业目标所需要的知识和技能。但是从职业与专业的相关性来说，它们并不都是一一对应的关系，而是呈现出一对一、一对多、多对一等非常复杂的相关关系。

（一）一对一

这种情况最简单。一个专业方向对应一个职业目标，这类专业一般都存在于中职类学校或高职学院。此类培养目标单一明确，技术含量也较高。它属于学业规划中比较主动的一种情况。我们可以先定目标，后选路线，在各种路线中选择求学成本最低的一条，这类专业和职业一般都适合于专业技术人员。

（二）一对多

这类专业一般都存在于普通高校中，人们常说的宽口径、厚基础就是指这类。它们所对应的职业目标有多个，从职业的人格特征来看，许多都对应了两种甚至以上的人格类型。因此，如果中药学的学生，以后想从事中医药新闻记者的工作，那么除了中药学专业知识外，还需要有针对性地学习其他方面的知识，比如写作能力、社交能力、新闻敏感度的培养，等等。

（三）多对一

就是多种专业都可以从事某一种职业。这类职业一般属于管理型人格的职业，比如新闻记者、公务员、营销主管、企业管理等。

七、加强专业能力的培养

在现代社会里，一个人不经过学习，不掌握一定的专业知识和技能，就很难谋生。在大学学习中，加强专业能力的学习是最为重要的。专业能力一般是指掌握知识的能力及运用知识的准确程度与熟练程度等。专业能力主要包括专业知识和专业技能。

（一）专业知识

专业知识是指一定范围内相对稳定的系统化的知识。专业知识的学习在专业能力中占有重要地位。

1. 知识体系建构

一个人的知识领域是由专业知识和相关知识构成的，专业知识是履行岗位职责的必备知识，相关知识则辅助完成岗位职责。以医生为例，一个优秀的医生应该具备多方面的知识。其中，学科专业知识是医生进行医疗工作的前提，只有拥有充实的学科知识，才能胜任医生这一职业。若只有学科知识，却不懂得医学伦理学、医学心理学、医患沟通与技巧等，则不能充分理解患者的心理与特点，就不能成为优秀的临床医生。在同学们的学习过程中，大家应该区分出什么知识是必需的，什么知识是进一步提高工作能力所需要的，从而分批次、有目标地做好知识储备工作。

2. 知识分类管理

知识体系的建构只完成了专业知识学习的第一步，只有对知识进行分类管理，才能帮助同学们实现"知本"投入与产出效益的最大化。所谓知识分类，就是根据特定的需要和标准，把知识按照相同、相异和相关等属性，划分成不同类别的知识体系。它犹如学海的航标，可以为追求知识的人指明求学的门径。知识分类对于大学生们来说，是非常重要的。人生精力有限，要想取得成功，必须将宝贵的时间与精力聚焦于自己的目标与方向，否则容易在广袤的资讯大海中失去方向。而明确的知识分类，则为我们的学习设立了边界，不在这些分类范围之类的资讯要坚决放弃。同学们在大学学习中，要把对大学学习生涯与职业生涯有帮助的分为一类，把出于个人兴趣的分为一类。严格控制时间的分配，尽量减少因好奇心而增加的阅读。在互联网时代，知识的深度远比广度更重要。

（二）专业技能

专业技能是指根据专业培养目标，通过学习和实践训练，学习者掌握的专门技术、操作技巧、运用能力和思维活动能力。专业技能分为基础技能和专项技能。

1. 基础技能

基础技能是指从事专业职业所必须掌握的最基本的技能。较高层次技能的培养依赖于基础技能的掌握。以医学生为例，不管是内外妇儿哪一科的医生，都应该掌握常见病多发病诊断处理的临床基本技能，以及对急、难、重症的初步处理能力等。

2. 专项技能

专项技能是指从事某种职业所必须掌握的某项或几项特殊能力，它对从业者提出了更高的要求。例如中医师根据望闻问切进行辩证分析的能力、常用针灸穴位的操作能力等。专项能力的高低不仅关系到同学们是否能够通过用人单位的面试与考核，同时也决定了未来同学们事业发展的高度与广度。

（三）培养专业能力

专业能力的培养，是社会对人才培养的需要，也是大学生顺利就业的根本保证。

1. 课内学习

课堂教学是大学教学的主渠道，是大学生学习的主要场所，是增强师生互动的主要纽带。同学们应充分利用 PBL 教学法，积极主动参与到课堂中的小组讨论、汇报、联系、实验操作等教学活动中来，不断提高自己的专业能力，为自己将来的事业发展打下坚实基础。

2. 课外培养

同学们应该积极参加各种课外实践活动，特别是与自己专业能力提升联系紧密的活动，如临床技能操作大赛、实验技能操作大赛、中药传统技能操作大赛、学术讨论会、读书报告会等。同时，也应当珍惜寒暑假的社会实践的机会，积极参与到社会工作中来，不断加深对专业知识的理解，提高利用专业知识解决问题的能力，从而提高专业能力。

第三节　中医药院校主要专业职业发展分析

通过前面两节的学习，同学们应该了解了大学的学习，对大学学业规划有了一定的认识，并能够结合实际制定出适合自己的学业规划。大学是职业发展的准备期，中医药院校的学生，除了可以从事中医、中药相关工作之外，还可以有其他的发展方向。

一、中医学及相关专业

（一）职业方向

1. 临床工作

大多数中医类本科毕业生，在择业的时候，会选择从事临床类工作。随着国家事业单位用人制度的改革，省、市、区、县各级医院对应届本科毕业生，均实行用人招考制度，考试一般有省、市卫生行政管理部门统一组织，内容涉及理论笔试、技能操作以及专业面试等，主要考核毕业生基本知识、基本技能和临床应变及解决实际问题的能力。伴随着“学历通货”、“学历贬值”等现象的出现，各级医院对于人才的专业对口、学历层次和综合能力有着具体要求；而且随着传统的“单位编制”概念逐步淡化，各级医院开始全面实施“人事代理”、“同工同酬”、“绩效工资”等制度。这对本科生就业形成了一定的压力。

2. 科研工作

由于本科生专业水平限制，目前国内科研单位吸收医学类本科毕业生较少，所涉及的岗位也大都局限于基础的实验员，且需要一定的科研工作经验。

3. 教学工作

与科研行业相似，目前国内统招院校因需要树立品牌形象，大力发展院校科研教学工作水平，已基本不录用医学本科毕业生。多数院校的教学科研岗位均要求博士研究生的学历，部分高水平院校还需要海外教育经历。另一方面，国内逐步发展的民办、高职、专科院校，由于正处于发展上升期，对于教学研究人员的学历和水平要求也有了一定的提高，对于本科生的用人计划有一定程度的缩减。

4. 中医养生保健行业

《黄帝内经》中有句名言:“圣人治未病。”“治未病”被认为是最先进、最超前的预防医学。唐代名医孙思邈又发展为“上工治未病,中工治欲病,下工治已病”。实践证明,中医在养生保健方面具有不可替代的作用和优势,普及中医养生知识,增强全民保健意识,提高国民身心素质,是使我国的总体健康水平达到世界前列的根本之策。健康产业的发展,将给中医药院校学生提供良好的就业空间。一是与健康有关的原有行业将进一步发展壮大,提供更多的就业机会,如从事中医药医疗、护理等工作。二是新兴的行业将发展起来,成为吸纳毕业生就业的新的空间。如从事养老服务、健康管理、健康教育、健康培训,新建保健院、康复医院、治未病中心、体检中心、体育健身中心、药膳药浴中心等。健康产业的发展,将使学习中医学、中药学、针灸推拿学、护理学等专业的学生有施展才华的空间。

5. 走向海外中医行业市场

在西方国家,中医药和针灸目前被归类为“替代医学”的范畴,并占有较为重要的地位。随着疾病谱的改变,多种慢性疾病、肿瘤、艾滋病等应用现代医学的治疗效果欠佳,越来越多的患者开始寻求“替代医学”来治疗疾病。中医药、针灸等“替代医学”正日益受到西方世界的重视,国外许多大学医学院都设立了“替代医学”研究中心。就美国而言,目前已经有超过100所的高等院校开设了诸如针灸、按摩、草药等补充替代医学课程。“替代医学”正在逐渐与目前的西方主流医学相汇合,而形成了统一的“整合医学”的潮流。

6. 医学相关事业单位

除上述职业方向以外,医学生还可以报考卫生事业单位,例如医疗事业单位、卫生防疫检疫事业单位等。一般来说,事业单位的招聘考试,都会有笔试和面试。医疗行业由于其特殊性,还会考查实践操作技能。

(二)执业医师资格考试

医师资格考试是世界各国普遍采用的行业准入形式,也是《执业医师法》和医师管理制度的核心内容。考试分为两级四类,即执业医师和执业助理医师两级;每级分为临床、中医、口腔、公共卫生四类。中医类包括中医、民族医和中西医结合,其中民族医又含蒙医、藏医和维医、傣医四类,其他民族医医师暂不开考。到目前为止,我国医师资格考试共有24种类别。

考试方式分为实践技能考试和医学综合笔试。中医师资格考试由国家中医药管理局组织实施。执业医师考试测试基础科目、专业科目和公共科目三部分。执业助理医师考试测试的是基础医学综合、专业科目和公共科目三个部分。

二、药学类专业

(一)职业方向

1. 研发领域

如果你是一位专业成绩很优秀,热爱自己专业的毕业生,喜欢扎扎实实做些事情,那么你可以在研发路线里发展。你可以进入药检部门、制药公司、研发公司(所、机构、院校),先从做研发员(报批专员)开始,做职员或自行创业或与他人合伙创业(开小型新药转让公司)。

你也可以从研发员(报批专员)发展到临床验证方向。由于本科生专业水平的限制,目前国内科研单位吸收医药类本科生较少,走研发路线需要具备一定的学术基础。

2. 生产管理领域

如果你热爱本专业,性格沉稳,属于企业型人才,那么可以应聘到医药生产领域发展。根据企业各自的职业晋升制度,从质量控制或者质检员做起,积累相关经验后,晋升到中级管理岗位和高级管理岗位,在企业中主要负责生产质量的管控。

3. 医药营销领域

根据我国相关法律法规的规定,药品的生产到流通环节都要有专业人士的参与,在流通领域,药学类专业的学生有深厚的专业知识背景,通过专业知识的讲解,能够更好地与医生和患者沟通,起着一个重要的桥梁作用。

而医药销售的实施者在不同岗位有着不同的身份,同时,根据工作内容,有着不同的工作目标。有时候一名医药销售人员可以负责单个或者多个药品(或医疗器械)的销售,而在工作区域上,也可以根据目标市场的不同,负责相应的区域。主要的发展路径为:医药代表(或对应身份)—主管—地区经理—大区经理—全国销售总监—营销总经理。

4. 执业(中)药师领域

主要包括在医院药剂科从事制剂、质检、临床药学等工作;或在医院中药房从事中药的进口、发药等工作;还有在药店从事药品的监控、管理与销售工作。

5. 药品检验领域

经过事业单位招聘考试,进入食药检所系统,从事药物的质量鉴定和制定相应的质量标准检验等工作。随着国家对药品、保健品质量的重视,检验行业会有巨大发展,但向高学历招聘的趋势明显。

6. 医药相关行业发展

主要有从事医药网站(招商、招聘、广告、信息出售、各类群发)工作、医药杂志的编辑、中等医药专业技能学校的专业老师等。

(二) 执业(中)药师考试

执业药师,英文译为:Licensed Pharinacis,是指经全国统一考试合格,取得《执业药师资格证书》并经注册登记,在药品生产、经营、使用单位中执业的药学技术人员。《执业药师资格制度暂行规定》明确要求,药品研发、生产、经营、使用单位都必须配备执业药师,以保证药品质量管理和指导合理用药。2009 年 4 月发布的《中共中央国务院关于深化医药卫生体制改革的意见》也明确指出,“规范药品临床使用,发挥执业药师指导合理用药与药品质量管理的作用”。

全国执业药师资格考试实行全国统一大纲、统一考试、统一注册、统一管理、分类执业,由国家人事部、国家食品药品监督管理局共同负责。国家食品药品监督管理局负责组织拟订考试科目和考试大纲,编写培训教材,建立试题库及考试命题工作。考试每年举行一次,考试时间一般安排在 10 月中旬。从事药学专业的考生报考药事管理与法规、药学专业知识(一)、药学专业知识(二)、综合知识与技能·药学,从事中药学专业工作的考生报考药事管理与法规、中药学专业知识(一)、中药学专业知识(二)、综合知识与技能·中药学。

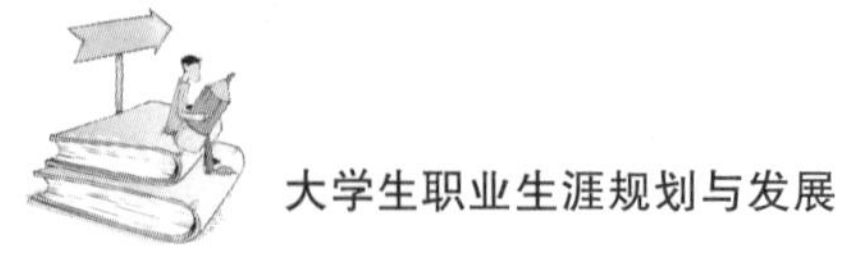

三、护理学专业

（一）职业方向

1. 护理工作

根据世卫组织统计，全球人均拥有护士数量最多的是挪威，每千人拥有护士达 17.27 人，欧盟制定的基本标准为 8 人以上，而美国和日本分别为 9.8 人和 11.49 人。相比之下，我国每千人口护士数仅为 2.36 人。世界上大多数国家的护士占总人口的比重约为 5‰，而我国只有 1‰左右。以此推算，我国目前尚缺数百万名护士，护理人力资源配置严重不足。这为学护理专业的毕业生提供了广阔的就业空间。

随着我国人口结构向老龄化社会的转变，将来从事老年医学的人才将逐渐走俏，保健医师、家庭护士将成为热门职业。另外，专门为个人服务的护理人员的需求量也将增大。同时护理人才又是国际紧缺的人才之一。有深厚的专业知识、较高的综合素质和流畅的国际交流语言的护士在国际上的就业、发展前景十分广阔。目前，国内很多大中城市的医院都设有涉外门诊，而一些合资医院以及“洋”医院更是如雨后春笋般出现在北京、上海等地。因此护理学专业的学生在校除了学好护理学等专业知识外，如果还能好好学习外语，具备良好的外语沟通能力，就业选择将更加宽泛。

2. 医药相关行业发展

医药相关行业发展前景也很广泛，主要有从事医药网站工作、临床验证工作、医药杂志的编辑、医学院校专业老师等。

（二）护士执业资格考试

国家护士执业资格考试是评价申请护士执业资格者是否具备执业所必需的护理专业知识与工作能力的考试。该考试于 2001 年开始正式实施，由原国家卫生部负责组织实施。护士执业资格考试定期在每年五月举办，学生在校第四年临床实习期间将由学校统一组织报名，参加考试。考试科目分为“专业实务”、“实践能力”两个科目。专业实务科目考查内容：运用与护理工作相关的知识，有效而安全地完成护理工作的能力。考试内容涉及与健康和疾病相关的医学知识、基础护理和技能，以及与护理相关的社会人文知识的临床运用能力等。实践能力科目考查内容：运用护理专业知识和技能完成护理任务的能力。考试内容涉及疾病的临床表现、治疗原则、健康评估、护理程序及护理专业技术、健康教育等知识的临床运用等。从 2016 年起，江苏省护士执业资格考试统一改为人机对话考试，不再用笔试的形式。

四、经济管理类专业

（一）职业方向

1. 市场营销

在现代市场经济社会，市场营销对于企业打开市场、扩大销售，乃至进一步扩大再生产具有十分重要的意义。医药企业急需具有系统营销知识和医药背景技能的人才。好的医药代表、产品经理、营销总监等营销管理人员将会是医药企业争夺的重点。从职业发展

路径来看,纵向上,销售专员经过一定的销售业绩、职业培训和一定的年资之后,可向上发展为销售部地区经理、销售部经理、营销总监。销售专员也可以横向发展到市场部经理、高级产品经理、营销总监等。

2. 公共事业管理

由于卫生行业的特殊性,一般对进入卫生行业从事管理工作的人员都有着较高要求。卫生管理人员必须具备医学科学、管理科学、人文和社会科学的完整的三维知识结构。相关专业毕业生除了可以到机关、企事业单位就业,尤其适合到医疗卫生机构、卫生行政部门等单位从事管理工作。这些机构主要包括各级卫生行政组织,如各省(自治区、直辖市)卫生厅,地级市、县、乡镇、区卫生局。卫生服务组织包括各级、各类医院、疗养院、社区卫生服务中心、卫生院、疾病预防控制中心、卫生监督所等部门。进入卫生行政组织要经过各级公务员招考。进入医院、疾病预防控制中心等事业单位也要参加卫生部门同一组织或医院单独组织的事业单位招考。

3. 劳动与社会保障

劳动与社会保障专业培养的是,具备比较扎实的管理学与经济学专业知识,掌握现代管理技术与方法,能在政府部门、政策研究部门、大中型企事业单位从事劳动与社会保障工作的高级专门人才。同学们今后能够在社会医疗保险机构、医疗机构、商业保险公司、健康管理机构、养老服务机构等从事相关管理、教学、培训和服务等工作。

4. 国际经济与贸易

随着我国外贸事业的快速发展,同学们可以在外向型企业、外贸公司、政府对外经济贸易管理部门、相关事业单位和科研院所从事国际经济与贸易的业务、管理、调研和宣传策划工作。从外贸人才需求结构来看,外销员、商务谈判人员、单证员、跟单员、报关员等仍是外贸人才的主体。

5. 信息管理与信息系统

信管专业是一个管理学与计算机科学交叉的专业,中医药院校的信管专业旨在培养具有信息管理和信息系统知识与应用能力,及一定的医药学基础知识的复合型人才。毕业生能在各级卫生管理机构、医疗科研机构、大型医药企业等单位从事网络运营、网站开发与维护工作;可以到各级医院、事业单位信息科从事网络信息管理工作;可以到软件公司、IT公司、通讯企业从事程序员工作;也可以在图书馆、新闻出版机构从事医药科技信息管理、信息服务、信息研究等工作。

6. 电子商务

电子商务专业是融计算机科学、市场营销学、管理学、经济学、法学和现代物流于一体的新型交叉学科。本专业有六个专业方向:网站设计与程序方向、网络营销方向、网络产品规划方向、企业信息化方向、个人网络创业及银行卡的研发方向,seo优化和网店运营方向。电子商务专业在不同高校里学习的课程也是不一样的。一些院校注重电子商务网络技术、计算机技术,还有一些院校会把课程重点放在商务模式上面。因此,不同院校培养出来的学生专长也会有一定区别。毕业后,可从事银行的后台运作、企事业单位网站的网页设计、网站建设和维护或网络编辑、网站内容的维护和网络营销、企业商品和服务的营销策划以及网络营销、网络客服、电子商务项目运营等方面的工作。

7. 药事管理

该专业通过讲授药事法规和管理学、法学、经济学的基本知识，使学生了解药事活动的基本规律，掌握我国药品管理的法律法规，具备药品研制、生产、流通、使用等环节管理和监督的能力，培养学生运用药事管理的理论和知识指导实践，分析解决实际工作中的问题的能力。毕业生将在药品监督管理、卫生行政管理、药品价格管理、医药卫生监察、医药经济调控等行政部门工作，也可在药品生产经营企业、医药科研院所、医疗卫生机构等单位从事卫生和药政活动的监督管理，也可从事医药资源调查研究、医药市场行为和特征分析、策划及经营的高级药事管理工作。

（二）相关资格证书

经济管理类专业学生市场需求量大，可以从事的工作口径较宽，学生在就业时不一定要强调专业对口。掌握一门实用的技能，拥有一张专业的职业资格证书有利于扩大学生的择业范围，大学生在校期间可以考虑通过以下相关资格证书提高自己的就业优势。

1. 会计从业资格证

会计从业资格考试是由国家财政部组织的全国性考试，一般由省级财政部门组织，考试及报考时间全国各省有差异。该考试实行全国统一大纲，各地自行编制教材及安排考试时间的政策，考试大多涉及《财经法规与职业道德》、《会计基础与实务》（或为《会计实务》与《会计基础知识》）、《初级会计电算化》，考试通过后可获得会计从业资格证书。会计从业资格证书是具有一定会计专业知识和技能的人员从事会计工作的资格证书，是从事会计工作必须具备的基本最低要求和前提条件，是证明能够从事会计工作的唯一合法凭证，是进入会计岗位的“准入证”，是从事会计工作的必经之路，它是一种资格证书，是会计工作的“上岗证”，不分级。

2. 人力资源管理师证书

企业人力资源管理人员全国统一考试按照国家职业标准分为人力资源管理员（国家职业资格四级）、助理人力资源管理师（国家职业资格三级）、人力资源管理师（国家职业资格二级）、高级人力资源师（国家职业资格一级）。凡考核合格者，由国家人力资源和社会保障部颁发相应等级的职业资格证书，并实行统一编号登记管理和国家劳动部官方网站网上查询，是相关人员求职、任职、晋升、包括出国等的法律上的有效证件，可记入档案，全国通用。每年考两次，分别为5月、11月。考试时间的安排：8：30—10：00（职业道德、理论知识考试）、10：30—12：30（专业技能考试），综合评审时间由省级鉴定中心确定。论文答辩时间一般在考试结束后，一个月之内进行。

3. 国际商务单证员考试

英文简称ICD（International Commercial Documents）。随着我国加入WTO及对外贸易的飞速发展，国际商务领域从业人员的队伍也在不断扩大。为规范国际商务单证行业的相关培训工作，进一步提高国际商务单证从业人员的素质和能力，根据《中华人民共和国行政许可法》的有关规定及国家商务部人事司有关文件，从2004年起中国对外贸易经济合作企业协会在全国范围内组织开展“国际商务单证员”的培训和考核工

作，旨在通过培训使大多数的国际商务单证从业人员获得较强的专业知识能力，从根本上促进整个国际商务领域的健康发展。考试科目为国际商务单证基础理论与知识、国际商务单证操作与缮制两科。凡两门科目考试成绩通过者获得中国外经贸企业协会颁发"国际商务单证员"证书。单科考试成绩通过者，其合格成绩可保留至下一期。

4. 报检员资格考试

报检员资格考试，主要是测试应试者从事报检工作必备的业务知识水平和能力。考试合格人员取得《报检员资格证书》，可注册为代理报检单位报检员或自理报检单位报检员。考试教材分为基础知识篇、国际贸易篇、基础英语篇和法律法规篇。在内容上主要突出从事报检工作应具备的基础知识和基本技能，以及解决报检业务实际问题的能力。

五、英语专业

中医药院校的英语专业旨在培养掌握深厚的英语语言基础，具备扎实的英语听、说、读、写、译等方面的专业技能和良好的科学素养，同时又具备基本的中医药学和现代医学知识的复合型高级英语专业人才。

因此，中医药院校的英语专业主要开设英语语言文学课程模块、医药课程模块、经贸课程模块等三个课程模块。英语语言文学课程是英语专业课程结构的主体和基础，旨在使学生掌握深厚的英语专业知识，培养学生扎实的英语专业技能；医药课程主要体现中医药特色，旨在使学生掌握中医药学及现代医学的基础知识，也培养他们从事医药卫生相关工作的职业能力及健康生活、工作的能力；经贸课程使学生掌握一定的经贸商务知识，培养他们从事现代商务活动的综合职业能力和素养。医药类课程和经贸类课程支撑英语专业的主体课程结构，满足学生个性化需求和市场对人才的要求。

从中医药院校英语专业开设的课程我们可以看出，中医药院校的英语专业毕业生职业发展路径相比较其他院校而言更为广阔，也更有特色。

（一）职业方向

1. 教育培训类

我国从小学开始就设立英语课，小升初、中考、高考、研考逢考必有英语，因此教育行业对英语师资需求量巨大。英语专业的学生在选择做英语教师时，应提前关注各地教师招聘的相关政策，如是否必须先参加本地区统一的招教考试、是否必须取得教师资格证后才能去中小学应聘，中小学是否有自主用人权等，及早做好职业规划，了解每年的招聘动态，参加教师资格认证，为就业做好充分准备。

培训行业一定程度上依托于教育行业。现在少儿英语培训、中小学英语培训、出国留学英语培训等课外培训异常火爆。众多语言培训机构已把竞争的焦点放在了师资力量的竞争上，对优秀教师的争夺正趋于白热化。因此，对于英语专业的学生来说，在校期间培养扎实的专业能力、良好的职业道德、较强的沟通能力和团队合作能力等都是入职必备素质。

在"互联网＋"的时代，英语培训行业也瞄准了线上培训这一市场，与线下培训互为依

托，相互支撑，共同构架了线上线下全覆盖的培训模式。这也为英语专业学生的就业提供了更多的选择机会。

培训行业的英语职位主要有：专职教师、学习顾问、班主任等。

2. 外贸文秘类

随着我国经济的持续、稳定、健康的发展和全球经济一体化进程的加速，社会上各行各业对涉外商务人才的需求日益旺盛，英语人才已成为各行业、各领域的基础人才、骨干人才和通用人才。需要注意的是，当前用人单位更加青睐既精通英语又懂商贸、市场营销、经济管理等知识的复合型人才。所以英语专业的同学在学好英语的同时，应充分利用课堂学习、课外自学、社会实践等多种途径广泛获取一些外贸、营销、管理、文秘方面的知识，让自己成为一个复合型人才。

外贸文秘类的英语职位主要有：外贸跟单员、外销员、报关员、报检员等，以及文秘等办公室工作人员。

3. 翻译类

从事翻译（笔译、口译）工作是每一个英语人面临的巨大挑战，也是每一个英语人英语水平的试金石。从事翻译工作的要求相对较高，首先要具备良好的语言能力，外语听说能力良好，笔译功底深厚，精通中外互译，中文文笔优秀；其次，要有较为广博的知识储备，某些专业翻译如医学、科技、法律等方面的翻译，需要对该专业知识有基本的了解，才能“恰如其分”地进行中英文翻译。最后，翻译是个实践性很强的工作，一个合格的翻译人员一般需要经历较长的专门学习和严格的实践训练才能胜任职位。

4. 中医药文化国际传播

随着中国《中医药法》的颁布和中国“一带一路”倡议的推进，中医药正在以前所未有的速度走向世界。既懂中医药文化知识，又掌握英语技能，并熟悉中西文化差异的人才对于中医药国际化发展起着重要作用，因此，中医药文化国际传播也日益成为中医药院校英语专业职业发展的新路径。

（二）相关资格证书

1. TEM－4(Test for English Majors－Band 4)

TEM－4(Test for English Majors－Band 4)全称为全国高校英语专业四级考试。自1991年起由教育部实行，用于全面检查已学完英语专业四级课程的学生（即英语专业大二年级学生）是否达到教学大纲所规定的各项要求，考核学生运用各项基本技能的能力以及学生对语法结构和词语用法的掌握程度。考试内容涵盖英语听、说、读、写四个方面，既测试学生的综合能力，也测试学生的单项技能。TEM－4 具有封闭性，只有英语及相关专业的学生才能参加考试，其他非英语专业、非英语相关专业的学生不能参加。多数高校把通过 TEM－4 考试作为英语及相关专业毕业生获得学位证书的先决条件。

2. TEM－8(Test for English Majors－Band 8)

TEM－8(Test for English Majors－Band 8)全称为全国高校英语专业八级考试。自1991年起由教育部实行，用于全面检查已学完英语专业八级课程的学生（即英语专业大四年级学生）是否达到教学大纲所规定的各项要求。考试内容涵盖英语听、读、写、译各方

面。TEM－8 同样也具有封闭性，只有英语及相关专业的学生才能参加考试，其他非英语专业、非英语相关专业的学生不能参加。

目前社会上对大学英语的四六级 CET4/6 证书的承认相对广泛，不过英语专四、专八级 TEM4/8 证书的“含金量”要远高于四六级 CET4/6 证书。在证明英语综合能力方面，国内考试最高级别的证书当属专业八级。如果手中能够拥有专八证书，那么在今后求职、加薪、职称评定等各个方面将具有较强的优先权和话语权。

3. TEM－4/Speaking and Interpreting Test

这是英语专业四、八级口语与口译考试。两项考试均为每年一次，采用录音考试形式，考生在语言实验室内根据录音考题的要求回答问题，并将答题内容录制下来进行统一评分。

从目前看来，专四专八口试的“含金量”没有笔试高，用人单位更看重的是 BEC 商务英语考试和 SIA 上海中高级口译考试。

4. BEC(Business English Certificate)

BEC(Business English Certificate)全称剑桥商务英语资格考试。这是剑桥系列考试中专为学习者提供的国际商务英语资格证书考试，考察在真实工作环境中的英语交流能力，被欧洲乃至全球众多教育机构、企业认可，将其作为入学考试或招聘录用的英语语言水平要求。商务英语考试(BEC)于 1993 年由中国教育部考试中心引进中国，历经多年实践和推广，其权威性和规范性使得 BEC 在中国极具知名度，是求职者有力的语言能力证明。全国有超过 60 所知名大学被授权为 BEC 考点。参加 BEC 考试不需要任何特殊资格，报名不受年龄、性别、职业、地区、学历等限制，适用人群为具有初、中、高级英语水平者，且以从事商务工作为目的。

5. SIA(Shanghai Interpretation Accreditation)

SIA(Shanghai Interpretation Accreditation)全称为上海外语口译证书考试，是上海紧缺人才培训工程重要项目之一，由上海市高校浦东继续教育中心(PCEC)负责组织实施，2015 年 11 月起改由上海外国语大学主办。考试分为英语中级口译和英语高级口译两个等级。每个等级均包含笔试和口试考试。通过中级口译(笔试、口试)或者高级口译(笔试、口试)者颁发《上海市外语口译岗位资格证书》，仅通过笔试者可办理《上海市外语口译笔试合格证书》。

本考试具有大学英语六级和同等英语能力水平的考生可以报考。该考试旨在为国家机关、企事业单位和涉外单位造就一批能胜任高层次会晤、新闻发布会、记者招待会、国际研讨会以及各类涉外项目谈判的翻译人员，并为同声传译人才的培养打好基础。SIA 考试因质量高、要求严、社会认可度较高，被越来越多的毕业生称为“求职通行证”、“黄金证书”、“白金证书”。

6. CATTI(China Accreditation Test for Translators and Interpreters)

CATTI(China Accreditation Test for Translators and Interpreters)全称是翻译专业资格(水平)考试，是为适应社会主义市场经济和我国加入 WTO 的需要，加强我国外语翻译专业人才队伍建设，科学、客观、公正地评价翻译专业人才水平和能力，更好地为我国对外开放和国际交流与合作服务，而在全国实行统一的、面向社会的、国内最具权威的翻译专业资格(水平)认证。

考试共分英、日、法、阿拉伯、俄、德、西班牙等7个语种,分为三级、二级、一级口笔译翻译和资深翻译4个等级。该考试是一项面向全社会的职业资格考试,凡是遵守中华人民共和国宪法和法律,恪守职业道德,具有一定外语水平的人员,不分年龄、学历、资历和身份,均可报名参加相应语种二、三级的考试。获准在华就业的外籍人员及港、澳、台地区的专业人员,也可参加报名。

翻译专业资格(水平)考试合格,颁发由国家人社部统一印制的《中华人民共和国翻译专业资格(水平)证书》。该证书在全国范围有效,是聘任翻译专业技术职务的必备条件之一。

六、计算机科学与技术专业

中医药院校的计算机科学与技术专业,旨在培养掌握计算机硬件、软件与应用等计算机科学与技术、网络与信息系统相关的基本理论、基本知识、基本技能和基本方法,了解中医药与现代医学的基础知识,具备一定的计算机软硬件应用、科研、开发能力,能在医院、科研院所、企事业单位和行政管理部门从事计算机科学基础与技术研究、软硬件相关技术开发以及医药信息系统规划建设与运行等方面工作的高素质应用型人才。

(一) 职业方向

1. IT企业

计算机科学与技术专业的毕业生进入IT企业是一个非常重要的就业方向。毕业生可以在医药卫生领域、IT行业、行政机关、科研部门、金融机构等各类企事业单位从事计算机软硬件开发与应用、科学研究、计算机教学等工作。

2. 高等院校、科研单位

同学们可以在大专院校和科研单位从事教学和科研工作,继续从事信息科学与计算数学的教学和研究工作,也可以凭借出色的数学建模能力和计算能力解决实际应用问题。

3. 继续深造

信息行业的特点是技术更新快,对人才提出了更高的要求,所以要求从业人员不断补充新知识。本专业的毕业生不仅具有扎实的数学基础和良好的数学思维能力,而且掌握了信息与计算机科学的方法与技能,更具有中医药与现代医学的基本知识,因此继续深造的可选择领域将变得非常广泛。除了专业方向外,也可以攻读具有中医药行业特色且与信息计算关系较为紧密的某些专业。

4. 转型管理

这种转型常见于计算机行业。随着年龄的增长,很多从事这个行业的专业人才往往会感到力不从心,因此转型到管理类岗位。

(二) 计算机科学与技术专业相关证书

计算机证书考试多种多样,水平参差不齐。比较正规且得到社会认可的计算机证书考试有以下几种:

1. 计算机软件水平考试

计算机软件水平考试(软考)是对从事或准备从事计算机应用技术、网络、信息系统和

信息服务等专业技术工作的人员水平和能力的测试。这是由国家人力资源和社会保障部、工业和信息化部组织和指导下开设的国家级考试，其目的是科学、公正地对全国计算机技术与软件专业技术人员进行职业资格、专业技术资格认定和专业技术水平测试。考试分5个专业类别：计算机软件、计算机网络、计算机应用技术、信息系统、信息服务。每个专业又分三个层次。

本考试可用于计算机技术与软件相应专业和级别的专业技术职务任职资格评审工作。因此，这种考试既是职业资格考试，又是职称资格考试。通过考试并获得相应级别的计算机技术与软件专业技术资格（水平）证书的人员，表明其已具备从事相应专业岗位工作的水平和能力，由人力资源和社会保障部直接颁发相应的职称资格证书，用人单位可择优聘任。同时，这种考试还具有水平考试性质，报考任何级别不需要学历、资历条件，只要达到相应的技术水平就可以报考相应的级别。考试合格者将颁发由中华人民共和国人力资源和社会保障部和中华人民共和国工业和信息化部用印的计算机技术与软件专业技术资格（水平）证书。

2. 国外著名的计算机公司组织的计算机证书考试

目前，除了国内政府机构组织的考试外，一些国外著名的计算机公司组织的计算机证书考试在社会上也有一定的影响力和吸引力。由国际著名IT企业颁发的职业证书，证明你具有某种专业IT技能，为国际承认并通用。这些国际著名IT企业为：Microsoft、Oracle、Cisco、Sun、Novell等。就拿微软公司来说，它在全球范围内所推行的证书主要有微软网络工程师（MCSE）、微软开发专家（MCSD）、微软数据库专家（MCDBA）等，其中，MCSE是广受全球业界重视的计算机网络专家，一个MCSE证书的含金量不亚于一个本科文凭的含金量。美国著名的计算机公司Cisco（思科公司）颁发的“思科”认证，也吸引了几十万计算机行业的高级技术人才。同学们一旦获得了这些公司的证书，其水平和能力也就相当于获得了全球计算机界的认可。

七、心理学专业

（一）职业方向

1. 医院和心理诊所

学习临床心理学和医用心理学的学生，一般在医院或心理诊所从事心理咨询和治疗的工作。

2. 企业人力资源管理

据统计，有40%的心理学专业学生进入了企业的人力资源管理部门工作，负责企业的招聘、培训、人力资源的规划管理等工作。

3. 猎头公司

心理学专业的学生，一般来说具备很好的人际沟通能力，深受各个猎头公司的喜爱。

4. 大中小学心理教师

近年来学校对学生的心理健康问题越来越重视，纷纷开设心理学的相关课程，各级学校均在一定程度上加大了心理教辅人员的配备。这扩大了心理学专业学生的就业率。

5. 公务员

根据历年来公务员的招聘情况看,公安系统、监狱、劳教所、司法所、边检站等单位对心理学毕业生人数需求较多。这也是同学们就业的途径之一。

(二)心理学专业相关资格证书

1. 心理治疗师

目前几乎所有的三甲医院都有心理科或精神科。心理治疗师的资格认证由卫计委和人社部联合进行,只有医疗工作者或在医院工作的具有心理学背景的人才可以报考。

2. 心理咨询师

心理咨询师是协助求助者解决各类心理问题、具有国家人力资源和社会保障部颁发的从业资格证书的人,主要解决人们的心理健康和发展问题。

心理咨询师共分心理咨询师二级(国家职业资格三级)、心理咨询师一级(国家职业资格二级)两个等级。全国统一的鉴定考试每年举办两次,分别在5月和11月。

3. 教师资格证

根据教育部的要求,所有的中小学都必须配备心理咨询室。而在中小学从事心理健康教育必须要有教师资格证,教师资格证是从事中小学教育工作的必备条件。

【本章小结】

1. 大学是同学们人生中变化最大的阶段。与中学相比,大学学习环境发生了重大变化,学习特点与学习方法也有了本质不同。因此同学们进入大学后,需要尽快适应新的环境,转换学习方法,明确学习目标,确定自己的学业发展方向。

2. 大学学业规划是职业规划在大学阶段的体现。同学们在制定学业规划的时候,必须对自己进行全面评估与分析,将学习生涯与职业理想结合起来,制定长期目标和短期目标,在行动中对规划进行评估并结合实际情况进行调整。对在校大学生来说,学业规划一是要构建合理的知识体系,二是要培养职业所需要的实践能力。

3. 在校期间,同学们要对与自己相关的各级各类资格等级考试有所了解,也要对自己的职业发展方向有大致了解。作为中医药院校的学生,中医药具有独特完整的理论体系,与西医理论体系完全不同。在学习中医药知识的过程中,同学们需要在第一时间培养中医思维,正确理解中西医理论的差异,掌握正确的学习方法,循序渐进,假以时日必可致医理贯通无碍。

【思考题】

1. 你认为大学学习方法与高中学习方法有什么不同?
2. 你的长期学业规划和短期学业规划分别是什么?

【延伸阅读】

大学学业生涯规划表

<table>
<tr><td rowspan="5">一般情况</td><td>姓　　名</td><td>邢某某</td><td>性 别</td><td>女</td><td>年 龄</td><td>20</td><td>政治面貌</td><td>共青团员</td></tr>
<tr><td>就读学校</td><td colspan="3">南京中医药大学</td><td>院、系</td><td colspan="3">药学院</td></tr>
<tr><td>所学专业</td><td colspan="3">中药学</td><td colspan="2">感兴趣的专业</td><td colspan="2">中药学</td></tr>
<tr><td>起止时限</td><td colspan="7">2015 年 9 月到 2019 年 7 月</td></tr>
<tr><td>年龄跨度</td><td colspan="7">18 岁—22 岁</td></tr>
<tr><td>规划总目标</td><td>就　　业</td><td></td><td>考 研</td><td>√</td><td></td><td>出 国</td><td></td><td>自由职业</td></tr>
<tr><td>具体方向</td><td rowspan="6">认识自我</td><td colspan="3">我的气质</td><td colspan="4">多血质</td></tr>
<tr><td rowspan="8">自我分析（包括现状分析与潜力测评的发展潜能）</td><td colspan="3">我的性格</td><td colspan="4">ENTP 型</td></tr>
<tr><td colspan="3">我的能力</td><td colspan="4">洞察力强，善于沟通，学习能力强</td></tr>
<tr><td colspan="3">我的兴趣</td><td colspan="4">I 型（S 型、E 型）</td></tr>
<tr><td colspan="3">我的职业价值观</td><td colspan="4">成就感、人际关系、独立性、舒适、智力刺激</td></tr>
<tr><td colspan="3">我心中理想的职业</td><td colspan="4">药企研发或化妆品研发</td></tr>
<tr><td rowspan="3">角色转换目标</td><td colspan="3">从理论学习到动手实践的转变</td><td colspan="4">从专注于书本知识的学习到提升实验动手操作能力</td></tr>
<tr><td colspan="3">从只学习到多面体的转变</td><td colspan="4">从只关注学习能力到多方面能力增强</td></tr>
<tr><td colspan="3">从未成年人向成年人的转变</td><td colspan="4">从习惯依赖到懂得责任和担当</td></tr>
<tr><td rowspan="4">环境因素分析</td><td rowspan="2">学校学习、生活等环境分析</td><td colspan="2">本专业的课程设置（可另附表）</td><td colspan="5">大一中医类、化学类基础课程，大二大三强化学习专业知识，大四注重实习</td></tr>
<tr><td colspan="2">与未来职业发展有关的课程设置（可另附表）</td><td colspan="5">中医学基础、中药学、方剂学、药用植物学、无机化学、有机化学、分析化学、药物化学、解剖组胚学、生理学、药理学、中药药理学、中药化学、中药鉴定学、中药炮制学、中药药剂学、中药分析、药事管理学</td></tr>
<tr><td colspan="3">行业发展趋势与就业环境分析</td><td colspan="5">中药行业与人们的医疗息息相关，前景广阔，就业途径广泛；中医药行业的未来发展迅速，对求职者自身专业能力要求较高；药企对学历较看重</td></tr>
<tr><td colspan="3">国家相关政策法规、经济形势分析</td><td colspan="5">《中华人民共和国中医药法》由全国人民代表大会常务委员会于 2016 年 12 月 25 日发布，自 2017 年 7 月 1 日起施行。这对于中药事业未来的发展提供了更多的规范和帮助，总的来说这是机遇与挑战并存的高压行业。</td></tr>
</table>

续表

我的现状与规划成功标准之间的匹配分析	我的优势	我洞察力强、好奇心旺盛，喜欢研究和了解新鲜事物；学习能力强，英语好；知识面广，善于调动各方面知识；团队合作能力强，善于和别人沟通，人际关系良好，实践经验丰富。	
	我的不足	兴趣广但缺少专长，有时缺乏毅力，电脑信息处理能力欠缺	
征求意见	家长建议	学好专业知识，增强自控能力，踏实奋进	
	老师建议	改正缺点，增加实践机会	
	同学建议	多与行业内专业人士交流	
	朋友建议	以史为镜，可以知兴替；以人为镜，可以明得失	
大学生生涯规划目标分解	大一的目标	1. 学业规划目标	学好基础课程，通过计算机二级考试和英语四级
		2. 生活成长规划目标	提高自理能力和生活技能
		3. 社会活动规划目标	参加社团，学习组织活动；参加海外志愿者项目
	大二的目标	1. 学业规划目标	过英语六级；学好专业课；争取实训立项，开始接触科研
		2. 生活成长规划目标	学会与他人更好地相处
		3. 社会活动规划目标	进行社会实践，参加公益活动
	大三的目标	1. 学业规划目标	学好专业知识；争取托福高分；学习二外；提高实验动手能力；参加挑战杯比赛
		2. 生活成长规划目标	学习合理规划生活节奏；学会做学问与做人的双重提高
		3. 社会活动规划目标	抓住实习机会，认识专业人士
	大四的目标	1. 学业规划目标	努力学好专业知识；学习职业相关技能；争取考研成功
		2. 生活成长规划目标	培养兴趣爱好和好习惯；建设强大的心理素质
		3. 社会活动规划目标	参加实习和公益活动；学以致用
大学期间生涯规划目标组合	学习目标	专业学习目标	学好英语和专业知识；学习二外和职业技能；提升实验技能
		与职业相关的学习目标	考中药师资格证；学习办公软件使用
	生活成长目标	体魄健康	身体健康
		心理健康	心理承受力强
		学会理财	理性消费，绿色消费
		学会规划	把握好生活节奏，不拖延
		学会基本生活技能	能够烹饪、缝补、承担基本家务

续表

大学期间生涯规划目标组合	社会实践目标	参加社团目标	努力做到社团部长或是负责人，学会统筹和策划
		见习、实习目标	知名药企，三甲医院
		假期社会实践目标	了解社会现状，锻炼实践能力
大学期间生涯规划成功标准	学习生活成功标准	专业学习成绩优良	优
		与总目标相关的学习成绩优良	优
	生活成长成功标准	体魄健康	身体健康
		心理健康	心理承受力强
		会理财	好
		会规划	强
		基本生活技能	强
	社会实践成功标准	拥有丰富的志愿者活动经历	积极参加社团活动，提高个人能力，成为社团骨干，带动社团发展。
		见习、实习成绩优良	优
		认识社会与职业	社会对中药认可度和关注度提高，国家出台相应的政策支持，就业面广泛
找出差距	专业知识掌握得不牢固，社团经历不够丰富。		
缩小差距的方案	把握时间，拒绝拖延，稳步提高，自信自强。 敢于拼搏，不惧重压，眼界开阔，思维活跃。 提高水平，善于交流，反省自我，天道酬勤。		

第五章 大学生素质发展规划

学习目标

通过本章学习，学生应该了解大学生应具备的基本素质，包括思想道德素质、身心素质、能力素质等，熟悉各项素质和能力培养对个人发展的重要性，掌握大学生各项素质培养的实现途径。

青年是国家的未来、民族的希望。青年兴则民族兴，青年强则国家强。促进青年更好成长、更快发展，是国家的基础性、战略性工程。在经济全球化的背景下，社会竞争日益激烈，作为一名当代大学生，不仅要在课堂学习，还要在实践中学习、在社会中学习，只有这样才能适应日新月异发展的社会，成为生活中的强者。一个人综合素质的高低，直接关系到职业生涯的发展，关系到个人价值与社会价值的实现程度，也关系到一个人一生的成就。同学们应该通过各种基本能力的培养，在学习实践、社会工作和日常生活中不断提高自身综合素质。

第一节　思想道德素质培养

在大学生丰富多彩的思想观念中，对人生的思考始终处于首要地位。这主要是因为大学生刚刚步入人生，正处于人生旅途的起点，他们对人生的目的、意义有着强烈的探索欲望，对人生的未来有着无穷的期待和展望。因而世界观、人生观、价值观“三观”的培养是大学生思想观念中的核心命题。

“青年一代的理想信念、精神状态、综合素质，是一个国家发展活力的重要体现，也是一个国家核心竞争力的重要因素。当今中国最鲜明的时代主题，就是实现‘两个一百年’奋斗目标、实现中华民族伟大复兴的中国梦。当代青年要树立与这个时代主题同心同向的理想信念，勇于担当这个时代赋予的历史责任，励志勤学、刻苦磨炼，在激情奋斗中绽放青春光芒、健康成长进步。”习近平总书记的重要讲话指明了青年成长与发展对于国家、对于民族的重要意义，对当代青年寄寓了无限期望。总书记勉励青年们要“矢志不渝，用一生来践行跟党走的理想追求”，“广大团员青年坚定跟党走，就是初心。不忘这个初心，是

我国广大青年的政治选择，也是我国广大青年的人生航向”。

一、世界观、人生观、价值观的培养

（一）世界观、人生观、价值观的含义

世界观来源于人的生产和生活实践。在实践过程中，人们逐渐形成了对世界以及人与世界关系的看法。世界观就是人们对生活在其中的世界以及人与世界的关系的总体看法和根本观点。辩证唯物主义和历史唯物主义是无产阶级及其政党的世界观。我们党把这一科学的世界观同中国的具体实践相结合，形成了有中国特色的“实事求是”的思想路线，即“一切从实际出发，理论联系实际，实事求是，在实践中检验真理和发展真理”。这是科学、正确的世界观最具体、最生动、最集中的表现。

人生观是世界观的重要组成部分，是人们在实践中形成的对人生目的和意义的根本看法，它决定着人们实践活动的目标、人生道路的方向和对待生活的态度。人生观是人们在人生实践和生活环境中逐步形成的。由于人们的社会实践、生活境遇、文化素养和所受教育的不同，因此形成不同的人生观。

价值观，是人们对价值问题的根本看法，包括对价值的实质、构成、标准的认识。这些认识的不同，形成了人们不同的价值观。每个人都是在各自价值观的引导下，形成不同的价值取向，追求着各自认为最有价值的东西。

（二）世界观、人生观、价值观的关系

世界观、人生观、价值观这三者是既相互区别、又相互联系的。区别表现在所指的内涵和范围不同。世界观面对的是整个世界，人生观面对的是社会人生的领域，价值观则更进一步，指人在个人发展过程中的价值取向。同时，三者之间也有内在的紧密联系，一方面，世界观支配和指导人生观、价值观；另一方面，人生观、价值观又反过来制约、影响世界观。

（三）树立正确的世界观、人生观、价值观

1. 树立马克思主义世界观、人生观、价值观

马克思主义世界观是迄今为止最科学的世界观。辩证唯物主义和历史唯物主义是马克思主义的基石。具体问题具体分析是马克思主义活的灵魂，解放思想、实事求是、一切从实际出发是马克思主义理论精髓。在高校，就是要用中国特色社会主义实践和理论来培养大学生，使大学生对理想、信念、信仰等有正确的认识，对马克思主义理论、共产主义理想有科学的认识，从而树立科学的马克思主义世界观、人生观和价值观。

2. 加强大学生的实践教育

帮助大学生在实践中逐步形成马克思主义世界观、人生观、价值观。一方面要以马克思主义世界观指导大学生的社会实践，在实践中检验马克思主义世界观的科学性和可信赖性；另一方面，人生观、价值观形成于人们的社会实践，同时也是人们社会实践的动力。因此，加强大学生的人生观、价值观教育就要求经常地、不间断地引导大学生积极参加社会实践活动，使他们通过走入社会，去了解社会需要的人才素质，了解社会倡导和认可的价值观念，使其亲身感受到社会主导价值观的重要作用，促使其形成符合社会要求的人生

观、价值观。

3. 积极利用现代信息网络技术，拓展大学生世界观、人生观、价值观教育的手段

现代传播方式特别是信息网络技术的发展，为开展大学生世界观、人生观、价值观教育提供了现代化手段，拓展了世界观、人生观、价值观教育的空间和渠道。目前，教育部、团中央、各大高校都建立了相关思想政治教育网站、网络平台等，同学们可利用其来提高世界观、人生观、价值观的信息识别能力和形成正确、稳固的世界观、人生观、价值观体系。

二、理想信念教育的培养

（一）理想信念的含义

理想作为一种精神现象，是人类社会实践的产物。在一定意义上讲，理想是人们在实践中形成的、有可能实现的、对未来社会和自身发展的向往与追求，是人们的世界观、人生观和价值观在奋斗目标上的集中体现。

信念同理想一样，也是人类特有的一种精神现象。信念是认真、情感和意志的有机统一体，是人们在一定的认识基础上确立的对某种思想或事物坚信不疑并身体力行的心理态度和精神状态。信念是对理想的支持，是人们追求理想目标的强大动力。

（二）加强大学生理想信念教育的意义

1. 大学生所处的社会环境要求加强理想信念教育

如今的大学生，处在复杂多变的环境中。大学生实施理想信念教育有许多有利条件，但同时也面临着一系列因素的严峻挑战。从国内环境看，我国在政治、经济、文化、外交、军事等各方面的不断进步，都对大学生进行理想信念教育提供了极为有利的外部环境和客观条件。但是我们也应该看到，社会经济成分和利益多样化、社会组织形式以及生活方式多样化，特别是由于现实存在的一些社会问题，如贫富差距不断扩大、大学生就业形势日益严峻，都会对大学生的思想观念和价值取向产生较大的冲击和影响。对此，若放松教育，不加以正确引导，就极易造成大学生在理想目标认识和追求上的无所适从。从国际环境看，发展中国家不断崛起，特别是中国在国际舞台上的地位和作用不断增强，这有利于增强大学生的民族自豪感和自信心，坚定社会主义信念，树立有中国特色社会主义共同理想；但在同时，资本主义腐朽的世界观、人生观和价值观对大学生的影响和渗透不能低估。所有这些都突出了使大学生确定正确的价值目标和理想追求的迫切要求。

2. 提高大学生的精神境界

理想信念作为人的精神生活的核心内容，一方面能使人的精神生活的各方面统一起来，使人的内心世界成为健康有序的系统，保持心灵的充实和安宁，另一方面又能引导人们不断地追求更高的人生目标，提升精神境界，塑造高尚人格。一个人的理想信念越崇高、越坚定，精神境界和人格就会越高。

（三）树立科学的理想信念

1. 加强青年理想信念教育

深入开展共产主义、中国特色社会主义和中国梦学习宣传教育，开展习近平总书记系列重要讲话精神和治国理政新理念新思想新战略学习教育，使中国梦成为青年共同追求

的奋斗目标,使中国特色社会主义成为青年衷心拥护的发展道路,使共产主义成为青年矢志追求的远大理想,增进青年对党的信赖、信念、信心。注重引导青年学习马克思主义基本原理,树立辩证唯物主义和历史唯物主义的世界观、方法论。注重加强宣传教育、示范引领和实践养成,引导广大青年增强使命意识和责任意识,自觉把人生追求融入党和国家发展的事业。引导大学生树立起共产主义理想信念,必须高举中国特色社会主义伟大旗帜,坚持以马克思列宁主义、毛泽东思想、邓小平理论、"三个代表"重要思想、科学发展观为指导,深入学习贯彻习近平总书记系列重要讲话精神和治国理政新理念新思想新战略,坚持党管青年原则,牢牢把握为实现中华民族伟大复兴中国梦而奋斗的时代主题,把个人理想和社会理想统一起来,为国家和社会的发展做出更大的贡献。

2. 树立中国特色社会主义共同理想

在青年中培育和践行社会主义核心价值观。引导青年勤学、修德、明辨、笃实,使社会主义核心价值观内化为青年的坚定信念,外化为青年的自觉行动。大力弘扬以爱国主义为核心的民族精神和以改革创新为核心的时代精神,把爱国主义教育贯穿国民教育和精神文明建设全过程,引导青年学习了解党史国史、近现代史和改革开放史,继承"五四"运动以来的革命文化传统,坚持爱国、爱党、爱社会主义相统一,自觉培养爱国之情、砥砺强国之志、实践报国之行。中国特色社会主义共同理想是社会主义核心价值观的主题。当代大学生要正确认识社会发展规律,正确认识国家的前途命运,正确认识自己的社会责任,确立在中国共产党领导下走中国特色社会主义道路,为实现中华民族伟大复兴而奋斗的共同理想和坚定信念。

三、职业道德培养

职业道德是指人们在职业生活中应遵循的基本道德,即一般社会道德在职业生活中的具体体现。这是一个老生常谈的话题,但却一直未能引起大学生的足够重视。事实上,如今很多用人单位都把道德品质列在人才标准的首位,这是用人单位真实的需求。华硕电脑中国业务群品牌总监郑威认为,企业开展校园招聘,有意去培养、磨炼、打造一个人,因此可以接受一张没有工作经验的白纸,但道德品质却决定了这张白纸材质的优劣。

(一) 职业价值观的含义

职业价值观是在校学生在学习和社会实践过程中形成的,对未来所从事的职业的信念和态度。学生所持有的职业价值观念导致的行为表现,也预示其在未来工作中可能采取的行为模式和工作态度。学生正确的职业价值观包括:具有正确的职业价值取向,强调自我价值和社会价值的统一协调;树立科学的职业理想;确定合理的职业价值目标及规划科学的职业发展观。职业价值观是学生价值观的重要组成部分,对其职业选择起着决定作用,对今后的职业生活有着重要的指导作用。在校期间是学生职业价值观形成、定型的重要时期,它对学生的就业观念、择业行为、职业目标、择业手段以及未来职业发展都具有重要的影响。正确的职业价值观能够约束学生的择业行为,帮助学生树立良好的职业道德;促进学生在复杂多变的社会环境中尽快转变角色,激励他们爱岗敬业。通过正确引导学生形成适应社会发展的职业价值观,能使其沿着正确的发展方向逐步实现人职匹配的

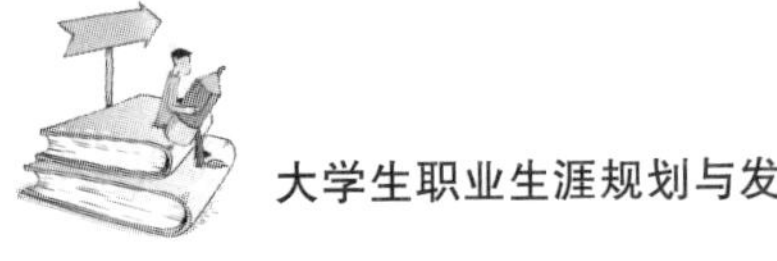

职业理想，达到自我发展和职业发展的完美结合。

（二）树立高尚的职业道德

1. 知行统一，重在实践

大学生日常行为中出现的问题，往往不是认知层面上的问题，即能否判断善恶、是非，而是怎样将社会的道德规范与自己的行为统一起来的问题。道德修养并不等于脱离实际而熟记一些条条框框，决不能坐而论道，把修养的功夫凝固在脑子里甚至仅仅停留在嘴巴上。中国传统修养理论历来强调知行合一，学到做人的道理，并贯彻到行动中去。离开了实践，道德修养就会成为毫无意义的空谈。

2. 积善成德，持之以恒

加强思想道德修养，能使人们洁身自好，防微杜渐，也能使我们从身边的小事做起，多行善事，由此利国、利民、利他人。古人云，“勿以恶小而为之，勿以善小而不为”。大学生持之以恒从小事做起，就能真正地实践道德行为，提升修养境界。

3. 躬身内省，坚持“慎独”

内省，即指自觉地进行思想约束，内心时时反省检查自己的言行。内省是靠自觉性来约束的，不自觉或自觉性不高就难以真正进行内在的自我反省。曾子就提出“吾日三省吾身”。经常将自己的行为与修养目标对照一下，及时发现其中的差距，知过改错，是大学生应该十分重视的一种修养方法。“慎独”，既是崇高的道德境界，又是道德修养的重要方法。《礼记·中庸》说：“莫见乎隐，莫显乎微。故君子慎其独也。”意思是说，最隐秘的事情，最能看出人的品质；最微小的事情，最能显出人的灵魂。慎独是进行品德修养的内在要求，是衡量一个人思想品质和道德水平的试金石。因此在进行品德修养的过程中要注意在“隐”和”微”的地方着力加强，从大处着眼，从小处着手，按照道德规范去身体力行。只有经过艰苦的磨炼，才能最终达到道德修养的目标，形成良好的道德品质。

4. 加强学生人文素质教育

人文素质教育是通过文、史、哲等人文知识的传授、熏陶以及自身的实践，将人文知识、人文素养、人文精神等转化为人格、气质、修养。人文素质教育能增加学生的知识水平，构建合理的知识结构和知识层次，使学生能够从更深、更高的角度去体会专业知识，丰富学生的人文内涵，提高自身人文气质和修养，加深对人生意义的解读。加强学生的人文素质教育，其中很重要的途径就是要注意培养读书兴趣，加强读书教育。

第二节　身体与心理素质培养

《中共中央国务院关于深化教育改革全面推进素质教育决定》强调指出：“健康体魄是青少年为祖国和人民服务的基本前提，是中华民族旺盛生命力的体现，学校教育要树立健康第一的指导思想。”身体素质是衡量一个人身体品质的重要标志。当代大学生，不止应该有完善的智力水平，还应该有强健的体魄，要知道现代社会是一个高度发展的社会，也是一个生活节奏显著加快的社会，没有强健的体魄是很难在当今社会立足并取得成功的。

心理素质是指人的心理品质，它包括认知品质、意志品质、情感品质等。人的心理品质是一个综合体，它们共同组成广义的心理素质的内在结构，各因素间相互联系，互为基础和条件。心理素质居于人的整体素质的核心，其各方面分别构成其他素质发展的基础。大学生必须具有健康的心理素质，增强应对压力和挫折的能力，善于从逆境中寻找转机。

一、身体素质

（一）身体素质的内涵与意义

1. 内涵

所谓身体，是指生物的物质实体，是生物的生命构造，可以表示该生物的健康程度。在运动学上，人们把肌肉活动的基本能力（包括速度、力量、耐力、灵敏度、柔韧度五方面）称为身体素质。在日常生活中，人们更多地把体质等同于身体素质。对大学生身体素质培养来说，应当关注包括人身体相关的体质、形态、生理功能以及肌肉活动的基本能力等多方面。

身体素质自然地表现在体育锻炼方面，经常潜在地表现在人们的生活、学习和劳动中。一个人身体素质的好坏与先天的遗传有关，但也与后天的营养和体育锻炼情况关系密切，通过正确的方法和适当的锻炼，可以从各方面提高身体素质水平。

2. 意义

俗话说，身体是革命的本钱，健康是发展的资本。生命的存在是“1”，其他都是加在后面的“0”。没有“1”，增加多少“0”都没有意义。健康是人生一切的基础，是事业奋发的前提。社会上因健康问题而毁掉事业和人生的例子比比皆是，如传媒界的罗京、企业界的乔布斯等精英英年早逝令人惋惜，大家一定要引以为戒。

大学期间的学习更多的是脑力劳动，只有具备健康的身体，才能有效地应对。身体健康对大学生的学习有很大促进作用；反之，则会不同程度地妨碍大学生的学习，影响大学生的学业成就。对于漫长的人生而言，大学阶段是身体健康的建设积累阶段，大学生由于年轻，身体一般没有明显问题。但是，如果不注意运动锻炼、保健养生，久而久之，身体就会出现各种问题，有时甚至等不到毕业就会不堪忍受，谈何为将来储备健康呢。

（二）大学生身体素质的现状

大学生的身体素质问题主要体现在体质不佳方面。现在的大学生平均身高比以前要高，但体质普遍下降。其次是视力普遍下降，近视或者高度近视的人群占大多数。

影响健康的主要因素有遗传、自然环境、社会环境、不良生活方式与嗜好等。大学生身体素质问题主要源于健康观念与生活方式，特别是大学生缺乏体育兴趣和锻炼习惯。根据 39 健康网的调查：来自上海 33 所高校的抽样调查显示，主动参与体育锻炼的学生人数仅为 18.5％。不少学生认为自己运动能力差，没时间，没必要。调查显示，美国大学生每周都要进行 12 个小时以上的课外体育锻炼，80％的人参加了各类体育俱乐部；而我们的大学生，做广播操得请老师点名监督，组织运动会得摊派名额。反之，在少数同学中，吸烟成了提高学习效率、消除心理疲劳、表达友情的“最佳方式”，喝酒谈天，通宵打牌，玩网络游戏等成了“休闲”。

其次，传统的应试教育思想以及体制影响也很大。北大、清华曾对 570 名学生进行了

调查,发现学生们每天除了上课外,有一半的人每天还要花 2 至 5 小时的时间做作业。而在升入高校之前,62%的人每天做功课的时间长达 4 至 5 小时,每周能从事 1—2 次体育活动的学生仅占 41%。

(三) 培养身体素质的方法

1. 健康标准

大学生身体素质培养的基本目标是身体的健与美,主要是身体健康。健康是有标准的,1978 年世界卫生组织给出的十大标准为:

(1) 有充沛的精力,能从容不迫地担负日常生活和繁重的工作,而且不感到过分紧张疲劳;

(2) 处事乐观,态度积极,乐于承担责任,事无大小,不挑剔;

(3) 善于休息,睡眠好;

(4) 应变能力强,能适应外界环境各种变化;

(5) 能够抵抗一般性感冒和传染病;

(6) 体重适当,身体匀称,站立时,头、肩、臂位置协调;

(7) 眼睛明亮,反应敏捷,眼睑不易发炎;

(8) 牙齿清洁,无龋齿,不疼痛,牙龈颜色正常,无出血现象;

(9) 头发有光泽,无头屑;

(10) 肌肉丰满,皮肤有弹性。

2. 培养身体素质的方法

1992 年 WHO 发表的《维多利亚宣言》:健康是金,如果一个人失去了健康,那么,他原来所拥有的和正在创造即将拥有的统统为零! 中国传统养生讲究:管住嘴、迈开腿、睡好觉、常欢笑,这其中提出了健康的四大基石:充足睡眠、平衡饮食、适量运动、心理健康。

大学生在校期间,要坚持运动锻炼。平时待在室内用脑用眼时间比较长,就要提醒自己常起身活动,到室外见见阳光。从开学就要做适宜的锻炼计划,要长期坚持下去。要规律作息,不能因为学习或者课外兴趣特别是上网而失去作息规律,让身体透支,年轻大学生的睡眠时间最好不要少于 8 小时。注意科学饮食,应戒烟限酒。另外保持心情开朗和心态平和有利于健康,心态好也是身体好的条件之一。

二、心理素质

(一) 心理素质的内涵

WHO 对健康的重新定义,把心理健康也划入了健康的范畴,“健康不仅仅是没有疾病,而且是身体上、心理上的完好状态,进一步达到完全康宁”。心理素质,是以人的自我意识发展为核心,由积极的、与社会发展相统一的价值观所导向,包括认知能力、需要、兴趣、动机、情感、意志、性格等智力和非智力因素有机结合的复杂整体,是在先天与后天共同作用下形成的人的心理倾向和心理发展水平。心理素质是人的素质的深层内涵,它在素质体系中处于基础地位、中心位置,是素质的核心。心理素质是大学生自身成长与发展的内在需要,是全面素质发展的心理内在机制和动力,在大学生综合素质的形成、发展和

发挥中起着决定性作用。21 世纪是高科技迅速发展和各国间经济激烈竞争的世纪，是创新的世纪，这对大学生心理素质提出了更高的要求，大学生只有学会生存、竞争、合作、应变、创新，才能适应 21 世纪社会发展的需要。

（二）大学生的心理素质现状

调查表明，部分当代大学生的心理素质不尽如人意。具体表现为意志薄弱、情绪不稳、心理承受能力差、依赖性强、人际关系不够融洽等。大学生心理素质问题的存在有诸多原因：

(1) 在人际交往上，大学生都希望能拥有良好的人际关系，但现实是，因为环境、性别、年龄、地位、文化差异等因素，交往的显示效果并不理想。例如大多数大学生以前没有经历过集体宿舍生活，往往会因为一些小事导致同学之间出现隔阂，甚至出现性格孤僻或寡言少语；另外大学生在校园中所接触的人在年龄、地位上和他们存在差异，尤其是老师，往往以成人的标准看待大学生，使得刚进入大学的大学生对自己角色的转变无法适应；在与异性交往时也会觉得不自在，本来能说会道的却变得沉默了，生怕说错了话引来别人的笑话；文化的因素也不可忽视，大学校园中聚集了来自全国各地的同学，每一个地方都有着自己的文化特色和方言，所以在沟通与交往中不知不觉地形成了一种障碍。

(2) 在情感问题上，开放的校园使一些学生在怎样看待大学恋爱和恋爱在生活中的意义等问题上存在偏差。一些学生难以把持自己，一旦出现问题就可能走向极端。

(3) 在学习上，一些学生在刚进入大学后，因未能掌握大学的学习方法而考试不及格，从而自信心下降，失去学习兴趣；一些学生由于从紧张的高考中脱颖而出，到了大学就想放松一下，甚至生活颓废，迷恋网络、聊天，等等，导致学业荒废；一些学生由于家长长期以来期望过高，使之在大学中不能正确认识、调控和把握自己，对自己的期望值过高，导致学习压力过大，心理失去平衡。

(4) 现在的大学生多数是独生子女，独立生活能力较差，大学生活和梦想的落差、理想的困惑，家庭经济状况导致生活上的差异，使他们很容易产生心理上的不稳定。

(5) 当前社会处于转型时期，外部社会环境因素对大学生的影响较大，也较为复杂。新旧观念的碰撞，对多元价值趋向的无所适从，进一步加剧了大学生成长中原有的各种矛盾冲突，同时也有可能引发新的矛盾冲突和心理压力。

（三）提高大学生心理素质的方法

1. 要有健全的意志品质，敢于面对各种挫折

意志是人自觉地确定目的，并根据目的调节、支配行为，克服困难去实现预定目的的心理过程。坚定的意志，是通往成功道路上必备的要素之一。大学生已经成为法定的成年人，要有意识地培养高度的自觉性、适应力、耐受力、自我控制力，以及善于明辨是非和独立自主的精神，使自己的行为自觉服从职业和社会的需要，遇到困难尽全力去克服，并充分发挥自身的创造性，坚持正确的，克服消极和错误的行为。

孟子说："天将降大任于斯人也，必先苦其心志，劳其筋骨，饿其体肤，空乏其身，行拂乱其所为，所以动心忍性，曾益其所不能。"这段话生动地说明意志力的重要性。爱因斯坦曾说过，完美的性格和钢铁般的意志比智慧和博学更重要。一个人如果没有顽强的意志

干什么都不会成功。大学生应具有较强的自觉性、果断性、顽强性和自制力，能够在实现目标的过程中机智地克服困难和坦然地面对挫折，采取理智的应付方法，化消极因素为积极因素。

提高挫折承受能力还应努力提高自身的思想境界，树立科学的人生观，积极参加各类实践活动，树立正确的竞争意识。竞争、合作、独立是人类社会人们活动的三种目标结构，每个人都应具备这三种能力。除竞争外更多地学会合作，在最小限度的竞争中，最大限度地学会合作，大学生应该尽可能地为自己创造参与合作的机会。如何培养自己的意志力呢？首先要强化正确的动机。人们的行动都是受动机支配的，而动机的萌发则起源于需要的满足；其次是由易入难，制定目标和计划，将这个目标和学习计划联系起来，把最终要实现的目标分解成一个个具体的小目标；再次坚持体育锻炼。体育锻炼不仅使你拥有健康的身体、充沛的精力，还能培养你的意志力。长期而艰苦的体育锻炼，定能使自己具备不怕苦、不怕难、知难而进、始终如一的意志品质。

2. 要有正确的自我认知

自我认知是对自己要有正确的认识和评价，能了解自己的优缺点，正视自己的弱点，能认识自己的能力、性格、兴趣与需要，摆正自己在群体、生活、事业中的位置，对人生大事做出正确选择。较强的认知能力包括敏锐的感知能力、较强的记忆力、良好的思维能力、丰富的想象力、清晰的表达能力和较强的理解能力。一个人只有客观地认识自己，容纳自己，自我意识良好，才能做到自知、自爱、自信、自立与自强。相反，如果一个人不能正确评价自己，就会缺乏信心，勇气不足，害怕别人发现自己的缺点，而不敢或者不能很好地参与社会竞争。

自我认知支配和决定着一个人的行动。如果我们对自身的估计与社会上其他人对自己客观评价距离过于悬殊，就会使个体与周围人之间的关系失去平衡，产生矛盾。长此以往，将会形成稳定的心理特征：自卑或自负。心理学家认为，挫折本身并不是导致情绪障碍的直接原因，人们对诱发事件所持的看法、解释、信念才是引起人的情绪和行为反应的直接原因。合理的信念会引起人们对事物的恰当的、适度的情绪反应，而不合理的信念则会导致不恰当的情绪和行为反应。自卑心理，对于人的思维活动、创造活动都有明显的抑制作用。无论是明显的、还是潜在的自卑，都会造成对自己能力的怀疑。而一个总认为“我不行”的人，是很难有主见的。挫折总是跟目标连在一起，挫折就是行为受阻，目标没有实现。因此，当同学们受到挫折后，要重新衡量一下，目标是否定得过高，是否符合主客观条件。而自负心理，在价值取向和道德观选择上表现为唯我独尊、个人至上，过分强调自我价值的实现，他们对自己的水平估计偏高，只注重自身感受和体验，不考虑实际。挫折可以使人沉沦，也可以使人梦醒和奋起，关键在于我们对待挫折的态度：能否从失败中吸取经验，并发现自己的优势。

自信心是指一个人对自己力量的充分估计，它是自我意识的重要组成部分，是一种良好的心理品质。自信是积极的自我评价，它表现为喜欢自己、肯定自己、相信自己。未来的社会是充满着机遇和发展的社会，也是机遇和发展稍纵即逝的社会。只有充分自信的大学生，才能正确地把握自我，及时抓住机遇，使自己的才智得到充分发挥。

3. 要具备适应社会的应变力

应变力是指处理突发事件的能力。在紧急情况下，如果事态得不到迅速控制，后果可能不堪设想。这就要求应对者具有一定的应变能力，能够临危不乱和快速决断。

当遇到突发事件时，要有一套完整的应对措施。首先迅速控制事态源头。时间的突发性，意味着没有过多的时间用于事前准备。我们要快速介入，稳住事态，防止事态向不好的方向继续发展，尽量将影响控制在源头。注重过程的监控和管理，及时向有关人员通报进展情况。对于按常规难以解决的问题，可以尝试打破常规思维，采取非常规方法，这样往往能够起到立竿见影的效果。但是这也要承担一定的风险，应该权衡利弊，快速决断。及时总结经验教训，平时多进行一些预防性的准备，对提高应变能力有所帮助。

大家肯定都在思考，如何才能培养自己的应变能力。在大学的生活中会遇到很多突发事件，这些都需要大家在实践中总结经验、提高应变能力。大学生活是锻炼自己的绝佳时期，要充分把握这个时期。在大学里要注意扩大个人的交往范围。很多学生大学的结交范围只局限于班级，甚至个别学生局限于小宿舍，使得个人的交往范围非常狭窄。同学们不仅要提高自己在较小范围内的应变能力，更要扩大范围，学会应付更为复杂的社会问题。积极参加富有挑战性的活动，在富于挑战性的活动中，我们必然会遇到各种各样的问题和实际的困难，努力去解决问题和克服困难的过程，就是增强人的应变能力的过程。在工作、学习和日常生活中，遇事要冷静，学会自我检查、自我监督，这些都有助于培养良好的应变能力。

第三节　能力素质培养

大学，是人生的重要阶段，也是一个让人展示自己、锻炼自己、提高自己、不断成长的最佳舞台。在校大学生应根据自己的人生目标，结合经济社会发展需要，通过学会自主学习、学会沟通交流、学会自我管理、学会团队合作四个途径，努力提高综合素质，塑造良好的道德品质，树立全新的就业观念，努力适应新时期新形势的发展要求。

一、自主学习能力

联合国教科文组织出版的《学会生存》一书中说："未来的文盲，不再是不识字的人，而是没有学会怎样学习的人。"法国哲学家、科学家笛卡尔说："最有价值的知识，是关于方法的知识。"对于大学生来说，培养良好的学习能力、养成良好的学习习惯，是今后在社会上生存和立足的关键。

（一）自主学习能力的内涵

自主学习是与传统的接受学习相对应的一种现代化学习方式。自主学习是以学生作为学习的主体，通过学生独立的分析、探索、实践、质疑、创造等方法来实现学习目标。自主学习应包括"自我识别"、"自我选择"、"自我培养"、"自我控制"四个方面。

1. 自我识别

就是学生对自己的智能特点、长短所在、兴趣爱好和学习状态的基本估价。老子说

过:“知人者智,自知者明,胜人者有力,自生者强。”因此,自我识别是自主学习的基础。我们强调个性教育和个性发展,但自己的个性体现在哪里?自己最有可能在哪些方面取得更大的突破和创新?我们强调学习方法的针对性,但自己在学习上的特点是什么?在接受知识、培养能力过程中哪些方法最适合自己?这些都是学习中自我识别的问题。

2. 自我选择

学习的方法林林总总,科学的知识无穷无尽。开卷未必有益,选择十分重要。哪些方法对自己最有效,哪些知识对自己最有用,选择是一种能力、一种智慧,要由自己去把握、去运作。对于学习方法的选择和培育,既要根据自己的应用效果,又要根据未来的实际需要。例如,对学习方法的选择更要注重自学方法、分析问题的方法、创新的方法等;对学习内容的选择,更要注重基础知识,尤其是专业基础知识、计算机知识和能力、外语的能力以及自己感兴趣、有灵感的那些知识。

3. 自我培养

学习是任何人都不能代替、无法干预的。在教学中教师的作用固然重要,但学生是学习的主人,在充分利用教师作用的同时,要充分发挥学生的主观能动性,立足于自我培养。这种自我培养,就是不断地激发自己的学习热情,注意摸索和总结适合自己的学习方法,在各个学习环节中强化学习主体意识。通过自己的努力,实现知识获取能力的提高。

4. 自我控制

大学生就像在知识的海洋中行进的小舟,每个人都是自己这只小舟的舵手。茫茫大海,舵手要选准航向,勇往直前;险滩暗礁,舵手要随机应变,及时调整。大学生要做向科学高峰攀登的勇士,攀登的方向和路线要自己去把握,策略步骤要自己去制订,所遇的艰难困苦要自己去克服。大学生的学习需要自我控制。自我控制就是根据自己的学习状况和学习要求,适时地修正学习目标、优化学习策略、调整学习方向、改进学习方法。

(二) 自主学习的特点

自主学习是学生在学习活动中自我决定、自我选择、自我调控、自我评价反思和发展自身主体性的过程。自主学习具有能动性、独立性、异步性三个基本特点。

1. 能动性

自主学习是把学习建立在人的能动性基础上,它以尊重、信任、发挥人的能动性为前提。自主学习是一种自律学习,一种主动学习,它走出了强迫性学习的沼泽。自主学习使学生的学习状态发生了根本性变化:从他律到自律、从被动到主动、从消极到积极。这不仅开发出了学生的潜能,而且培养了学生学习的责任心。

2. 独立性

自主学习就是把学习建立在人的独立性的基础上。自主学习的实质就是独立学习,独立性是自主学习的灵魂,讲究学生能够不依赖教师和别人,自主独立地开展学习活动。

3. 异步性

自主学习尊重学生的个别差异,学生在充分了解自身客观条件并进行综合评估的基

础上，根据自身需要，制订出具体的学习目标，选择相关的学习内容，并对学习结果做出自我评估。学习的异步性要求尊重学生的个体差异，让学生根据自身需要自主地进行学习，不受时间和空间的限制。

（三）自主学习的实现途径

有研究表明，一个大学毕业生在学校获取的知识，只占一生工作所需知识的10%，其余需要在毕业后的继续学习中不断获取。所以，大学生在完成学业的同时，必须注重提升自主学习能力，学会学习，为终身学习储备必要的素质和技能。自主学习能力的提升可以尝试从以下几个方面着手：

1. 树立正确的学习态度

要认识到只有不断学习才能弥补自己的缺陷，提升自己的能力和素质，从而增强竞争力。在学习过程中要做到坚持、主动，以求知为乐趣。

2. 掌握科学的学习方法

对于大学生而言，要从阅读、摘要、做笔记、记忆、自我提问、时间管理等多方面掌握科学的学习方法，提高学习效率。

3. 尝试创新性学习方式

如自主式学习、探究式学习、问题式学习、批判式学习等，培养自己独立研究、自我监控、善于发问和解决问题的能力。

4. 养成终身学习的习惯

乐于接触新鲜事物，接收新的信息，接受新的挑战，学习新的知识和技术，从而能够始终跟上社会和时代前进的步伐而不被淘汰。

【延伸阅读】

八种培养学习兴趣的方法

1. 积极期望。积极期望就是从改善学习者自身的心理状态入手，对自己不喜欢的学科充满信心，相信该学科是非常有趣的，自己一定会对这门学科产生信心。想象中的"兴趣"会推动我们认真学习该学科，从而导致对此学科真正感兴趣。

2. 从可以达到的小目标开始。在学习之初，确定小的学习目标，学习目标不可定得太高，应从努力可达到的目标开始。不断地进步会提高学习的信心。不要期望在短期内将成绩提高上去，有的同学往往努力学习一两周，结果发现成绩提高不大，就失去信心，从而厌恶学习。持之以恒地努力，一个一个小目标地实现，是实现大目标的开始。

3. 了解学习目的，间接建立兴趣。学习目的，是指某学科的学习结果是什么，为什么要学习该学科。当学习该学科没有太强的吸引力时，对最终目标的了解是很重要的。学习过程多半都是要经过长期艰苦努力的，这种艰巨性往往让人望而却步，而学习又是学生的天职，不能不学，所以要认真了解每门学科的学习目的。如果我们对学习的个人意义及社会意义有较深刻的理解，就会认真学习各门功课，从而对各科的学习发生浓厚的兴趣。

4. 培养自我成功感，以培养直接的学习兴趣。在学习的过程中每取得一个小的成功，就进行自我奖赏，达到什么目标，就给自己什么样的奖励。有小进步，实现小目标则小奖赏；有中进步、实现中目标则中奖励；有大进步、实现大目标则大奖励，如周末旅游等。这样通过渐次奖励来巩固自己的行为，有助于产生自我成功感，不知不觉就会建立起直接兴趣。

5. 把原有的其他兴趣转移到学习上来，以培养新的学习兴趣。每个人在少年儿童时期都有自己特别感兴趣的事，如爱玩汽车、爱搭积木、爱看动画片等。到了高年级后，就应当去发现、了解与爱好有关的知识，如汽车是如何发动的？汽车的构造原理是什么？知识点和动画结合起来又是怎样的？我所学的知识中哪些和它们有关系？这样就把对学习的兴趣在原有的基础上发展起来。

6. 在解决实际问题的过程中，确立稳定的兴趣。用学得的知识解决实际问题，一是能巩固知识，二是能修正知识，三是能带来自我成功的喜悦情绪。这种喜悦情绪正是建立稳定持久的兴趣所必需的。

7. 保持兴趣最容易的方法是不断地提问题。当你为回答或解答一个问题而去读书时，你的学习就带有目的性，就有了兴趣。准备一些问题是很容易的，仅仅把每节的标题设置成问题就是了。例如学习阿基米德定律时，你可问：阿基米德定律的内容是什么？它是怎样发现的？怎样证明它的结论是对的？它的公式是什么？使用它应注意什么问题？我能否用其他的办法推导出来？为了回答这些问题，一开始你强迫自己详细看下去，但是，一旦你真正地往下看，你就会被吸引住。

8. 想象学习成功后的情景，激发学习兴趣。当我们满腔热情地去做任何一件事前，一般都对它的结果有了预期的想象而坚持去做这件事情。你可以想象考试成绩优秀，可以顺利进入大学，为家庭为社会做出贡献，为个人创造好的前程。也可以想象考试成绩优秀，得到老师、家长的赞扬，得到同学们的羡慕等，从而激发学习兴趣，想象会帮你成功。

（资料来源：豆瓣网）

二、人际交往能力

马克思曾经说过，人是各种社会关系的总和。每个人都不是孤立存在的，他必定存在于各种社会关系之中。如何理顺这些关系，如何提高生活质量就涉及了社交能力的问题。大学生进入学校的那一刻就已决定了其交往需要。良好的人际交往能力以及良好的人际关系，是生存和发展的必要条件。在大学里建立良好的人际关系，形成团结友爱、朝气蓬勃的环境，有利于大学生形成和发展健康的个性品质。

（一）人际交往能力的内涵

人际交往也称社会交往，通常是指人与人之间通过一定的方式进行联系和接触，从而在心理上或行为上相互影响的过程。人们在生活实践中，进行思想感情、经验技能、知识文化的交流以及相互了解的活动等，都属于这一范畴。人际交往能力主要包括：

1. 表达理解能力

表达理解能力包括两方面：一方面是指一个人是否能够将自己内心的思想表现出来，并让他人清楚地了解自己的想法；另一方面就是理解他人的表达。一个人的表达能力，也能够直接地证明其社会适应的程度。

2. 人际融合能力

是指一个人是否能够体验到人的可信以及可爱。这和人的个性（如内向或外向等）有极大的关系，但又不完全由它决定，更多的是一种心理上的取向。

3. 解决问题的能力

指一个人面对问题的态度及处理问题、解决问题的能力。当前独生子女的一大弱点就是依赖性强，独立解决问题能力差，再加上应试教育的弊端，因而学生的交往能力有待提高。

（二）大学生人际交往的重要性

1. 人际交往是维护大学生身心健康的重要途径

大学生正处于青年期，思想活跃、感情丰富，人际交往的需要极为强烈，人人都渴望真诚友爱，人人都试图通过人际交往获得友谊，满足物质和精神上的需要。但是面对新的环境、新的对象和紧张的学习生活，一部分学生由此会加剧心理矛盾。此时，积极的人际交往，良好的人际关系，可以使人精神愉快、情绪饱满、充满信心，保持乐观的人生态度。

(1) 人际关系影响大学生的生理和心理状况。一般来说，具有良好人际关系的学生，大都能保持开朗的性格、热情乐观的品质，从而正确认识、对待各种现实问题，化解学习、生活中的各种矛盾，形成积极向上的优秀品质，迅速适应大学生活。相反，如果缺乏积极的人际交往，不能正确地对待自己和他人，心胸狭隘、目光短浅，则容易形成精神上、心理上的巨大压力，难以化解心理矛盾。

(2) 人际交往影响大学生的情绪和情感变化。处于青年发展期的大学生，正处在人生的黄金时代，在心理、生理和社会化方面逐步走向成熟。但在这个过程中，一旦遇到不良因素的影响，就容易导致焦虑、紧张、恐惧、愤怒等不良情绪，影响学习和生活。实践证明，友好、和谐、协调的人际交往，有利于大学生对不良情绪和情感的控制和化解。

(3) 人际交往影响大学生的精神生活。大学生情感丰富，在紧张的学习之余，需要进行情感交流，讨论理想、人生，诉说喜怒哀乐。人际交往正是实现这一意愿的最好方式。通过人际交往，可以满足大学生对友谊、归属、安全的需要，可以更深刻、更生动地体会到自己在集体中的价值，并产生对集体和他人的亲密感和依恋之情，从而获得充实的、愉快的精神生活，促进身心健康。

2. 人际交往是大学生成长成才的重要保证

人际交往是协调集体关系，形成集体合力的纽带。而一个良好的集体，能促进青年学生优良品质的形成。良好的人际交往能力是积极向上的，能促进大学生自我完善、自我提升，是大学生成长成才的重要保证。

(1) 人际交往是交流信息、获取知识的重要途径。现代社会是信息社会,信息量之大、信息价值之高,是前所未有的。人们对拥有各种信息和利用信息的要求,随着信息量的扩大,也在不断增长。通过人际交往,我们可以互相传递、交流信息和成果,使自己丰富经验、增长见识、开阔视野、活跃思维、启迪思想。

(2) 人际交往是个体认识自我、完善自我的重要手段。良好的人际交往,可以帮助大学生提高对自己的认识,以及自己对别人的认识。孔子曾说过:独学而无友,则孤陋而寡闻。在人际交往的过程中,从对方的言谈举止中认识对方,同时又从对方对自己的反应和评价中认识自己。交往面越宽,交往越深,对对方的认识越完整,对自己的认识也就越深刻。只有对他人的认识全面,对自己认识深刻,才能得到别人的理解、关怀和帮助,自我完善才可能实现。

(三) 培养人际交往能力的方法

1. 遵守人际交往原则

(1) 平等交往。平等,主要指交往双方态度上的平等。我们每个人都有自己独立的人格、做人的尊严和法律上的权利与义务,人与人之间的关系是平等的。在交往过程中,如果一方居高临下、盛气凌人、发号施令、颐指气使,那么他很快便会遭到孤立。大学生往往个性很强,互不服输,这种精神是值得提倡的,但绝不能高人一头,因同学之间在出身、家庭、经历、长相等方面的客观差异而对人"另眼相看"。坚持平等的交往原则,就要正确估价自己,不要光看自己的优点而盛气凌人,也不要只见自身弱点而盲目自卑,要尊重他人的自尊心和感情,更不能"看人下菜碟"。

(2) 尊重他人。每个人都有自己的人格尊严,并期望在各种场合中得到尊重。尊重能够引发人的信任、坦诚等情感,缩短交往的心理距离。一般来说,大学生的自尊心都较强,因此,大学生在人际交往中尤其要注意尊重的原则,不损伤他人的名誉和人格,承认或肯定他人的能力与成绩。否则,易导致人际关系的紧张和冲突。坚持尊重的原则,必须注意在态度上和人格上尊重同学,平等待人,讲究语言文明、礼貌待人,不开恶作剧式的玩笑,不乱给同学取绰号,尊重同学的生活习惯。

(3) 真诚待人。真诚是人与人之间沟通的桥梁,只有以诚相待,才能使交往双方建立信任感,并结成深厚的友谊。坚持真诚的原则,必须做到热情关心、真心帮助他人而不求回报,对朋友的不足和缺陷能诚恳批评。对人、对事实事求是,对不同的观点能直陈己见,而不是口是心非,既不当面奉承人,也不在背后诽谤人,做到肝胆相照、以诚待人、襟怀坦白。

(4) 互助互利。人际关系以能否满足交往双方的需要为基础。如果交往双方的心理需要都能获得满足,其关系才会继续发展。因此,交往双方要本着互助互利原则。互助,就是当一方需要帮助时,另一方要力所能及地给对方提供帮助。这种帮助可以是物质方面的,也可以是精神方面的;可以是脑力的,也可以是体力的。坚持互助互利原则,就要破除极端个人主义,与人为善,乐于帮助别人。同时,又要善于求助别人。别人帮助你克服了困难,他也会感到愉快,这也可以进一步促进双方的情感交流。

(5) 讲究信用。信用是成功的伙伴,是无形的资本,是中华民族古老的传统。信用原

则要求大学生在人际交往中说真话，言必行、行必果。答应做到的事情不管有多难，也要千方百计、不遗余力地办到。如果经再三努力而没有实现，则应诚恳说明原因，不能有“凑合”、“对付”的思想。守信用者能交真朋友、好朋友；不守信用者只能交一时的朋友或终将被抛弃。坚持信用原则，要做到有约按时到、借物按时还，不乱猜疑，不轻易许诺、信口开河，让人家空欢喜。

(6) 宽容大度。人际交往中往往会产生误解和矛盾。大学生个性较强，接触密切，不可避免地会产生矛盾。这就要求大学生在交往中不要斤斤计较，而要谦让大度、克制忍让，不计较对方的态度，不计较对方的言辞，并勇于承担自己的行为责任，做到“宰相肚里能撑船”。他吵，你不吵；他凶，你不凶；他骂，你不骂。只要我们胸怀宽广，发火的人一定也会自觉无趣。宽容克制并不是软弱、怯懦的表现。相反，它是有度量的表现，是建立良好人际关系的润滑剂，能“化干戈为玉帛”，就能赢得更多的朋友。

2. 掌握人际交往的艺术

(1) 语言艺术。“良言一句三冬暖，恶语伤人六月寒。”这句话告诉我们交往时要注意运用语言的艺术。语言艺术运用得好，就能优化人际交往。相反，如果不注意语言艺术，往往在无意间就出口伤人，产生矛盾。

① 称呼得体。称呼反映出人与人之间心理关系的密切程度。恰当得体的称呼，使人能获得一种心理满足，使对方感到亲切，交往便有了良好的心理气氛；称呼不得体，往往会引起对方的不快甚至愤怒，使交往受阻或中断。所以，在交往过程中，要根据对方的年龄、身份、职业等具体情况及交往的场合、双方关系的亲疏远近来决定对方的称呼。对长辈的称呼要尊敬，对同辈的称呼要亲切、友好，对关系密切的人可直呼其名，对不熟悉的要用全称。

② 说话注意礼貌。正确运用语言，表达清楚、生动、准确、有感染力、逻辑性强，少用土语和方言，切忌平平淡淡、滥用词藻、含含糊糊、干巴枯燥。语音、语调、语速要恰当，要根据谈话的内容和场合，采取相应的语音、语调和语速。讲笑话要注意对象、场合、分寸，以免笑话讲得不得体，伤害他人的自尊心。适度地称赞对方：每个人都希望别人赞美自己的优点。如果我们能够发掘对方的优点，进行赞美，他会很乐意与你多交往。但是赞美要适度，要有具体内容，绝不能曲意逢迎。真诚的赞美往往能获得出乎意料的效果。避免争论：青年大学生喜欢争论，但争论往往是在互不服输、面红耳赤、不愉快甚至演化成直接的人身攻击或严重的敌意中结束。这对人际关系的影响是显而易见的。因此大学生要尽量避免争论，而要通过讨论、协商的途径解决分歧。语言艺术运用得好，就能吸引和抓住对方，从内容到形式适应对方的心理需要、知识经验、双方关系及交往场合，使交往关系密切起来。

(2) 非语言艺术。一般包括眼神、手势、面部表情、姿态、位置、距离等。掌握和运用好这种交往艺术，对大学生搞好人际交往是必不可少的。“眼睛是心灵的窗户”，“眼睛像嘴一样会说话”，面部表情是内心情绪的外在表现，它们均能表达人的态度和情感，如眉飞色舞表示内心高兴，怒目圆睁表示愤怒等。交往中还可用人体动作来表达思想，大学生在人际交往中根据谈话的内容和场合，正确运用非语言艺术，巧妙地表达自己的思想感情，有时能起到“此时无声胜有声”的作用。但非语言艺术要运用得恰到好处，不可过于频繁和夸张，以免给人手舞足蹈之感。此外，大学生还要学会有效聆听。人际关系学者认为，善于“倾听”是维持人际关系的有效法宝，几乎所有的人都喜欢听他讲话的人，所以，大学生要学会有效聆听。在沟通时，作为听者要少讲多听，不要打断对方的谈话，最好不要插话，要等别人讲完之后再发表自己的见解；要尽量表现出聆听的兴趣，听别人讲话时要正视对方，切忌小动作，以免对方认为你不耐烦；力求在对方的角色立场上设身处地地考虑问题，对对方表示关心、理解和同情；不要轻易地与对方争论或妄加评论。

3. 努力增强自己的人际魅力

人际魅力是指在人际交往过程中形成的，个体对他人给予的积极和正面评价的倾向。每个人都有自己喜欢的人，并愿意与之交往；每个人也都有自己讨厌的人，不愿意和这些人交往。这种现象反映的实际上就是人际吸引。那么，大学生如何增强人际吸引力，做一个受欢迎的人呢？

(1) 努力建立良好的第一印象。怎样表现才能给人留下良好的第一印象呢？心理学家卡耐基在其著作《怎样赢得朋友，怎样影响别人》一书中总结出给人留下良好的第一印象的六种途径：

① 真诚地对别人感兴趣；

② 微笑；

③ 多提别人的名字；

④ 做一个耐心的听者，鼓励别人谈他们自己；

⑤ 谈符合别人兴趣的话题；

⑥ 以真诚的方式让别人感到他很重要。

(2) 提高个人的外在素质。追求美、欣赏美、塑造美是人的天性。美的外貌、风度能使人感到轻松愉快，并且在心理上构成精神的酬赏。所以，大学生应恰当地修饰自己的容貌，扬长避短，注意在不同场合选择样式和色彩符合自己的服装，形成自己独特的气质和风度。同时，大学生应注意追求外在美和内在美的协调一致，即外秀内慧。因为随着时间的推移和交往的加深，外在美的作用会逐渐减弱，对他人的吸引会逐渐由外及内，从相貌、仪表转为道德、才能。

(3) 培养良好的个性特征。良好的个性特征对建立良好的人际关系有吸引作用，不良个性特征对建立良好的人际关系有阻碍作用。生活中，大家都愿意与性格良好的人交往，没有人愿意与自私、虚伪、狡猾、性情粗暴、心胸狭隘的人打交道。因此，要不断形成良好的个性特征，注意克服性格上的弱点。

(4) 加强交往，密切关系。心理学研究表明，人与人之间空间距离上的接近，是促进人际吸引的重要因素，因为人与人之间空间位置上越接近，彼此交往的频率就越高，越有助于相互了解，沟通情感，密切关系。即使两个人的人际关系比较紧张，通过交往，也有可能逐步消除猜疑、误会。反之，即使两人关系很好，但如果长期不交往，彼此了解减少，其关系也可能逐渐淡薄。大学生同住在一起，接触密切，这是建立友情的良好的客观条件，应充分利用这一条件，与朋友保持适度的接触频率，使人际关系不至于淡化甚至消失。切忌“有事有人，无事无人”。

[案例]

理　解

杰克和约翰是多年的好朋友。一次他们一同去曼哈顿出差。早上，当他们在旅店点完饭菜之后，约翰说："我出去买份报纸，一会儿就回来。"

过了5分钟，约翰空着手回来了，嘴里嘟嘟囔囔地发泄着怨气。"怎么啦？"杰克问。

约翰答道："我到马路对面的那个报亭，拿了一份报纸，递给那家伙一张10美元的票子，让他给我找钱。他不但不找钱，反而从我腋下抽走了报纸，还没好气地教训我，说他的生意正忙，绝不能在这个高峰时间给人换零钱。看来，他是把我当成借买报纸之机破零钱的人了。"

两个人一边吃饭，一边议论这一插曲。约翰认为，这里的小贩傲慢无礼，不近人情，素质太差，很可能都是些"品质恶劣的家伙"。

杰克请约翰在旅店门口等一会，自己则向马路对面的那个报亭走去。

杰克面带微笑十分温和地对报亭主人说："先生，对不起，您能不能帮个忙。我是外地人，很想买一份《纽约时报》看看。可是我手头没有零钱，只好用这张10美元的票子。在您正忙的时候，真是给您添麻烦了。"

卖报人一边忙着一边毫不犹豫地把一份报纸递给杰克，说："嗨，拿去吧，方便的时候再给我零钱！"

当约翰看到杰克高兴地拿着"胜利品"凯旋的时候，疑惑不解地问："杰克，你说你也没有零钱，那个家伙怎么把报纸卖给你了？"

杰克真诚地说："我的体会是，如果先理解别人，那么自己就容易被别人理解。如果用理解来表达需要，那么自己的需要就容易得到满足。"

（资料来源：《今晚报》）

三、情绪管理能力

不断进步、日趋复杂的社会为现代人带来了日益凸显的情绪危机，来自生活、学习、工作、环境和精神孤独等方面的压力，使许多人背负了情绪失调的困扰，焦虑、浮躁、忧郁、恐惧、自卑等负面情绪，使人们心理失衡，失去动力，已成为健康的障碍，所以如何调整和控制情绪成为当今社会日益关注的话题。

情绪管理能力就是对自己情绪的掌握，做自己情绪的主人，即以最恰当的方式来表达情绪，如同亚里士多德所言："任何人都会生气，这没什么难的，但要能适时适所，以适当方式对适当的对象恰如其分地生气，可就难上加难。"

（一）情绪的概念

情绪是我们与生俱来的心理反应，是一种复杂的心理历程。从一般意义来讲，情绪是指人们在内心活动过程中所产生的心理体验。情绪不可能被完全消灭，但可以进行有效疏导，有效管理，适度控制。

过去，大家普遍认可智商(IQ)可决定一个人的成就，然后，我们常看到一些高智商的人表现平庸，而智力普通的人却成就非凡。为什么会这样呢？原来，智力是指思考、推理、学习、适应环境以及解决问题的能力，有高智力的人能够学得很快，考上很好的学校或者提出极具创意的方案。但这不能保证他能够了解自己的情绪、忍受挫折或者处理好人际关系。美国心理学家 Daniel Goleman 在 1995 年写了一本《情绪智商》，他认为，人生的成就最多只有 20%归于智商，另外 80%则受其他因素影响，其他因素包含了自我了解能力、沟通的能力和处理情绪的能力等。

一个不能处理好自己情绪的人，必定很容易受情绪左右，表现出冲动的行为，导致破坏人际关系，认为一切都是别人的错，或者陷入深深的自责中，形成恶性循环。相反，如果能敏锐地察觉自己及他人的情绪，坦诚面对自己的负面感受并理解对方的感受，不随意批评他人，并将生活中的困境视为合理的挑战，对人对事做出适当的反应，那么就容易与他人保持良好的关系，能够得到他人的帮助。这样一来，许多事情都能迎刃而解，成功似乎也在不远处招手。

（二）情绪的功能

我们可以将情绪的功能大致归纳如下：

1. 生存功能

由于生理反应与情绪密切相关，所以当遇到危险时，我们马上会有紧张害怕的感觉，同时心跳加快，呼吸急促，分泌肾上腺素，进而产生“奋力对抗”或“落荒而逃”的反应，以便保护自己，避开危险。所以情绪就好像我们心理的“保安系统”，一旦身边的事和人对我们的身心构成威胁，这个“保安系统”就会发挥作用，发出相应的警报信号，这样我们就可以及时采取措施，保护自己。

2. 人际沟通功能

人与人之间最重要的是情感的交流，情绪的表达可以增进人际沟通。当有情绪时，我们才知道自己内心真正的感受，才有机会向他人表达，以维护自己的权益，或者增进彼此的情谊。因此，情绪在人际沟通中，起着非常重要的信息传递和调节作用，像微笑、轻松、喜悦、宽容等，会促进人际的沟通和理解；而冷漠、猜疑、排斥、嫉妒等，则会构成人际交往中的障碍。

3. 动机性功能

情绪好像是“发电机”，它可以源源不断地产生能量，用以推动人的各种活动，使我们过一个积极进取和有贡献的人生。比如有力、自信、勇敢等令人心情舒畅的感受，被称为动力性情绪，会引导并维持我们的行为达到特定的目标。而愤怒、忧郁、怨恨、焦虑、嫉妒等，被称为损耗性情绪，这些情绪在一定程度上会耗磨我们的能量。但是这些表面上负面的情绪，若他们不过量还是有积极价值的，因为在感受痛苦的同时，我们也得到了探索和成长的机会。

（三）情绪管理的重要性

情绪如四季般自然地发生，一旦情绪产生波动，个人就会表现出愉快、气愤、悲伤、焦虑等各种不同的内在感受，假如负面情绪经常出现而且持续不断，就会对个人产生负面影响，如影响身心健康、人际关系或日常生活等。

《黄帝内经》中说，人有七情六欲，怒伤肝、悲伤心、思伤脾、忧伤肺、恐伤肾。不良情绪是一种心理疾患，它就像一把利刃，既会伤害自己，又会伤害别人。一个真正成熟的职业人，应该有很强的情绪管理能力，要将情绪作为重要的精神资源管理起来，让它发挥重要的积极作用。积极情绪表现为：热情、活泼、愉悦、自信、体贴、宽容、努力、挑战等。

（四）情绪管理能力的培养

情绪管理即以最恰当的方式来表达情绪，要适时适所，对恰当对象恰如其分地表达情绪。

在职场上，那些善于控制自己情绪的人总能得到领导的信任、同事的支持，而那些喜怒无常、容易冲动的人，获得发展的机会就少得多。提升职场人士的情绪管理水平、展现良好情商的主要途径：

1. 心胸宽广

职场人士需要修炼自己的格局，成就大格局。正所谓牢骚太多防肠断，所以我们要保持自己的心胸宽阔。风物长宜放眼量，做人千万不能太斤斤计较、小家子气，那样就落了下乘。首先，要给自己树立远大的目标，目标远大眼光自然也长远，就不容易斤斤计较，因为做大事的人，不会花太多时间、精力在这些微不足道的事情上面；其次，可以看一些伟人英雄的事迹，学习他们高尚的品格和胸有千壑的气度，这会让你不由自主地跟着热血沸腾，格局和气概于是变大；最后业余时间可以去一些开阔壮丽的地方走走，洗涤心情，使自己神清气爽、心胸宽广。

2. 提升抗压能力

调节、改善情绪，提升抗压性很重要，要给自己设立一些有挑战性的目标，做有挑战性的工作。一般来说，随着个人能力、职位的提升和工作内容、难度的增加，个人的抗压能力也会随之提升。但是，抗压能力的提升也需要一个过程，而人的潜力就可以在此过程中得到展现。

3. 同理心

同理心是职场思维里面很重要的一种思维模式。拥有同理心的话，你就会发现很多时候对方不是故意为难你。所以，同理心就是从对方的角度和立场去考虑问题。如果我们能多从对方的角度和立场考虑问题，多理解、多沟通，很多合作就会更顺利、更和谐。

4. 适当宣泄情绪

一个人在社会中学习、工作和生活，时间长了肯定会积累一些负面情绪，那么就需要寻找途径宣泄，或者说发泄。疏解情绪的目的在于给自己一个清理想法的机会，让自己好过一点，也让自己更有能量去面对未来。

四、团队协作能力

广阔无垠的旷野上，一群狼踏着积雪寻找猎物。它们最常用的一种行进方法是单列行进，一匹挨一匹。领头狼的体力消耗最大。作为开路先锋，它在松软的雪地上率先重开一条小路，以便让后面的狼保存体力。领头狼累了的时候，便会让到一边，让紧跟在身后的那匹狼接替它的位置，这样它就可以跟着队尾，轻松一下，迎接新的挑战。

在一对头狼夫妇的带领下，狼群中每一匹狼都要为了“群体幸福”承担一份责任。比如，在母头狼产下一窝崽后，通常会有一位“叔叔”担当起“总保姆”的工作，这样母头狼就可以暂时摆脱当妈妈的责任，和公头狼进行“蜜月狩猎”，群狼中每个成员都在扮演着至关重要的角色。

成功的团体也是如此。每位成员不仅要承担自己的义务，还要准备随时承担起更大的领导责任。一个团体的生命力很可能就维系于此。

（一）团队协作的内涵

团队协作指的是团队成员为了团队的利益和目标相互协作、尽心尽力的意愿和作风。它的作用就是把成员的技能、积极性、创造性，向着一个方向进行整合，以此形成巨大的合力。团队协作精神主要表现在以下几个方面：

1. 具有共同的目标，成员对团队具有归属感

共同的目标是团队之所以存在的主要原因。当为了一个共同的目标奋斗时，大家就会有一种志同道合的感受，对彼此的优势予以认可，同时也能够包容对方的缺点，这也正是团队凝聚力的源泉所在。团队目标的一致性使成员有一种整体的归属感。正是这种归属感使得每个成员感到在为团队努力的同时也是在为自己实现目标。与此同时，其他成员也一起为这个目标而努力，从而激起更强的工作动机。所以，团队成员因此对目标贡献的积极性也就油然而生，从而使得工作效率比个人单干时要高。

2. 良好的沟通协调，成员间相互信任

沟通是通过信息和思想上的交流达成认识上的一致，而协调则是消除内部摩擦，取得行动上的一致。良好的沟通协调是团队精神的一个重要体现。

团队成员由于知识结构、价值观念、个人信仰甚至文化和语言上有差异，冲突是在所难免的。但是并非所有的冲突都是不利的，相反，有时它却是一种重要而积极的现象，新的创意、新的观念往往是在碰撞的火花中迸发出来的。矛盾由出现到解决的过程正是成员间相互了解、互相信任的过程。如果只是强调团结而不能够坚持个人观点，所取得的也只能是表面上的认同，矛盾反而被掩饰。这样大家会心存芥蒂，致使工作效率大打折扣。

3. 全员高度参与，具有较高的工作效率

团队中每一个人都是运作过程中必不可少的“零件”，在工作中相互依存。每个人的任务相对明确，工作趋于标准化，减少了内耗和不协调因素，产生较高的工作效率。日本著名汽车制造商丰田公司把“团队精神”贯彻到整个企业中，能够把分散在几百公里范围内的十几家零配件工厂紧密协调起来，实现所有配件的“零库存”，不仅提高了生产效率，还大大节约了成本，令世界为之惊叹。

4. 成员能够独立创造，发挥个人的潜能

传统的“金字塔”形管理模式是这样的：领导和权威掌握着决策和分配的权力，成员处于被动的地位，因而很难激发成员的积极性和创造性。而团队则不同，无论领导还是普通成员在团队中都是必不可少的部分，在自己的责任范围内，他可以依据自己个人的知识、经验，对不合理因素提出整改意见，为提高效率提出富有创造力的设想。

5. 通过团队合作可以约束规范和控制成员的行为

在团队内部，当一个人与其他人不同时，团队内部所形成的那种观念力量、氛围会对

这个人施加一种有形和无形的压力，会使他在心理上产生一种压抑和紧迫感。在这种压力下，成员在不知不觉中随同大众，在意识判断和行为上表现出与团队中大多数人的一致性，从而达到去规范和控制个体行为的目的。规范和控制个体的行为有助于团队行动的标准化，有利于提高团队的办事效率。

（二）团队协作的重要性

一个优秀的团队，其所有成员必须要相互信任，彼此之间要开诚布公、相互交心，做到心心相印、毫无保留。只有团队的每一个成员紧密合作，才能真正做到整个团体的紧密合作。团队合作是一种永无止境的过程，因为合作的成败取决于各成员的态度，所以，维系成员之间的合作关系也是每个人责无旁贷的工作。

团队的核心是共同奉献。这种共同奉献需要有一个成员信服的目标。只有切实可行而又具有挑战意义的目标，才能激发团队的工作力和奉献精神，为工作注入无穷无尽的能量。所以，团队合作是一种为达到既定目标所显现出来的自愿合作和协同努力的精神。它可以调动团队成员的所有资源和才智，并且会自动地去除所有不和谐和不公正的现象，同时会给予那些诚心、大公无私的奉献者以适当的回报。当团队合作是出于自觉自愿时，它必将会产生一股强大而且持久的力量。

团队合作有利于激发团队成员的学习动力，有助于提高团队的整体能力。每个人的心里都有希望他人尊敬自己的欲望，都有不服输的心理，都有精益求精的欲望。这些心理因素都不知不觉地增强了成员的上进心，使成员都不自觉地要求自己进步，力争在团队中做到最好，来赢得其他员工的尊敬。当没有做到最好时，上述的那些心理因素可促进成员之间的竞争，力争向团队中最优秀的成员看齐，以此来实现激励功能。不断地激励有助于提高团队的整体能力。团队成员内部竞争，有一定的激发作用，这来源于团队成员之间的心理欲望，但是要控制好这种欲望，避免团队成员之间因其个人英雄主义而影响团队的整体战斗能力。

（三）团队协作能力的培养

1. 平等友善

与同学相处的第一步便是平等。同学之间相处具有相近性、长期性、固定性，彼此都有较全面深刻的了解。要特别注意的是，只有真诚相待才可以赢得同学的信任。信任是联结同学友谊的纽带，真诚是同学相处共事的基础。即使你各方面都很优秀，即使你认为以自己一个人的力量就能完成眼前的工作，也不要显得太张狂。要知道还有以后，以后你并不一定能完成一切，还是要平等友善地对待对方。

2. 谦虚谨慎

法国哲学家罗西法古曾说过："如果你要得到仇人，就表现得比你的仇人优越；如果你要得到朋友，就要让你的朋友表现得比你优越。"当我们让朋友觉得他们更优越时，他们就会有一种被肯定的感觉；但是当我们表现得比他们优越时，他们就会产生一种自卑感，甚至对我们产生敌视情绪。因为谁都在自觉不自觉地强烈维护着自己的形象和尊严。所以，对自己的优势要轻描淡写地对待，要学会谦虚谨慎，只有这样，我们才会永远受到别人的欢迎。

3. 善于交流

同在一个班级学习，你与同学之间会存在某些差异，知识、能力、经历造成你们对待和处理工作时，会产生不同的想法。交流是协调的开始，把自己的想法说出来听对方的想法，你要经常说这样一句话："你看这事该怎么办，我想听听你的看法。"

4. 接受批评

从批评中寻找积极成分。如果有人对你的错误大加抨击，即使带有强烈的感情色彩，也不要与之争论不休，而是从积极方面来理解他的抨击。这样，不但对你改正错误有所帮助，也会避免语言敌对场面的出现。

5. 化解矛盾

一般而言，与同学有点小想法、小摩擦、小隔阂是很正常的事。但千万不要把这种"小不快"演变成"大对立"，甚至演变为敌对关系。对别人的行动和成就表示真正的关心是一种表达尊重与欣赏的方式，也是化敌为友的纽带。

6. 创造能力

一加一大于二，但你应该让它大得更多。培养自己的创造能力，不要安于现状，试着发掘自己的潜力。一个表现不凡的人，除了能保持与人合作以外，还需要使所有人乐意与他合作。

总之，作为一名大学生，应该有良好的思想感情、学识修养、道德品质、处事态度、举止风度，做到坦诚而不轻率，谨慎而不拘泥，活泼而不轻浮，豪爽而不粗俗。只有这样，才可以和其他同学融洽相处，提高自己的团队作战能力。只有把自己完全融入团体之中，才能凭借团队的力量，完成个人不能单独完成的任务。

【思考题】

1. 如何面对大学生活所遇到的挫折和考验？
2. 结合自己所学专业和拟从事的职业，谈一下应该如何践行职业道德。
3. 什么是自主学习？如何培养自主学习能力？
4. 大学生综合素质需要在课堂学习和实践锻炼中共同来塑造，你对此将如何规划？

【本章小结】

大学生综合素质的提高是高等教育的重点和难点，其中思想道德素质是培养合格的大学生的基本素质，大学生思想道德素养应以中国特色社会主义理论来引导学生树立正确的世界观、人生观和价值观。

良好的身心素质是指身体与心理协调发展的和谐状态，包括了身体和心理双层含义，良好的身体素质是学习和生活的基础，心理素质是大学生自身成长和发展的内在需要，是全面素质发展的心理内在机制和动力。大学生在校园应重视身心素质健康和谐发展。

能力素质是潜藏在人身上的一种能动力，包括工作能力、组织能力、决策能力、应变能力和创新能力等素质，是影响青年成长的一种智能要素，其中人际交往能力、学习能力、情绪管理能力、团队协作能力等与大学生自我成长息息相关。

【延伸阅读】

大医精诚

张湛曰："夫经方之难精，由来尚矣。"今病有内同而外异，亦有内异而外同，故五藏六腑之盈虚，血脉荣卫之通塞，固非耳目之所察，必先诊候以审之。而寸口关尺，有浮沉弦紧之乱；俞穴流注，有高下浅深之差；肌肤筋骨，有厚薄刚柔之异。唯用心精微者，始可与言于此矣。今以至精至微之事，求之于至粗至浅之思，其不殆哉！若盈而益之，虚而损之，通而彻之，塞而壅之，寒而冷之，热而温之，是重加其疾，而望其生，吾见其死矣。故医方卜筮，艺能之难精者也，既非神授，何以得其幽微？世有愚者，读方三年，便谓天下无病可治；及治病三年，乃知天下无方可用。故学者必须博极医源，精勤不倦，不得道听途说，而言医道已了，深自误哉！

凡大医治病，必当安神定志，无欲无求，先发大慈恻隐之心，誓愿普救含灵之苦。若有疾厄来求救者，不得问其贵贱贫富，长幼妍媸，怨亲善友，华夷愚智，普同一等，皆如至亲之想，亦不得瞻前顾后，自虑吉凶，护惜身命。见彼苦恼，若己有之，深心凄怆，勿避崄巇、昼夜、寒暑、饥渴、疲劳，一心赴救，无作功夫形迹之心。如此可为苍生大医，反此则是含灵巨贼。自古名贤治病，多用生命以济危急，虽曰贱畜贵人，至于爱命，人畜一也。损彼益己，物情同患，况于人乎！夫杀生求生，去生更远。吾今此方所以不用生命为药者，良由此也。其虻虫、水蛭之属，市有先死者，则市而用之，不在此例。只如鸡卵一物，以其混沌未分，必有大段要急之处，不得已隐忍而用之。能不用者，斯为大哲，亦所不及也。其有患疮痍、下痢，臭秽不可瞻视，人所恶见者，但发惭愧凄怜忧恤之意，不得起一念蒂芥之心，是吾之志也。

夫大医之体，欲得澄神内视，望之俨然，宽裕汪汪，不皎不昧。省病诊疾，至意深心，详察形候，纤毫勿失，处判针药，无得参差。虽曰病宜速救，要须临事不惑，唯当审谛覃思，不得于性命之上，率尔自逞俊快，邀射名誉，甚不仁矣！又到病家，纵绮罗满目，勿左右顾眄，丝竹凑耳，无得似有所娱，珍羞迭荐，食如无味，醽醁兼陈，看有若无。所以尔者，夫一人向隅，满堂不乐，而况病人苦楚，不离斯须，而医者安然欢娱，傲然自得，兹乃人神之所共耻，至人之所不为，斯盖医之本意也。

夫为医之法，不得多语调笑，谈谑喧哗，道说是非，议论人物，炫耀声名，訾毁诸医，自矜己德，偶然治差一病，则昂头戴面，而有自许之貌，谓天下无双，此医人之膏肓也。

所以医人不得恃己所长，专心经略财物，但作救苦之心，于冥运道中，自感多福者耳。又不得以彼富贵，处以珍贵之药，令彼难求，自炫功能，谅非忠恕之道。志存救济，故亦曲碎论之，学者不可耻言之鄙俚也。

（资料来源：孙思邈《备急千金要方》）

第六章 自我探索

学习目标

通过本章学习，学生认识到自我探索在职业生涯规划中的重要意义，了解自我探索的一些基本理论，掌握自我探索的基本方法，明确职业能力提升的基本路径，学会逐步深入地探索自己的性格、兴趣、职业价值观，在清晰的自我认知基础上，逐步明晰自己的职业规划。

"认识你自己。"这是刻在希腊德尔菲阿波罗神殿正面墙上的题词。法国的思想家蒙田也说过："世界上最重要的事情就是认识自我。"但认识自己又是非常困难的。在这个世界上，"我"具有多面性，有生理的我、心理的我、社会的我，有显性的自己，还有隐形的自己也不知道的自己。正确认识自己不容易，但也只有认识了自己，才能更有效更主动地理解自己、尊重自己、发展自己。

自我探索是职业规划的基础，也是能否获得可行的规划方案的前提。建立在没有自我探索、自我评估基础上的职业规划，犹如水中月、镜中花，既不现实，也缺乏可操作性。

第一节　性格与职业发展

性格决定着职业发展的长远，各种职业的不同，决定了它对从业者性格的不同要求。性格并无好坏之分，但性格类型与职业类型的匹配关系却决定了职业的成功与否。性格若能与工作相匹配，工作中更能得心应手、轻松愉快、富有成就。反之则会不适应、困难重重，给个人的发展造成影响。

一、性格概述

（一）性格的含义

性格是一个人对现实的稳定态度和习惯化了的行为方式，是一个人个性的核心成分。性格一经形成就比较稳定，并会在不同的情景下表现出来。但这种稳定并不是一成不变的，性格还具有很大的可塑性。一个人生活环境的重大变化，也会带来性格特征的显著变化。

（二）性格的结构

从静态来看，性格可以分解为态度特征、意志特征、情绪特征和理性特征四个组成部分。

1. 性格的态度特征

性格的态度特征主要是指一个人如何处理社会各方面的关系的心理特征，即他对社会、集体、工作、劳动、他人以及自己态度的心理特征。

2. 性格的意志特征

性格的意志特征是指一个人对自己的行为自觉地进行调节的特征。按照意志的品质，良好的意志特征是有远大理想、行动有计划、独立自主、不受别人左右、果断、勇敢、坚忍不拔、持之以恒、自制力强。

3. 性格的情绪特征

性格的情绪特征是指一个人的情绪对他活动的影响，以及他对自己情绪的控制能力。

4. 性格的理智特征

性格的理智特征是指一个人在认知活动中的心理特征。比如在感知方面，人有被动感知性、快速感知性和精确感知性；在记忆方面，有人擅长直观形象记忆，有人擅长逻辑关系记忆。

性格的几个方面特征并不是相互分离的，而是彼此关联、相互制约，有机地组成一个整体的。一般来说，性格的态度特征是性格的核心，因为态度直接表现出了一个人对事物所持有的比较恒常的倾向，同时它也决定了性格的其他特征。

二、性格与职业选择

每个人都是独一无二的，世界上没有一无是处的性格，性格可能使人处理一些事情时得心应手、游刃有余，但处理另一些事情时却手足无措、困难重重。性格也没有好坏之分，但性格类型与职业类型的匹配度，却决定了事业的成功与否。所以了解自己的性格特点是进行职业生涯规划、选择未来职业的一个重要环节。

一个人的性格会影响到职业的适应性。职业岗位与自身的性格相符，一个人的潜力就会源源不断地被挖掘，就容易做出成就；反之，则可能导致其原有才能的浪费，或者必须付出更大的努力才能成功。在职业发展上，用人单位越来越看重性格。用人单位越来越认识到，一个人的能力不足，可通过培训提高，但如果一个人的性格与职业或岗位不吻合，要改变起来，就困难重重。

认识自己的性格，有利于反省自己，提高自己的性格修养，更好地适应职业发展。每个人的性格都有积极和消极两个方面，根据木桶原理，一个木桶中水平的高低取决于短板，我们要积极认识自己的性格，发挥性格优势的一面，也要勇于完善性格中制约个人发展的一面。

三、性格探索的工具

由于人的性格的复杂性，对于性格的分类，不同的心理学家有不同的分类标准和分类方法。本书介绍常见的几种性格类型分类方法。

（一）卡特尔 16PF

美国心理学家卡特尔将人的性格分为 16 种独立的因素，并将这 16 种因素归为高分数和低分数两类，其特征如表 6－1 所示：

表 6－1　16PF 性格因素及特点

性格因素	低分者特点	高分者特点
乐群性	缄默、孤独	乐群、外向
聪慧性	迟钝、学识浅薄	聪明、富有才识
稳定性	情绪激动	情绪稳定
恃强性	谦虚、顺从	好强、固执
兴奋性	严肃、认真	轻松、兴奋
有恒性	苟且、敷衍	有恒心、负责
敢为性	畏惧、退缩	冒险、敢为
敏感性	理智、着重实际	敏感、感情用事
怀疑性	信赖、随和	怀疑、刚愎
幻想性	现实、合乎常规	幻想、狂放、任性
世故性	坦白、真率、天真	精明能干、世故
忧虑性	安详、沉着	忧虑忧郁、烦恼自扰
实验性	保守、传统	自由、激进
独立性	依赖、随群附众	自立、当机立断
自律性	矛盾冲突、不顾大体	知己知彼、自律严谨
紧张性	心平气和、闲散宁静	紧张困扰、激动挣扎

卡特尔通过 187 道题目对这 16 种因素进行问卷测量，最后用统计的方法将被测对象的每题得分换算成标准分，得出被测对象的性格轮廓。

这种测试方法在我国被广泛应用，有许多企业在招聘笔试时也使用这种方法测试应聘者的心理特征。

（二）九种典型职业性格

我国教育学和心理学研究人员根据我国的实际情况，将职业性格总结为九种基本类型。其特点及典型职业如表 6－2 所示：

表 6-2 性格类型与职业匹配

性格类型	性格特征	典型职业
变化型	在新的和意外的活动中感到愉快，喜欢有变化的和多样的工作，善于转移注意力。	记者、推销员、演员等
重复型	适合连续从事同样的工作，按固定的计划和进度办事，喜欢重复的、有规律的、标准的工作。	纺织、机械、印刷工、电影放映员等
服从型	愿意配合别人或按别人指示办事，不愿意自己独立做出决策，承担责任。	办公室职员、秘书、翻译等
独立型	喜欢计划自己的活动，指导别人的活动或对未来的事情做出决定，在独立负责的工作经过中感到愉快。	管理人员、律师、警察、侦查人员等
协作型	在与人协同工作时感到愉快，善于引导别人并想得到同事们的喜欢。	社会工作者、咨询人员等
劝服型	通过谈话或写作等使别人同意自己的观点，对别人的反应有较强的判断力，善于影响别人的态度和观点。	辅导员、行政人员、宣传员、作家等
机智型	在紧张和危险的情况下能自我控制、沉着应付，发生意外和差错时不慌不忙地出色完成任务。	驾驶员、飞行员、消防员、救生员等
自我表现型	喜欢表现出自己的爱好和个性，根据自己的情感做出选择，通过自己的工作表现自己的思想。	演员、诗人、音乐家、画家等
严谨型	注重工作过程的各个环节及细节的精确性，愿意按照一套规划和步骤将工作尽可能做得完美，倾向于严格、努力地工作，以看到自己出色完成工作的效果。	会计、出纳、统计员、打字员、图书管理员等

（三）MBTI 性格类型测试

1. MBTI 介绍

MBTI 理论来源于瑞士心理学家荣格(Carl Gustav Jung)有关直觉、判断和人格态度的观点。荣格从心理结构的角度对个性进行研究，其理论后来又经过了美国心理学家凯瑟琳·布里格斯(Katharine Briggs)和她的女儿伊莎贝尔·布里格斯·迈尔斯(Iasbel Briggs Myers)母女加工整理，加入了判断性、理解性两个新的维度，从而形成简明使用的“荣格—迈尔斯的个性说”(MBTI)。

MBTI 是当今世界上应用最广泛的性格测试工具，有较高的信度和效度。它已被翻译成近 20 种世界主要语言，每年的使用者多达 200 多万，被广泛运用在了解自我、组织发展、团队建设、管理与领导培训、婚姻辅导、职业发展和指导、问题解决、人际关系咨询、教育与课程发展等领域。

2. MBTI 的四个维度

MBTI 用于衡量个人类型偏好，或称作倾向。所谓偏好，是一种天生的倾向性，是一种特定的行为和思考方式。这些偏好没有好坏的区别，却形成了人与人之间的不同。MBTI 用四个维度偏好二分法来评估一个人的类型偏好，每个维度偏好二分法均由两级组成。四个维度分别是：外倾(E)或内倾(I)、感觉(S)或直觉(N)、思考(T)或情感(F)、判断(J)或感知(P)。见表 6－3 所示。

表 6－3 MBTI 四个维度及其特点

四个维度	各维度倾向	各维度特点
外倾/内倾(E/I) 能量倾向：更喜欢将注意力集中于何处？从何处获得活力？	外倾 extroversion(E)	注意力和能量主要指向外部世界的人和事，从与人交往和行动中得到活力。
	内倾 Introversion(I)	注意力和能量集中于自己的内心世界，从对思想、回忆和情感的反思中得到活力。
感觉/直觉(S/N) 接受信息：如何获取信息？	感觉 sensing (S)	用五官来获取信息。喜欢收集实实在在的、确实已出现的信息。对于周围所发生的事件观察细微，特别关注现实。
	直觉 intuition(N)	通过想象、无意识等超越感觉的方式来获取信息。喜欢看整个事件的全貌，关注现实之间的关联。想要抓住事件的模式，特别善于看到新的可能性。
思考/情感(T/F) 处理信息：如何做决定的？	思考 thinking(T)	通过分析某一行动或选择的逻辑后果来做决定。会将自己从情境中分离出来，对事件的正反两方面进行客观地分析。从分析和确认事件中的错误及解决问题中获得活力。目标是要找到一个能应用于所有相似情境的标准或原则。
	情感 feeling(F)	喜欢考虑对自己和他人来说什么是重要的。会在头脑中将自己放在情境所牵涉的所有人的位置上并试图理解别人的感受，然后在此基础上根据自己的价值判断做出决定。从对他人表示赞赏和支持中获得活力。目标是创造和谐的氛围，把每一个人都当作一个独特的个体来对待。
判断/知觉(J/P) 行动方式： 如何与外部 世界打交道？	判断 judging(J)	喜欢将事情管理得井井有条，过一种有计划的、井然有序的生活。喜欢做出决定，完成后继续下面的工作。生活通常会比较有规划、有秩序，喜欢把事情敲定下来。照计划和日程安排办事对他们来说很重要。从完成任务中获得能量。
	知觉 perceiving(P)	喜欢以一种灵活、自发的方式生活，更愿意去体验和理解生活而不是去控制它。详细的计划或最后的决定会使他们感到被束缚。愿意对新的信息和选择保持开放，直到最后一分钟。足智多谋、善于调节自己适应当前场合的需要，并从中获得能量。

3. 16 种 MBTI 类型

在 MBTI 测评结果中，每个维度上一个人只能是一种偏好，但不是仅从单个的维度了解自己或理解他人。人的性格是复杂的，各个维度之间会互相影响，所以不要绝对地看某一维度，正确地认识和理解一个人的方法是将四个维度结合起来。四个维度的两级组合而形成 16 种人格类型，这 16 种性格类型都有其职业的匹配，具体测量方法及其对应职业可参考《MBTI 性格类型自测量表》，大家可以据此了解自己的职业倾向。

四、如何看待职业类型测验

知道自己的性格类型，可以帮助了解职业倾向。但要注意以下问题：

职业倾向的描述都是从大的类别描述的，从中理解自己的职业倾向时，请不要陷入类别名称的描述，而更重要的是要看到这一类别工作的特点。因为在现实的工作世界中，工作名称千变万化，即使相同名称的职位也可能因不同公司而要求相异，所以，只有知晓适合自己性格类型的工作特点才能灵活选择。

每个人将来或者现在从事的职业也不是都完全符合自己的性格特点，可能会受到现实因素的制约。不是说从事与自己的职业性格倾向不相符的工作就不能获得成功，其中除去个人价值观、职业技能、职业兴趣的影响之外，个人后天的主观努力也是至关重要的。就像我们知道的，习惯用右手的人，用左手一样可以写下自己的名字，只是可能会多花些时间和精力。

性格类型适合的职业倾向有无好坏？职业类型只有不同，没有好坏，更没有对错。每种类型都是独特的，都有适合自己发挥的环境。认识自己的性格类型，是让自己更好地了解自己，更清晰地理解自己的行为特点，根据自己的特点学习、解决问题；同时理解自己和周围同学、朋友的区别，接受这种不同。世界上没有百分之百适合某种职业的需求，也没有百分之百不适合某种职业的性格，懂得利用自己性格的长处，整合周围的资源，才是学习职业性格的目的。

认识到性格的差异性，了解自己和周围人的区别，对学习工作中的人际交往帮助是非常大的，对工作中的团队建设、矛盾冲突解决、时间管理、压力缓解等也是至关重要的。例如，一个感知性的人对于一个直觉性的伙伴，需要尽可能清晰、简练地去表达观点；而直觉性的则需要把握一些必要的细节。

第二节　兴趣与职业选择

兴趣是最好的老师。球王贝利曾说："我热爱足球，足球就是我的生命。"正是足球给他带来无穷的乐趣、荣誉和财富。在职业选择时要考虑自己的兴趣，从事自己喜欢的职业可以带来满足感、成就感和无穷的力量。

一、兴趣概述

（一）兴趣的含义

兴趣是一个人力求认识某种事物或爱好某种活动的心理倾向，或者说是人们积极探究某种事物的认识倾向。

兴趣是在需要的基础上产生的，在生活中发生发展起来的。人的需要是多种多样的，一种需要满足之后，还会产生新的需要，兴趣也会随着需要的变换而变化。

（二）兴趣的发展阶段

古人云："学之者不如好之者，好之者不如乐之者。"这里的"好"与"乐"就是兴趣的程度不同。兴趣的发生发展一般经历这样一个过程：有趣—乐趣—志趣。有趣是兴趣的低级阶段，常与某人对某一事物的新奇感相联系。乐趣是在有趣的基础上定向发展而成，比较稳定、专一和深入。志趣是兴趣的高级阶段，当人的爱好和社会责任、理想结合起来时，他就会为之奋斗。

二、兴趣与职业选择

兴趣是最好的老师，是成功的重要推动力。调查表明：兴趣与成功概率有着明显的正相关性。

（一）兴趣是职业选择的重要依据

兴趣是最好的老师，是一种强大的精神力量。兴趣可以使人集中精力获得自己所喜欢的职业知识，启迪智慧并创造性地开展工作。

（二）兴趣可以提高人的工作效率，充分发挥人的才能

一个人对某一方面工作有兴趣，枯燥的工作会变得丰富多彩，趣味无穷。有研究表明：如果人从事自己感兴趣的职业，则能发挥它全部才能的80%～90%，而且长时间保持高效率而不感到疲惫；而对所从事工作没有兴趣，则只能发挥他全部才能的20%～30%。

（三）兴趣是保证职业稳定、职场成功的重要因素

在其他条件相似的情况下，从事自己所感兴趣的职业不但让人感到满意，而且能够让其工作单位感到满意，并由此导致工作的长期性和稳定性。

有大量的研究表明，兴趣和工作满意度、职业稳定性和职业成就感之间存在着明显的关联，因此，在选择职业时，有必要将兴趣作为一项重要的因素考虑进去，做到工作和个人兴趣的适度统一是非常幸福的。当然，由于受到兴趣的广泛性和很多现实情况的影响，并不是所有的兴趣都应该或能够在自己的职业中得到满足。兴趣也可以通过兼职、志愿活动、社团活动、业余爱好等多种方式来实现。

三、兴趣的测量工具

（一）根据《加拿大职业分类词典》，职业兴趣10种类型分类（见表6-4）：

表6-4　职业兴趣类型分类

兴趣类型	特　点	适合的职业岗位
喜欢与事物打交道	喜欢与事物打交道，不喜欢与人交往。	制图、勘测、工程技术、建筑、机械制造、出纳、会计等。
喜欢与人接触	喜欢与人交往，对销售、采访、传递信息一类的活动感兴趣。	记者、推销员、服务员、教师、行政管理人员、外交联络员等。
喜欢干有规律的事情	喜欢常规的、有规律性的活动，习惯于在预先安排的程序下工作。	邮件分类、图书管理、档案管理、办公室工作、打字、统计等。
喜欢从事社会福利和助人的工作	乐意帮助别人，试图改善他人的状况，帮助别人排忧解难。	律师、咨询人员、科技推广人员、医生、护士等。
喜欢做领导和组织工作	喜欢掌管一些事情，希望受到众人尊敬和获得声望，他们在企业事业单位中起着重要的作用。	各级各类组织领导管理者，如行政人员、企业管理干部、学校领导和辅导员等。
喜欢研究人的行为	对人的行为举止和心理状态感兴趣，喜欢谈论人的问题。	研究人、管理人的工作，如心理学、政治学、人类学、人力资源管理、思想政治教育等研究工作以及教育、行为管理工作。
喜欢从事科学技术工作	对分析的、推理的、测试的活动感兴趣，擅长理论分析，喜欢独立地解决问题，也喜欢通过实验得到新发现。	生物、化学、工程学、物理学、地质学等科学研究工作。
喜欢抽象的和创造性的工作	对需要想象和创造的工作感兴趣，大都喜欢独立工作，对自己的学识和才能颇为自信。乐于解决抽象问题，而且急于了解周围世界。	科学研究工作和实验室工作，如社会调查、经济分析、各类科学研究、化验、新产品开发等。
喜欢操作机器的技术工作	对运用一定技术，操作各种机械，制造新产品或完成其他事物感兴趣。他们喜欢使用工具，特别是喜欢大型的、马力强的先进的机器，喜欢具体的东西。	飞行员、驾驶员、机械制造、建筑、石油、煤炭开采等。
喜欢具体的工作	希望能很快看到自己的工作成果，愿意从事制作能看得见、摸得着的产品的工作，并从完成的产品中得到满足。	室内装饰、园林、美容、理发、手工制作、机械维修、厨师等。

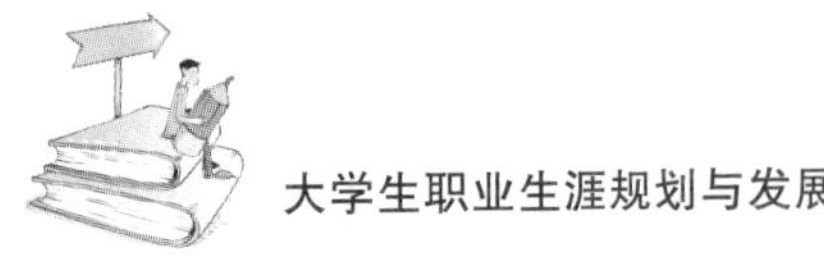

（二）霍兰德6种职业兴趣类型

1. 兴趣岛活动

你获得了一次免费度假游的机会，有机会去下列六个岛屿中的一个。唯一的要求是你必须要在这个岛上待满至少半年的时间。请认真阅读各个岛屿的介绍。

R岛：自然原始的岛屿。岛上保留有热带的原始植物，自然生态保持得很好，也有相当规模的动物园、植物园、水族馆。岛上居民以手工见长，自己种植花果蔬菜、修缮房屋、打造器物、制作工具。

S岛：温暖友善的岛屿。岛上居民个性温和，十分友善，乐于助人，社区均自成一个密切互动的服务网络，人们多互助合作，重视教育，弦歌不辍，充满人文气息。

I岛：深思冥想的岛屿。岛上人迹较少，建筑物多僻处一隅，平畴绿野，适合夜观星象。岛上有多处天文馆、科博馆以及科学图书馆等。岛上居民喜好沉思，追求真知，喜欢和来自各地的哲学家、科学家、心理学家交换心得。

E岛：显赫富庶的岛屿。岛上的居民热情豪爽，善于企业经营和贸易。岛上的经济高度发达，处处是高级饭店、俱乐部、高尔夫球场。来往者多是企业家、经理人、政治家、律师等，衣香鬓影，夜夜笙歌。

A岛：美丽浪漫的岛屿。岛上充满了美术馆、音乐厅，弥漫着浓厚的艺术文化气息。同时，当地的原住民还保留了传统的舞蹈、音乐与绘画，许多文艺界的朋友都喜欢来这里找寻灵感。

C岛：现代、井然的岛屿。岛上建筑十分现代化，是进步的都市形态，以完善的户政管理、地政管理、金融管理见长。岛民个性冷静保守，处事有条不紊，善于组织规划。

不要考虑其他因素，仅凭自己的兴趣按一、二、三的顺序挑出你最想前往的3个岛屿。

我最想前往的三个岛屿：____

这6个岛屿实际上代表着霍兰德提出的6种职业兴趣类型。通过这个活动可以对6种职业兴趣类型有所了解。

2. 霍兰德的兴趣类型理论

霍兰德生涯理论认为，人的特质可以归纳为6种类型，即现实型、研究型、艺术型、社会型、企业家型、传统型；工作性质也相应分为6种类型。人们都尽量寻找那些能运用自己的技术、体现自身价值和能在其中扮演令自己愉快角色的职业。

霍兰德生涯理论的六角形模型可以帮助我们对人格特质类型与职业环境类型之间的适配性进行评估。例如一个社会型人格特质占主导地位的人在一个社会型职业环境中工作会感到乐趣和内在满足，最有可能充分发挥自己的才能。但个人又有着广泛的适应能力，社会型人格类型在某种程度上相近于企业家型、艺术型另外两种人格类型，则也能适应另两种职业类型的工作。也就是说，某些类型之间存在着较多的相关性。但一个社会型和现实型处于相对位置，相似性最低。如果社会型的人，让他在一个现实型的工作环境中工作，他可能就会感到不舒服，因为这两种类型具有不同的特点。因此在现实生活中，人们要尽量选择与自我兴趣类型匹配的职业环境，这样可以最好地发挥个人的潜能。

四、职业兴趣探索需要注意的问题

（一）职业兴趣测验结果要理性看待，不可盲目贴标签，束缚自己

兴趣测评的结果不能被解释为“哪种职业适合我”，只能说是根据测评的常模样本，拥有某种兴趣特征的人通常会更多选择某种类型的职业，并且在该类职业中得到愉悦和满足。同一种职业在不同的机构内其性质和工作内容有很大的不同，所以要具体情况具体分析，做职业兴趣测试的目的是增进对自我及工作世界的认识，拓宽其在职业前景上的思路，为未来职业发展提供方向性的指导，而不是限定自己。因此切忌局限于测试结果所建议的职业，盲目地给自己的职业类型贴标签，约束自己的发展。

在对待兴趣测验结果上，要有积极的态度。根据克朗伯兹等人的观点，兴趣是个人后天学习（此处的“学习”是广义的学习，指的是个人在成长经历中学会的东西）的结果。因此，不要把兴趣测验的结果当作一个固定的结论，而应当将其作为对以往学习经验的总结和对未来发展的指导。

职业兴趣测验也有其局限性，受被测者自己认识、价值观、能力、心态等的影响，测评结果会有出入。因此，大学生要树立这样一种观念：做职业兴趣测评，重要的不是得出某个确定的职业结果，而是以兴趣类型作为自己探索和定位的参考依据。

（二）职业兴趣探索过程是一个循环往复、不断深入和调整的过程

对自己职业兴趣的认识和把握不是单纯地做兴趣测验，做些有关兴趣探索的练习和活动就能完成的。尽管这些是必要的，但因为职业兴趣本身也在发展变化，而且很多隐性兴趣潜藏在内心是不容易被发现的，需要大家耐心探索、积极思考、逐步深入。

另外，对某一职业感兴趣，需要建立在对这种职业的真正了解的基础上。因此，要想深入探索职业兴趣，还需要积极地认识外部世界和职业环境，并掌握一些方法和技巧，参加一些必要的社会实践，更深入地体会职业要求。

（三）兴趣探索是自我探索的重要内容，但也只是其中的一个部分

它可以为职业选择提供依据，但也仅仅是一个参考。要想对自我有一个全面的认识，还需要对个体性格、技能、价值观等各方面进行全面深入的探索。职业选择也不能仅从兴趣出发。也不是所有的兴趣都应该或能够在自己的职业中得到满足，当现实生活实在无法将它发展成自己的职业，而自己又不愿意放弃时，可以考虑将它发展成一种兼职或爱好等。关键是做到工作与生活之间的协调与平衡，以及工作与个人爱好的适度统一。

第三节　职业能力提升

职业能力在职业生涯规划中起着重要的作用。正确认识职业能力尤其是迁移技能和自我管理技能，能让大学生正确认识自我、树立自信，而这些在求职和职业发展中也具有重要的意义。

一、能力

（一）能力含义

能力，是完成一定活动的本领，包括完成一定活动的具体方式，以及顺利完成一定活动所必需的心理特征。同时，能力也是一个人能否进入职业、能否胜任工作的前提和主要条件。任何一种职业都要求从业者必须具备相应的能力，而且能力的强弱直接决定了工作效率的高低。能力在一个人的职业选择和职业发展中扮演着重要的角色。能力是在生理素质的基础上，经过教育与培养，并在实践活动中吸取他人的经验智慧而发展来的。能力通过实践活动获得提高，已成为大多数人的共识。

（二）能力模型

能力素质模型（Competency Model）也称为胜任力模型，是指担任某一特定的任务角色所需要具备的能力素质的总和。它是由美国著名的组织行为研究者大卫·麦克利兰（David McClelland）提出“能力素质”概念之后逐步发展起来的。麦克利兰将能力素质（Competency）界定为：能明确区分在特定工作岗位和组织环境中杰出绩效水平和一般绩效水平的个人特征。分五个层次：知识（Knowledge）、技能（Skill）、自我概念（Self－Concept）、特质（Traits）、动机（Motives）。

二、职业能力

（一）职业能力含义

职业能力，即从事职业活动所必须具备的本领，它是成功地进行职业活动所必须具备的知识、技能、态度和个性心理特征的整合。

职业能力与人的职业活动相联系，并表现在人的职业活动中。可见职业能力就是个体从事职业活动的能力。个体具有某种职业能力，就能够顺利地完成某种职业活动，而且职业能力的大小决定着职业活动效率的高低。

职业能力是一个系统，各种职业能力类型是构建这个系统不可缺少的要素，他们彼此之间既相互独立，又相互作用，共同构成了个体胜任某种职业所必须具备的本领。

要注意的是，并不是人的能力就是职业能力。能力包括职业能力，只有对职业发展有影响的能力才可以成为职业能力。所以，大学生在分析自己时，就要将能力和职业联系起来思考。因为会发生你拼命塑造的能力并不能转换为职业能力的事情，比如你努力地练习打篮球，但是如果你从事的工作与肢体协调发挥能力并不怎么相关的话，那么这个能力就不是职业能力，对于日后职业发展是起不到多大帮助作用的。

（二）职业能力分类

1. 特定能力、通用能力和核心能力

1998 年，国家劳动和社会保障部部级课题“国家技能振兴战略”首次把人的能力分成三个层次：职业特定能力、行业通用能力以及核心能力。

这个基于职业分类的能力结构划分认为：在每一个具体的职业、工种和岗位上都会存在着一定数量的特定能力，从总量上看，它们是最大的，但是从适用范围看，它们又是最狭窄的。对每一个领域或行业来说，存在着一定数量的通用能力，从数量上看，它们比职业特定技能显然少得多，但是它们的适用范围涵盖整个行业领域。而就更大范围而言，还存在着少量从事任何职业或行业工作都需要的、具有普遍适用性的技能，这就是核心能力。

通用能力是对每一个领域或行业来说，共同适用的功能模块。通用能力与核心能力的应用范围，要远宽于职业特定技能，它们是相同或相近职业群中体现出来的，具有共性的技能和知识要求。因此，它们往往是人们职业生涯中更重要的、最基本的技能，也具有更普遍的适用性和更广泛的迁移性。开发和培养人们的通用能力与核心能力，才能为他们提供更广泛的终身从业和可持续发展的能力基础，其影响和意义极其深远。

2. 一般职业能力和职业技能

我国学者钟谷兰、杨开将职业能力按照获得的方式(先天具有和后天培养)分为“一般职业能力”和“职业技能”两大类。

(1) 一般职业能力

一般职业能力又称为普通能力，这是大多数活动所共同需要的能力，也是人所共有的基本的、通用的能力。一般职业能力往往和认识活动紧密联系在一起，应用能力、空间判断能力、形体知觉能力、颜色分辨能力、想象能力、思维能力等都是一般能力。它是与生俱来的，不过也有可能未被发现而荒芜。

一般职业能力的综合体就是我们通常所说的智力。心理学中常用智商(IQ)来衡量人的智商高低，通常把人的智力分为以下几个层次(见表 6-5)：

表 6-5　智力分类

智商	类别
140 以上	天才
120—140	智力非常优秀
110—120	智力优秀
90—110	智力平常
80—90	智力偏低
70—80	智力缺陷
70 以下	低能

美国哈佛大学教授、发展心理学家加德纳提出了多元智力论。他认为，智力是多元的，人类至少有七种不同的智力：言语—语言智力、逻辑—数理智力、视觉—空间智力、音乐—节奏智力、身体—动觉智力、交往—交流智力和自知—自省智力。这七种智力在个人的智力结构中处于同等重要的位置，每个人都拥有这七种智力，但由于它们不同的组合方式，使得每个人的智力各具特色。这也告诉我们，每个人都是独特的，不存在谁更聪明的问题，只存在哪方面更聪明的问题。由于智力是人在学习、生活、工作中不可缺少的、必备的能力，智力的高低决定了人们活动效率的高低，而且不同的职业对人智力的要求是不同的，所以应该充分挖掘属于个人的独特的天赋，天生我材必有用，每个人都可以很出色。

(2) 职业技能

职业能力是指通过后天学习和不断训练而形成的能力，是人们从事工作的专门的技术能力，如管理能力、沟通能力等。

职业心理学家辛迪·尼法恩和理查德·鲍尔斯将职业技能分为三种基本类型：专业知识技能（内容性技能）、可迁移技能（功能性技能或通用性机能）和自我管理技能（适应性技能）。

在现实生活中，个人的职业能力水平通常是由一般职业能力和职业技能两方面决定的。一个人的成功，既有他先天良好的个人身心素质的原因，也有他后天刻苦勤奋的技能学习。但我们要注意不能将两者混为一谈，像管理能力、沟通能力等，主要来自后天的锻炼，而不是觉得自身不具备这方面的天赋就觉得自己不行。许多人际交往能力欠缺的人，多数是因为他们过于重视学习成绩而忽略了其他技能培养造成的。在以后的工作学习中，他们可以通过学习、看书、实践等方法加强自己这方面的能力。

因此，职业技能既是招聘者关注的重点，更是大学生努力培养的重点，也是本节课探讨的重点。

第一，专业知识技能。是指通过教育学习和培训才能获得的知识或能力，也就是个人所学的科目、所懂的知识。比如语文知识、历史知识、自然知识、电子知识等，他们最显著的特点就是需要有意识的、特殊的学习训练才能获得。

专业知识技能是不可以迁移的，除了课堂学习外，还可以通过诸如自学、实践等方法获得。现在是知识经济时代，信息知识日新月异，变化很快，我们所掌握的知识技能在经过一段时间后或许会过时，所以我们要不断探索、学习新的知识，以适应社会的需求。

第二，可迁移技能。也就是一个人能做、会做的事，比如教学、组织、说服、设计、考察、分析、搜索，等等。它们可以从生活中的方方面面，特别是工作之外得到发展，可以迁移应用于不同的工作之中。它可以不受时间、地域、行业的限制，可以在工作和生活中广泛应用。

例如，学生会要组织一场迎新晚会，要协调人员分工、安排志愿者、排练节目、寻找赞助及协调时间场地等事情，就要用到组织、沟通、商讨、解决实际问题等能力。由于在工作生活中或多或少都会用到可迁移技能，因此，可迁移技能也被称为通用技能。可迁移技能是职业知识技能之外的基本技能，适用于各种职业，伴随人终身的可持续发展。

第三，自我管理技能。指个体依靠主观能动性，按照社会目标，有意识、有目的地对自己的思想、行为进行转化控制的能力。通常被看作个性品质而非技能，因为它被用来描述或说明人具有的某些特征，因而自我管理技能是有别于一个人与其他人的特质，代表一个人如何在工作生活环境中不断地调整自己，建设性地应对周围的环境，因此，常被称为“适应性机能”。

自我管理技能包含自我评估、自我完善、自我管理三部分内容。可以通过与人沟通、交流和自省探索获得。

自我管理技能在人的能力结构和学习工作中越来越被看重。在招聘面试中，主考官重点考察的不仅是专业知识技能，还全面考察了应聘人员的自我管理技能，如应变能力、反应能力等。如果一个具有较强专业知识技能的人获得一份工作，同时也具备良好的可

迁移技能和自我管理技能，如良好的人际关系处理能力、沟通能力、团队协作能力，那他在工作和事业中就更容易走向成功。积极的、正能量的自我管理技能有助于人们以一种积极的心态对待自己的工作和生活，更有助于得到他人的认可。

最后，三种技能的综合体现。在招聘启事中企业通常会对应聘者能力提出明确要求。如某医药企业招聘启事对应聘者要求具备医药学专业知识，有责任心，亲和力强，肯吃苦，有较强的沟通能力和学习能力。其中，医药学专业是专业知识能力，沟通学习能力是迁移技能，有责任心、肯吃苦、亲和力体现了自我管理技能。

三种技能中，专业知识技能是基础，是最基本的技能，而可迁移技能和自我管理技能对大学生来说则更为重要，更能体现一个人的发展潜力。因此，对职业技能的探索不能分割开来，需要将三种能力综合起来认识。

三、职业能力与职业生涯规划的关系

（一）职业能力和职业生涯发展的关系

心理学家罗圭斯特与戴维斯提出的明尼苏达工作适应论认为，当工作环境满足个人需求时，个人能达到“内在满意”，当个人能够满足工作的要求，个人会感到“外在满意”。当个人能同时感到内在满意和外在满意时，个人和工作之间关系就比较协调，个人的工作满意度就比较高，工作也比较能够持久。

而对“内在满意”和“外在满意”的指标衡量中，能力都有着很重要的位置。外在满意主要通过个人职业技能和工作技能要求之间的匹配程度进行评估，如个人的独立性、创造性、团队意识等；内在满意主要通过个人价值观和企业文化及奖惩制度的适应性来评价，如个人发展、工作稳定性、收入、晋升等。可见，做自己胜任的工作，发挥个人能力，挖掘个人潜能，通常是个人选择职业时希望能够得到满足的需求。职业能力与个人工作满意度、工作适应性及职业稳定性有着直接的关系。

（二）职业能力对职业的影响

1. 一定的职业能力是胜任某种职业岗位的必要条件

任何一种职业都有相应的职责要求，一定的职业能力则是胜任某一职业岗位的必要条件，直接影响职业生涯的发展。因此，求职者在求职时，一定要明白自己的能力优势及胜任某种岗位的可能性。条件允许的情况下，可以由专业职业指导人员帮助分析，根据求职者的学历状况、职业资格、职业实践等来确定求职者的职业能力，必要时可以通过心理测试作为参考，在基本确定求职者的职业能力和发展的可能性的基础上帮助求职者进行职业选择。

2. 职业实践和教育培训是职业能力发展的前提

(1) 职业实践促进职业能力的发展。职业能力是在实践的基础上得到发展和提高的，一个人长期从事某一专业劳动，能促使人的能力向高度专业化发展。例如，计算机文字录入人员，随着工作的熟练和经验的积累，录入的速度会越来越快，准确性也会越来越高。个体的职业能力只有在实际工作中才能不断得到发展、提高和强化。

(2) 教育培训促进职业能力的提高。个体职业能力的提高除了在实践中磨炼和提高

之外，最有效的途径就是接受教育和培训。像我们所熟悉的职业教育、专科教育、大学本科教育、研究生教育等，学生通过对有关知识和技能的掌握，对以后更好地胜任本职工作会有极大的帮助。

(3) 职业能力、职业发展与职业创造间的关系。职业能力是人的发展和创造的基础。前面讲到能力是成功地完成某种任务或胜任工作的必不可少的基本因素，没有能力或能力低下，就难以达到工作岗位的要求，不能胜任。个体的职业能力越强，各种能力越是综合发展，就越能促进人在职业活动中的创造和发展，就越能取得较好的工作绩效和业绩，也就越能给个人带来职业成就感。

（三）用人单位重视的职业能力

用人单位对招聘者的要求通常包含了他们的教育背景、经验和态度等综合素质。有些职业需要知识或证书，但大部分职业并不要求有什么特殊的知识技能，而需要的是一些较为普遍的、一般性的技能和素质(即可迁移技能和自我管理技能)。

《中国大学生就业》刊登的由 2015 年中国大学生就业状况调查课题组提供的《2015 年中国大学生就业状况调查报告》显示，大学生认为最应该具备的，同时也是用人单位看重的职业能力主要是专业的知识基础、沟通能力、团队合作能力等。北京青年压力管理服务中心联手腾讯网教育频道推出的《2016 中国大学生就业压力调查报告》指出，用人单位与社会所看重的基本素质有沟通能力、专业技能、道德修养、组织能力、独立能力、协作能力、进取心、刻苦精神与工作热情等。2016 年，南开大学就业指导中心发布的《南开大学(2011—2015 届)毕业生职业发展状况调研报告》的数据显示，参与调查的毕业生中，半年内适应工作岗位的人数占总数的 85.68%。在职场生涯中，团队合作能力、沟通协调能力、心理素质等可迁移能力，相比专业知识更被用人单位看重。

四、职业能力的提升

（一）在社会实践中体验

实践是培养能力的重要途径。丰富的社会实践是指导人们发展、成才的基础。大学生大部分时间都是在校园里接受教育，接触社会的时间有限，所以珍惜每一次教学实习和社会实践活动机会，将自己所学的专业知识、所掌握的专业技能与实践紧密结合起来，检验自己在校学习的专业知识是否实用、是否够用，所掌握的专业技能是否能满足工作岗位的需要，进而更好地了解社会、了解职业、了解自我，培养对所从事职业的自豪感、责任感和幸福感。

大学生在用人单位要积极参加实践，在单位内感受企业文化，了解员工的敬业精神，反复体验工作规程，掌握操作技能；要参与采访杰出校友、成功人士，以借鉴他们的成功经验，获得更好的经验和社会信息；要开展社会调研，根据大学生的需要和对社会、经济、人文环境的了解，带着问题走向社会，开展调查，了解一个地区的经济、政治和文化环境；要分析本专业以往毕业生的就业流向，及时获取用人单位对毕业生使用情况的反馈信息。

（二）在社团组织中锻炼

社团组织作为大学文化的一种有效载体，是第一课堂的补充和延伸，是大学生“自我教育、自我管理、自我服务”的有效途径。随着高等教育的发展,大学生社团越来越成为素质拓展的重要平台。

大学生社团类型多种多样,有学术类、技能类、文体类、社科类和服务类等。因其组织的自发性、结构松散性、发展动态性、目标趋同性、内容广泛性、类型多样性等特点,非常符合当代大学生的特质,使大学生能够在宽松、有趣的环境中培养责任感和团队意识,提高专业技术水平,锻炼社交能力,提升心理素质,这些正是职业发展的必要元素。同学们可以结合自己的兴趣、爱好参加相关社团,或参与社团组织的校园活动。这既丰富了自己的大学生活,又锻炼了自身能力,是一件十分有意义的事情。提醒大家的是,要妥善处理好专业学习和社团活动的关系,不要因过分投入社团工作或活动而影响到正常的学习。

(三)在日常生活中培养

职业能力的形成是一个系统工程,方方面面的培养都要从日常生活中做起,形成一定的自觉性和习惯性。良好的习惯是一个人终身受用的资本,不良习惯则是人生旅途的羁绊。大学生在职业能力的准备过程中,要从培养自己的良好习惯入手,从小事做起,规范自己的言行举止。例如,在和同学朋友的日常交往中,约定的聚会,要按时出席;承诺的任务,要力争完成;借别人的款项、物品,要如期归还;平时尊重师长,关心同学,待人有礼貌,体现出良好的修养。南开大学的体系创建人张伯苓订立的《容止格言》要求学生“面必净,发必理,衣必整,纽必结;头容正,肩容平,胸容宽,背容直。气象:勿傲、勿暴、勿怠;颜色:宜和、宜静、宜庄”。从而形成整洁得体、积极向上的仪容仪表以及平和、宽容的处世态度,引导学生注意修身养性,完善自身的道德情操,在日常生活中加以注意,持之以恒,会有助于形成良好的职业道德和礼仪修养,最终会内化为大学生职业竞争力的重要组成部分。

(四)培育良好的心理素质

近年来,在我们大学生身边经常发生一些难以置信的事情:马加爵一怒之下砍死自己的室友,起因竟是打牌这样的小事。几句争执、一场误解便上演了一出震惊全国的恶性杀人案件;大学生自杀、虐待动物事件也时有发生。在现实生活中,面对升学的压力和父母的期望,无数学子承受着巨大的心理压力,却没有受到社会的重视,因此才有了“马加爵”,“涌现”出为数众多的高分低能者。大学生不仅承担着建设祖国的重任,更是社会的中流砥柱,他们的素质体现着一个社会综合素质的高低。而当代大学生在求学期间,只注重专业知识、忽视心理素质的建设,使一些人在面对困惑或逆境时,总是表现出一脸的茫然,影响到自己的择业选择。因此,大学生在求学过程中应注意提高心理素质,尤其是在日常生活中锻炼自己坚韧不拔的性格;在求职中,充分了解就业信息,沉着、冷静地应对所遇到的困难,用积极的心态扫除成功路上的障碍,直至胜利的彼岸。

(五)参考未来职业要求

职业能力不是单一的能力,是多种素质的综合,即综合素质、综合能力。所以要在大学期间培养综合能力。而综合能力包含很多方面的能力,对每个人而言,有侧重地培养自己的技能就显得尤为重要。如何充分挖掘和培养个人职业能力,明确职业目标,参考未来职业的需求就显得非常有意义,因为我们的下一站是职场,我们所做的一切是为未来职场做准备。

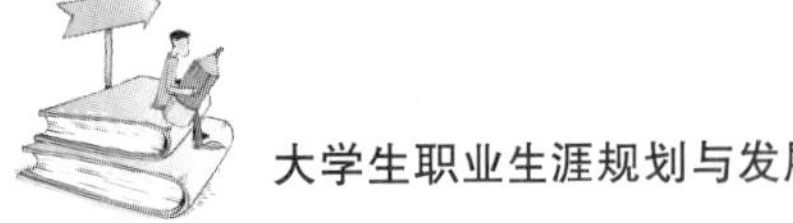

这就要求我们尽可能早地树立职业规划，明确职业目标，进而了解目标职业的要求，当然，不一定是一个职业目标，也可以有备选目标，了解职业需求，评估自身能力，并制订相应提升计划，缩短差距，不要到大四找工作时才发现自身存在的种种不足。所以，大学期间的学习绝不仅仅是专业知识技能的学习，找到"需要学习什么"也很重要，根据职场要求，提高职场适应力，为求职做好准备。

第四节　职业价值观探索

职业价值观在人们的职业选择和职业发展中起着重要的甚至是决定性的作用，因此我们应当重视对自我职业价值观的探索，主动培养完善自己的职业价值观，为自己的职业生涯规划打下扎实的基础。

一、价值观

（一）价值观的含义

价值观是指一个人对周围客观事物（包括人、事、物）的意义、重要性的总体评价，是对"什么是好的"、"什么是坏的"的总体看法，是世界观的重要组成部分，是各种行为的行动规范，影响到社会生活中各个方面。不管什么时候，当你说某样东西或某件事对你很重要或对你意义重大时，你就是在陈述自己的价值观。

价值观是我们工作生活中所重视的原则、标准或品质。价值观是一种内心尺度，它主导着整个人生发展的过程，支配着人的行为、态度，支配着人认识世界、认识自我、自我定向、自我设计等。它指向我们一生中最重要的东西，是个体行为背后的深层动机，是我们心灵深处的召唤，为人们自认为正当的行为提供充足的理由。

价值观是后天形成的，是通过社会化培养起来的。一个人的价值观是从出生开始，在家庭和社会的影响下逐步形成的。家庭、学校等群体对个人价值观念的形成起着关键的作用，对社会环境也有重要的影响。个人价值观有一个形成的过程，是随着知识的增长和生活经验的积累逐步确立的。个人的价值观一旦确立，便具有相对的稳定性，会形成一定的价值取向和行为定势。但就社会和群体而言，由于人员的更替和环境的变化，社会或群体的价值观是不断变化着的。传统的价值观念会不断受到新价值观念的挑战，这就是价值冲突的结果，总的趋势是前者逐步让位于后者。价值观的变化是社会改革的前提，也是社会改革的必然结果。

价值观使人的行为带有稳定的倾向性。价值观是人用于区别好坏、分辨是非及其重要性的心理倾向体系。像这种对诸事物的看法和评价在心目中的主次、轻重的排列顺序，就是价值体系。价值观和价值体系是决定人的行为的心理基础。

（二）价值观的特征

1. 价值观是因人而异的

由于每个人的先天条件和后天环境不同，人生经历也不一样，价值观的形成也会受到不同因素的影响，因此，每个人都有自己的价值观和价值体系。

2. 价值观是相对稳定的

价值观是人们思想认识的深层基础,它随着人们知识能力的增长、经验的积累逐步形成,因此,人们的价值观一旦形成,便具有相对稳定性。

3. 价值观在特定的环境下又是可以改变的

个人由于所处的生涯阶段、社会环境的不同,需求会发生变化,从而导致价值观发生变化,原有的价值观念就有可能被改变甚至颠覆,被新的价值观所取代。

二、职业价值观

(一) 职业价值观含义

职业价值观是价值观在所从事的职业上的体现,是人们对待职业的一种信念和态度,或者是在职业生涯中表现出来的一种价值取向。理想、信念、世界观对于职业的影响,集中体现在职业价值观上。

俗话说“人各有志”,这个“志”表现在职业选择上就是职业价值观,它是一种具有明确的目的性、自觉性和坚定性的职业选择的态度和行为,对一个人职业目标和择业动机起着决定性的作用。

由于个人的身心条件、年龄阅历、教育状况、家庭影响、兴趣爱好等方面的差异,人们对各种职业有着不同的主观评价。从社会来讲,由于社会分工的发展和生产力水平的相对落后,各种职业在劳动性质的内容上,在劳动难度和强度上,在劳动条件和待遇上,在所有制形式和稳定性等诸多问题上,都存在着差别。再加上传统的思想观念等的影响,各类职业在人们心目中的声望地位便也有好坏高低之见,这些评价形成了人的各具特征的职业价值观,并影响着人们对就业方向和具体职业岗位的选择。

每种职业都有各自的特性,不同的人对职业意义的认识,对职业好坏有不同的评价和取向,这就是职业价值观。职业价值观决定了人们的职业期望,影响着人们对职业方向和职业目标的选择,决定着人们就业后的工作态度和劳动绩效水平,从而决定了人们的职业发展情况。哪个职业好?哪个岗位适合自己?从事某一项具体工作的目的是什么?这些问题都是职业价值观的具体表现。因此,认真分析和了解个人的职业价值观,对正确开展职业生涯规划有着重要的意义。

(二) 职业价值观的类型

我国职业专家通过大量的调查,从人们的理想、信念和世界观角度把职业分为九大类。并将个人适合的职业类型与之相对应。

1. 自由型(非工资工作者型)

特点:不受别人指使,凭自己的能力拥有自己的小“城堡”,不愿受人干涉,想充分施展本领。相应职业类型:室内装饰专家、图书管理专家、摄影师、音乐教师、作家、演员、记者、诗人、作曲家、编剧、雕刻家、漫画家等。

2. 经济型(经理型)

特点:他们断然认为世界上的各种关系都建立在金钱的基础上,包括人与人之间的关系,甚至父母与子女之间的爱也带有金钱的烙印。这种类型的人确信,金钱可以买到世界

上所有的幸福。相应职业类型:各种职业中都有这种类型的人,商人为甚。

3. 支配型(权力型)

特点:相当于组织的一把手,喜欢支配他人、指挥他人,并以此为乐。相应职业类型:进货员、商品批发员、旅馆经理、饭店经理、广告宣传员、调度员、律师、政治家、零售商等。

4. 小康型

特点:追求虚荣,优越感也很强。很渴望能有社会地位和名誉,希望常常受到众人尊敬。欲望得不到满足时,由于过于强烈的自我意识,有时反而很自卑。相应职业类型:记账员、会计、银行出纳、法庭速记员、成本估算员、税务员、核算员、打字员、办公室职员、统计员、计算机操作员等。

5. 自我实现型

特点:不关心平常的幸福,一心一意想发挥个性,追求真理。不考虑收入、地位及他人对自己的看法,尽力挖掘自己的潜力,施展自己的本领,并视此为有意义的生活。相应职业类型:气象学者、生物学者、天文学家、药剂师、动物学者、化学家、科学报刊编辑、地质学家、植物学者、物理学者、数学家、实验员、科研人员等。

6. 志愿型

特点:富于同情心,把他人的痛苦视为自己的痛苦,不愿干表面上哗众取宠的事,把默默地帮助不幸的人视为无比快乐。相应职业类型:社会学者、导游、福利机构工作者、咨询人员、社会工作者、社会科学教师、护士等。

7. 技术型

特点:性格沉稳,做事组织严密、井井有条,并且对未来充满平常心态。相应职业类型:木匠、农民、工程师、飞机机械师、野生动物专家、自动化技师、机械工、电工、火车司机、公共汽车司机、机械制图等。

8. 合作型

特点:人际关系较好,认为朋友是最大的财富。相应职业类型:公关人员、推销人员、秘书等。

9. 享受型

特点:喜欢安逸的生活,不愿从事任何挑战性的工作。相应职业类型:无固定职业类型。

(三)确定职业价值观时应处理好几个关系

1. 处理好职业价值观与金钱的关系

金钱是一种成就的报酬,它是在确定职业价值观时首先要面对的问题。有些经济条件不太好的大学毕业生在求职时,将金钱作为首选价值观,从根本上讲这并没什么错。但是对于一些人来说,拥有的知识、能力、经验和阅历还不足以使其一走上社会就获得大量金钱回报。怀有一夜暴富的心理是不正常的,更是危险的,容易被社会上的不法分子利用,甚至误入歧途。特别是面对严峻的就业形势,更应理性地降低对金钱的期望值,把眼光放远一些,应尽可能地将自我成长和自我实现作为在毕业求职时的首选价值观。

2. 处理好职业价值观与个人兴趣和特长的关系

职业价值观、个人兴趣和特长是人们在择业时需要考虑的最重要的三个因素。在确定价值观时，一定要考虑它是否与自己的兴趣和特长相适应。据调查，如果一个人从事自己不喜欢的工作，有80%的人难以在他选择的职业上成功；而如果选择了自己喜欢的工作则可以充分调动人的潜能，获得职业发展的原动力。此外，选择一项自己擅长的工作，也会事半功倍。

3. 处理好职业价值观的排序与取舍的问题

职业价值观的特性决定人们不会只有唯一的职业价值观，人性的本能也会驱使人们希望什么都能得到，但在现实生活中“鱼和熊掌是不可兼得的”。然而在职业选择中，人们却不能理性对待。既然是选择，就要付出代价，只有舍，才能得。所以，要对自己的职业价值观进行排序，找出你认为最重要、次重要的方面，并提醒自己不可能什么都得到。否则就会患得患失，终其一生也不清楚自己到底想要什么，更谈不上职业生涯的成功和对社会的贡献了。

4. 处理好职业价值观中个人与社会的关系

人不能离开社会而独立存在，个人只有在工作中为社会做贡献才能实现自己的职业价值。当然我们并不是说要忽略择业中的个人因素，只去尽社会责任，这样不但不利于个人，也是社会的损失。例如，让一个富于科学创造力、不善言辞的学者去从事普通的教师工作，可能使国家损失一项重大的发明，而社会不过多了一个也许并不出色的老师。因此，我们反对只为个人考虑、毫不考虑国家和社会需要的职业价值观。

5. 处理好淡泊名利与追逐名利的关系

当一个人有了名利才有资格去谈淡泊，没有名利说淡泊那叫“吃不到葡萄说葡萄酸”。名利是人的欲望使然，欲望可以使人成就大的事业，也可使人自我毁灭。以合理、合法、公正、公平的方式追名逐利在一定程度上对个人对社会都会有益，但它需要一定的度，该知足时则知足，该进取时则进取。

三、职业价值观探索

（一）职业价值观分析

在为自己做职业生涯规划之前，一定要清楚和明确自己的价值观和职业价值观。价值观和职业价值观决定了哪些因素对你是重要的，哪些是不重要的；哪些是你优先考虑和选择的，哪些不是。

对自己的职业价值观进行分析时，可以参照学者们所提出的价值观类型，看自己到底属于哪一种。其实，我们可以把不同职业价值观的内容加以归结，根据他们所体现的主要方面，来确定自己的职业价值观中主要的因素是什么。张再生教授把这些因素总结为三类，并认为职业价值观的分析可以从以下三个方面展开：

1. 发展因素

包括符合兴趣爱好、机会均等、公平竞争、工作有挑战性、能发挥自身才能、工作自主性大、能提供培训机会、晋升机会多、专业对口、发展空间大、出国机会多，等等，这些职业

要素都与个人发展有关,因此称之为发展因素。

2. 保健因素

包括工资高、福利好、保险全、职业稳定、工作环境舒适、交通便捷、生活方便,等等,这些职业要素与福利待遇和生活有关,因此称之为保健因素。

3. 声望因素

包括单位知名度、单位规模和权力大、行政级别和社会地位高,等等,这些职业要素都与职业声望地位有关,因此称之为声望因素。职业价值观是一个复杂的多维度的心理因素,对职业的选择和衡量有多种要素的参与,但各要素所起的作用是不同的。从当前的实际来看,许多调查显示,大学生的职业价值观越来越重视发展因素,而对保健因素和声望因素的重视程度则因人而异,差别较大。

在职业价值分析和测定过程中,个人必须处理好职业价值观不同要素之间的关系,并根据不同时期、不同情况明确自己的职业核心需求,以便合理制定自己的职业生涯规划和相关策略。

(二) 真实价值观澄清

价值观的澄清由三个阶段、七个步骤组成,即选择:包括自由选择;从不同角度选择;经过考虑后选择;珍视:包括重视和珍惜自己的选择;公开表明自己的选择;行动:包括根据自己的选择采取行动;重复施行。具体说明如下:

1. 选择:确认自己真正的价值观

(1) 它是你自由选择的,没有来自任何人或任何方面的压力吗?

(2) 它是你从众多的价值选项中挑选出来的吗?

(3) 它是你在思考了所做选择的结果后被挑选出来的吗?

2. 珍视:欣赏接纳自己的价值观

(4) 你是否珍爱你的价值观,或者为你的选择感到自豪?

(5) 你愿意向他人公开你的价值观吗?

3. 行动:按照价值观行事

(6) 你的行动是否与你的选择的价值观一致?

(7)你是否始终如一地根据你的价值观来行动?

(三) 职业价值观探索

1. 正式评估

职业价值观的心理测评目前使用较多的是宁维卫 1990 年修订的舒伯编制的《职业价值量表》和凌文辁根据文献编制的大学生职业价值观量表。于海波等(2001)使用句子完成测验法研究高校师生的职业价值观,根据贡献、自我发展、人际关系、物质、威望、家庭六个因素编制了五个条件假设句,采用“如果……那么……”的形式为被试者创设某种假设情景,以了解其职业价值观。

2. 非正式评估

(1) 价值排队法

价值排队就是在自己认为有价值的多样事物中,根据你自己认为的重要性为他们排名次，并说出这样排的原因。人们在日常生活中常常遇到这种必须作选择的情境。排队法就是为人们提供这种选择的机会，使大家通过对各种情况的衡量比较，分出优先次序，从而进一步明了各种事物的价位，并且公开表示自己的选择。

（2）生活馅饼法

把自己生活中所有内容当作一个馅饼（圆圈），然后根据自己生活中各项内容所占比例的大小和多少，将馅饼分割。例如，用大圆圈表示一天 24 小时，然后按照各项活动诸如睡眠、玩、做作业、看电视、吃饭、做家务、独自活动、与父母聊天或其他活动所占的时间，并按照各项活动所占时间的多少分割圆圈。生活馅饼的主要作用是个人对自己的生活做客观、具体、系统的分析和检查，使他们的生活朝着更为理想的方向发展。

（3）展示自我法

展示自我法是提供给人们一个自由发言的机会，让他把和自己有关的事情讲给大家听，借此机会公开和珍惜自己的价值。

（4）价值拍卖

价值拍卖法按如下要求进行：

① 分组，15—20 人一组。

② 拍卖规则：

每人手中有 10000 元的虚拟货币，它是你们一生的时间、精力和财力的总和，在你考虑自我需要等多方面因素后，对所看重的拍卖品分别进行投资。但你们相互之间不可以借钱，也不可以转卖拍品；

每一件拍品均有底价，拍卖时要在底价的基础上加价，每次加的价格必须是 100 的整数倍，价高者得。如拍品的最高出价喊价 3 次后无人加价则成交；

若一次出价为 10000 元，则立即成交。如同时有若干人同时出价 10000 元，则该拍卖品归最先喊出的某人；

拍卖商品的清单及底价均告知每个人，但拍品出现的顺序，由拍卖师定；

拍卖商品一经售出，概不退换！

③ 组内讨论：

你是否买到自己认为最重要的价值观项目？1. 如果是，买到时的心情如何？2. 如果不是，则因何故没有买到？没有买到的心情如何？3. 你最想买的项目是什么？其背后隐含的价值观为何？为什么它对你而言那么重要？

有些人什么都没有买到，为什么？

参与拍卖活动时，你的心态如何？1. 你所买的项目是否都是自己喜欢的？还是在赌气或不得已的情况下买的？2. 在拍卖的过程中，你的心情是紧张的？兴奋的？还是……

通过价值拍卖，可以让我们初步了解我们的职业价值观，比如自己最看重的职业属性是什么？同学们最看重的职业价值属性是什么？为什么别人和自己有着相同或不同的职业价值属性取舍？对诸如此类的问题诘问和反思，都会让参与者对自我的探索和觉察逐步深入，进一步反省在实际生活中我们是如何把握和看待职业价值观的，从而对自己的职业价值观倾向会有较为清晰和全面的了解。

附：

价值观拍卖清单

(1) 自信心。自信心可以说是一个人成功的保障,有了自信心我们才有可能克服困难,实现目标。所以自信心在人生当中是非常重要的品质。

(2) 创造力。人类社会之所以能不断进步,创造力起了不可忽视的作用。在科学技术飞速发展的今天,创造力也将越来越重要。

(3) 意志力。顽强的意志力可以使我们百折不挠、勇往直前,它的重要性相信同学们早已明了。

(4) 人格。在这里我们是指健全的人格。一个人只有具备了健全的人格,才有可能宠辱不惊,以坦然的心态面对一切挫折。

(5) 人际关系。良好的人际关系有时能使你的事业如虎添翼,无往而不胜,不知道有多少同学会为了它而付出代价呢?

(6) 诚实。一个人具有了诚实的品质可以说也就具有了让人信赖的一个基本条件。诚实永远是人性当中的闪光点。

(7) 健康。人说"有什么也别有病",由此对于健康的重要性可见一斑。只是不知道同学们愿意花多大的价钱来拥有它呢?

(8) 快乐。快乐一词常被用于人们的祝词当中,诸如"生日快乐"、"节日快乐",等等,凡此种种,可见快乐的重要。也许我们稍后就可以发现快乐在同学们中的地位如何。

(9) 美貌。君不见美容广告铺天盖地,各种名目数不胜数,美貌似乎正被越来越多的商家所利用,被善用的美貌也许真的会助你一臂之力呢。

(10) 财富。古人云"人为财死,鸟为食亡",你觉得呢?

(11) 事业。拥有一份事业是一个人能力的体现。相信不论男女,提到事业都会心动。

(12) 长命百岁。古代的帝王一向有寻找长生不死药的"爱好",时至今日,依然有人孜孜以求,可见它也不坏。

(13) 爱心。因为有了爱心,这个世界才会变得更加温暖和可爱。它的重要性大家自有体会,无须多言。

(14) 友情。人生一世得一知己,夫复何求。友情在我们的心中当然占有一席之地,这"一席"有多大,就看同学们自己的了。

(15) 亲情。浓浓的亲情能让人在寒冬中也觉温暖,同学们可别在失去它之后才来后悔哟。

(16) 爱情。看到这两个字眼,同学们可别不好意思,爱情是人生道路上的一道风景,只要选对了时候去看它,它绝对会让你回味无穷。

(17) 自由。孟德斯鸠说过:"自由,就是做法律所许可的一切事情的权利。"这就是我们所打算拍卖的自由。

(18) 威望。享有威望,受人尊敬,谁不想呢?

(19) 美食。享受一顿天下所有人都想得到的美食,也许确实是一些人的梦想呢。

(20) 智慧。一个充满智慧的人,他的人生会过得很精彩、很丰富。

四、职业价值观应用

(一) 职业价值观与职业生涯规划

职业价值观决定了人们的职业期望,影响着人们对职业方向和职业目标的选择。所以职业价值观在大学生求职择业过程中发挥着重要作用,影响着职业定向、职业决策、求职行为及就业满意度等求职择业的全过程。面对当前较为复杂和严峻的就业形势,大学生毕业后到底何去何从,与国家政策、学校教育、社会环境、家庭影响等多方面因素密切相关。但最终起决定性作用的,还是其自身对职业的内在需求,即职业价值观倾向。澄清自己的职业价值观倾向,进行深入的自省和探索,不断完善和促进自己的职业价值观倾向趋于成熟和稳定,对于大学生毕业后顺利就业意义重大。

同时,职业价值观也影响着人们就业后的职业适应和职业发展。职业生活是人一生之中最为重要的生活内容之一。它不仅是人们赖以生存的手段,还是人们自身价值实现的重要途径,可以说职业既决定了人的物质生活,也在很大程度上决定着人的精神生活。职业价值观不仅影响着人们对不同职业的认识、评价和取舍,还从根本上影响着人们职业适应、职业发展等职业生活的方方面面。因此,作为贯穿于人的整个生命历程的职业价值观,自始至终同人的职业生活和人生幸福息息相关。

(二) 大学生要主动完善自己的职业价值观

当前形势下,大学生要主动完善自己的职业价值观,更快地适应社会需求。通过人格的自我塑造与完善,为职业价值观的养成奠定心理基础;通过专业理论知识、实践操作能力以及人文素养的提升,还会为大学生职业价值观的养成奠定坚实的内在基础;通过参加实习实训、社会调查、公益活动、职场见习、生涯人物访谈、兼职打工等多种实践活动,以及积极有效的职业探索,不断调整和完善自己的职业价值观。

【本章小结】

1. 自我探索是职业规划的基础,也是能否获得可行的规划方案的前提。大学生要积极进行自我探索、自我评估,在清晰的自我认知基础上明晰职业规划。

2. 本节通过介绍职业能力的概念、分类,通过一系列职业能力提升的方法,帮助大学生明确自己所擅长的能力是什么,应该发展和培养哪些职业能力。

3. 本节通过对职业价值观的分析、职业价值观探索方法的研究,帮助大学生初步了解自己的职业价值观,主动培养完善自己的职业价值观。

【思考题】

1. MBTI 职业测评描述的性格特点根本不适合我的专业,我该怎么办?

2. 专业知识技能、可迁移技能和自我管理技能在我们的职业生涯中起着什么作用?你如何去提升这些技能?

3. 你的职业价值观是什么？如何完善你的职业价值观？

4. 写出五件让你感到开心、享受、自豪、不知疲倦的事，而且是自己常常希望从事的活动，也可写自己非常想做，但从未做过的事情。分析这些事情的共同点，思考自己职业兴趣与职业匹配的关系。

【延伸阅读】

在21世纪里，现代企业最需要的不仅仅是个体上优秀，或只拥有某方面特质的"狭义"的人才，而是能够全面适应21世纪竞争需要的，在个人素质、学识和经验、合作与交流、创新与决策等不同方面都拥有足够潜力与修养的"广义"的人才。如果把20世纪企业需要的人才特质与21世纪企业对人才的要求做一个简单的对比，我们大致可以得到下面这张反差强烈的对照表：

20世纪最需要的人才	21世纪最需要的人才
勤奋好学	融会贯通
专注于创新	创新与实践相结合
专才	跨领域的综合性人才
IQ	IQ + EQ + SQ
个人能力	沟通与合作能力
选择热门的工作	从事热爱的工作
纪律、谨慎	积极、乐观

并不是说20世纪强调的诸如勤奋、踏实等人才特质就不再重要，事实上，21世纪对人才的要求同样会以这些最为基本的个体素质和行为规范为基础。只不过，21世纪对人才的要求更全面也更丰富，审视人才的视角也从单一的个体层面转向了融合个体、团队、组织、社会乃至环境等多个维度，涵盖学习、创新、合作、实践等多种因素的立体视角。

无论是对于那些渴望成为栋梁之材的学生，还是对于那些致力于培养优秀、实用人才的大专院校来说，能否使用21世纪的立体视角更全面、更透彻地理解新世纪的人才标准，是我们能否更好地适应21世纪的国际竞争环境，更好地发挥人才优势的必要前提。

融会贯通者：听过的会忘记，看过的会记得，做过的才能真正掌握(Hear and you forget; see and you remember; do and you understand)。

创新实践者：重要的不是创新，而是有用的创新(What matters is not innovation, but useful innovation)。

跨领域融合者：重要的不是深度的解析，而是跨领域的合成(What matters most is not analysis, but synthesis)。

三商皆高者：你的价值不在于你拥有什么，而在于你贡献了什么(Your value is not what you possess, but what you contribute)。

沟通合作者：只会思考而不会表达的人，与不会思考的人没什么两样(The man who can think and does not know how to express what he thinks is at the level of him who cannot think)。

热爱工作者：如果你找到了自己热爱的工作，你就会在一生中享受每一天(If you find a job you love, you will never work a day in your life)。

积极乐观者：半杯水是半满还是半空，主要看你是在倒水入杯还是出杯(The glass is half full or half empty depending on whether you're pouring in or out)。

(资料来源：李开复《给中国大学生的第七封信——21世纪最需要的七种人才》[节选])

第七章 职业世界探索

学习目标

通过本章学习,使学生了解国内外职业的分类方法,能够灵活运用各种认识职业的方法和途径了解职业社会,结合自己的专业和个人特点,初步构建自己的职业世界地图,并对感兴趣的职业(行业)进行环境分析。能够运用职业生涯访谈法对职场人士进行生涯访谈。

对职业世界的探索,是正确且合理地进行职业选择的基础。大学生通过探索职业世界,可以全方位地了解当前职业环境的整体状况、各行各业的现状及发展前景、自己面临的一些就业机会以及自己应该走什么样的职业发展道路,有助于自己在知识结构、能力结构、职业技能以及职业素质等方面进行较早的积累和准备,为毕业后迅速转变为职业人角色打好基础。

第一节 职业分类

职业分类是指以工作性质同一性为主、技能水平相似性为辅为基本原则,运用一定的科学手段,通过对全社会就业人员所从事的各类职业进行分析和研究,按不同的职业性质、活动方式、技术要求及管理范围进行划分和归类的工作过程。

对职业进行分类具有重要意义。职业分类是劳动者求职时根据自身条件首先要考虑的基本方向和范围,对劳动者"按图索骥"找到理想的职业将起到指引作用。职业分类可以帮助用人单位根据不同职业的特点和工作要求,采取相应的录用、调配、考核、培训、奖惩等管理方法,使管理更具针对性。

一、职业分类的基本特征

(一)产业性特征

一个国家,一个社会,就大的方面可以分为三类产业。第一产业包括农业、林业、牧业

和渔业等;第二产业是工业和建筑业,工业中包括采掘业、制造业,等等;第三产业是流通和服务业。在传统农业社会,农业人口比重最大;在工业化社会,工业领域中的职业数量和就业人口显著增加;在科学技术高度发达和经济发展迅速的社会,第三产业职业数量和就业人口显著增加。

（二）行业性特征

行业是根据生产工作单位所生产的物品或提供服务的不同而划分的,行业主要是按企业、事业单位、机关团体和个体从业人员所从事的生产或其他社会经济活动的性质的同一性来分类的。可以说行业展示了人们所在的工作单位的性质。

（三）职位性特征

职位是一定的职权和相应的责任的集合体。职权和责任的统一形成职位的功能,职权和责任是组成职位的两个基本要素;职权相同,责任一致,就是同一职位。在职业分类中的每一种职业都含有职位的特性。比如大学教师这种职业包含有助教、讲师、副教授、教授等职位。再如国家机关公务员包括科级、处级、厅(局)级、省(部)级等职位系列。

（四）组群性特征

无论以何种依据来划分,职业都带有组群特点。如科学研究人员中包含哲学、社会学、经济学、理学、工学、医学等,再如咨询服务职业包括科技咨询工作者、心理咨询工作者、职业咨询工作者等。

（五）时空性特征

随着社会的发展和进步,职业变化迅速,除了弃旧更新外,同一种职业的活动内容和方式也会发生变化,所以职业的分类带有明显的时代性。不同时代有不同的热门职业。我国曾出现过的“当兵热”、“从政热”,后又发展到“下海热”、“外企热”,现在“生物与健康”、“智能装备”、“互联网＋”又成为新的热门职业,这些都反映出特定时期人们对某种职业的热衷程度。

二、我国职业分类

（一）《中华人民共和国职业分类大典》

参照国际标准和方法,1986 年,我国首次颁布了中华人民共和国国家标准《职业分类与代码》(GB6565—86),并启动了编制国家统一职业分类标准的工程。这次颁布的《职业分类与代码》将全国职业分为 8 个大类、63 个中类、303 个小类。1992 年,我国又编制了《中华人民共和国工种分类目录》,这个目录按照生产劳动的性质和工艺技术的特点,将当时我国近万个工种归并为分属 46 个大类的 4 700 多个工种,初步建立起行业齐全、层次分明、内容比较完整、结构比较合理的工种分类体系,为进一步做好职业分类工作奠定了坚实基础。随着社会主义市场经济体制的逐步建立和科学技术的迅猛发展,我国的社会经济领域发生了重大变革,这对人力资源管理提出了新的要求。1999 年 5 月我国正式颁布实施了《中华人民共和国职业分类大典》。

《中华人民共和国职业分类大典》(以下简称《职业大典》)是依据《中华人民共和国劳动法》中关于“国家确定职业分类,对规定的职业制定职业技能标准,实行职业资格证书制度”的规定,于 1999 年编制并正式颁布,2010 年逐步启动了各个行业的修订工作,2015 年 7 月《职业大典》新版(即 2015 年版)颁布。

新版《职业大典》按照以“工作性质同一性为主、技能水平相似性为辅”的分类原则,将我国职业分类体系分为 8 个大类、75 个中类、434 个小类、1481 个职业。与 1999 版相比,2015 年版维持 8 个大类不变,增加 9 个中类、21 个小类,减少 547 个职业(新增 347 个职业,取消 894 个职业)。

新增职业包括“网络与信息安全管理员”、“快递员”、“文化经纪人”、“动车组制修师”、“风电机组制造工”等。取消职业包括“收购员”、“平炉炼钢工”、“凸版和凹版制版工”等。

此外,新版《职业大典》共标示 127 个绿色职业,并统一以“绿色职业”的汉语拼音首字母“L”标识。新版《职业大典》借鉴发达国家经验,结合我国实际,对具有“环保、低碳、循环”特征的职业活动进行研究分析,将部分社会认知度较高、具有显著绿色特征的职业标示为绿色职业,这是我国职业分类的首次尝试。绿色职业旨在注重人类生产生活与生态环境的可持续发展,推动绿色职业发展,促进绿色就业。绿色职业,包括环境监测员、太阳能利用工、轮胎翻修工等。绿色职业活动主要包括:监测、保护与治理、美化生态环境,生产太阳能、风能、生物质能等新能源,提供大运量、高效率交通运力,回收与利用废弃物等领域的生产活动,以及与其相关的以科学研究、技术研发、设计规划等方式提供服务的社会活动。

【延伸阅读】

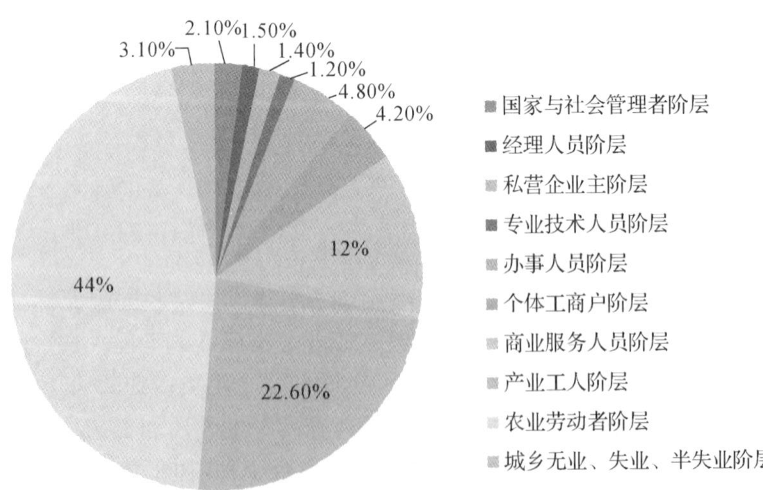

图 7-1　基于职业分类的当代中国十大社会阶层

(资料来源:中国社科院“当代中国社会结构变迁研究”课题组《当代中国社会阶层研究报告》2010 年版)

（二）JobSoSo 职业分类

《国家职业分类大典》是我国职业分类的权威性文献，在我国经济社会发展领域特别是人力资源开发领域具有重要的作用，但也存在更新迟缓、查询不便等不足。国内职业测评公司北京北森公司（Beisen. Inc ）在美国职业信息网站（The Occupational Information Network，简称 O＊NET）职业体系基础上成功开发了 JobSoSo 中文职业信息搜索平台。JobSoSo 将职业分为 22 大类，共 1 000 余种职业。JobSoSo 在最短的时间内已经形成具有中国特色的职业信息分类体系（见表 7－1）。

表 7－1　JobSoSo 的 22 个职业大类

管理人员	传媒、艺术、文体娱乐类	销售及相关职业
商业及金融	医疗专业技术人员	行政及支持人员
计算机和数学分析	医疗卫生辅助服务人员	农、林、畜牧业
建筑、工程技术	安全保卫、消防人员	建筑及冶炼类
科研工作者	食品加工和餐馆服务类	设备安装、维修和保养类
社区及社会服务工作	建筑物、地面清洁及维护	生产人员
法律工作者	个人护理及服务性职业	物流人员
教育、培训及图书管理		

JobSoSo 从某个具体职业的职位名称、职业描述、工作内容、工作环境、职业前景、直属上级、直属下级、合作部门、劳动者教育背景、工作经验、培训认证、薪酬待遇、知名公司、相关职业、榜样人物、该职业对人的核心要求等角度对该职业进行了比较全面的描述，将海量职业信息以易于阅读、理解的方式呈现给求职者，便于他们在较短时间内对该职业有个初步认识。

三、国外职业分类方法

（一）美国国家职业分类

美国的职业分类起源于 1850 年，但只到 1977 年才首次创建了国家职业分类标准（Standard Occupational Classification，简称 SOC）。2010 年，美国劳工部对 SOC 进行了最新一次修订，即美国国家职业分类标准 2010 版。

美国 SOC 标准将社会上的职业按照六位数字进行统一编码，分别代表主群、次群、广泛的职业及具体的职业等四个层级。首两位数字代表主群，第三位数字代表次群，第四和第五位数字代表广泛的职业，第六位代表具体的职业。如：

33－0000　保护性服务行业→主群
33－1000　保护性服务工作者监管者→次群
33－1 010　执法工作者一线主管→广泛的职业
33－10 11　惩教人员一线主管→具体的职业

根据层级划分，美国的职业共分为23个主群，97个次群，461个广泛的职业，840个具体的职业(见表7－2)。美国国家职业分类标准主要体现在美国职业信息网站(The Occupational Information Network，简称O＊NET)的职业信息数据库中。

表7－2　美国2010年职业分类标准主群

代码	名称	代码	名称
11－0000	管理职业	13－0000	业务及财务运作职业
15－0000	计算机及数学职业	17－0000	建筑与工程职业
19－0000	生命、物理及社会科学职业	21－0000	社区和社会服务职业
23－0000	法律职业	25－0000	教育、培训及图书馆职业
27－0000	艺术、设计、娱乐、体育及传媒职业	29－0000	医疗从业人员和技术职业工作者
31－0000	医疗助理职业	33－0000	保护性服务职业
35－0000	食品制作和相关服务职业	37－0000	建筑及场地清洁及维护职业
39－0000	个人护理和服务职业	41－0000	销售及相关职业
43－0000	办公室及行政助理职业	45－0000	农业、林业和渔业职业

(二) 霍兰德RIASEC职业分类法

霍兰德RIASEC职业分类法是美国约翰·霍普金斯大学心理学教授约翰·霍兰德(John Holland)提出的职业兴趣理论的一部分。他认为世界上所有的职业都可以分为六种，即现实型(Realistic)、研究型(Investigative)、艺术型(Artistic)、社会型(Social)、企业家型(Enterprising)和传统型(Conventional)。

(1) 现实型(Realistic) 职业：各类工程技术工作、农业工作；通常需要一定体力，需要运用工具或操作机械。主要职业：工程师、技术员；机械操作、维修安装工人、木工、电工、鞋匠等；司机；测绘员、描图员；农民、牧民、渔民等。

(2) 研究型(Investigative)职业：主要指科学研究和科学实验工作。主要职业：自然科学和社会科学方面的研究人员、专家；化学、冶金、电子、无线电、电视、飞机等方面的工程师、技术人员；飞行驾驶员、计算机操作人员等。

(3) 艺术型(Artistic)职业：主要指各种艺术创造工作。主要职业：音乐、舞蹈、戏剧等方面的演员、艺术家编导、教师；文学、艺术方面的评论员；广播节目的主持人、编辑、作家；绘图、书法、摄影家；艺术、家具、珠宝、房屋装饰等行业的设计师等。

(4) 社会型(Social)职业：主要指各种直接为他人服务的工作，如医疗服务、教育服务、生活服务等。主要职业：教师、保育员、行政人员；医护人员；衣食住行服务行业的经理、管理人员和服务人员；福利人员等。

(5) 企业家型(Enterprising)职业：主要指那些组织与影响他人共同完成组织目标的工作。主要职业：经理企业家、政府官员、商人、行政部门和单位的领导者、管理者。

(6) 传统型(Conventional) 职业：主要指各类文件档案、图书资料、统计报表之类相关的各类科室工作。主要职业：会计、出纳、统计人员；打字员；办公室人员；秘书和文书；

图书管理员；旅游、外贸职员；保管员；邮递员；审计人员；人事职员等。

美国所有的职业都可以按照霍兰德的三个职业类型字母来分类（见图 7－2），如，IAS 型的职业主要有：普通经济学家、农场经济学家、财政经济学家、国际贸易经济学家、实验心理学家、工程心理学家、心理学家、哲学家、内科医生、数学家等。ISA 型的职业主要有：实验心理学家、普通心理学家、发展心理学家、教育心理学家、社会心理学家、临床心理学家、皮肤病学家、精神病学家、妇产科医师、眼科医生、五官科医生、医学实验室技术专家、民航医务人员、护士等。

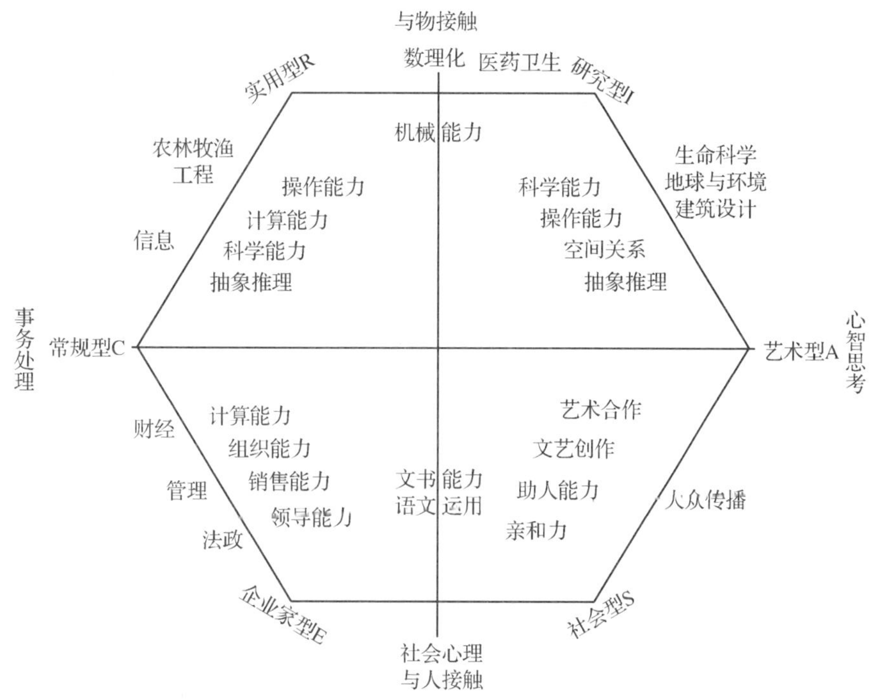

图 7－2　霍兰德 RIASEC 职业分类法

（三）ACT 工作世界地图

ACT 工作世界地图是美国大学考试中心开发出来的一种职业分类办法（见图 7－3）。它把所有的工作都基于与“数据”“观念”“人”“物”四个指标的关联度进行了分类，形成了 12 个工作系列。这些工作系列几乎覆盖了美国所有的工作。尽管每个系列的工作都有它们自己不同的位置，但大多数都接近所给出的某个点。

一个工作系列的位置是基于其与以下四个指标的关联度来分类的：

数据：事实、数字、问卷、计算、商业过程。

观念：觉察、理论，以新的方式表达或做事情——例如，用文字、方程式或音乐。

人：帮助、照顾人们，为他们服务，提供信息，或卖东西给他们。

物：机器、用具、事务、木材、金属等材料。

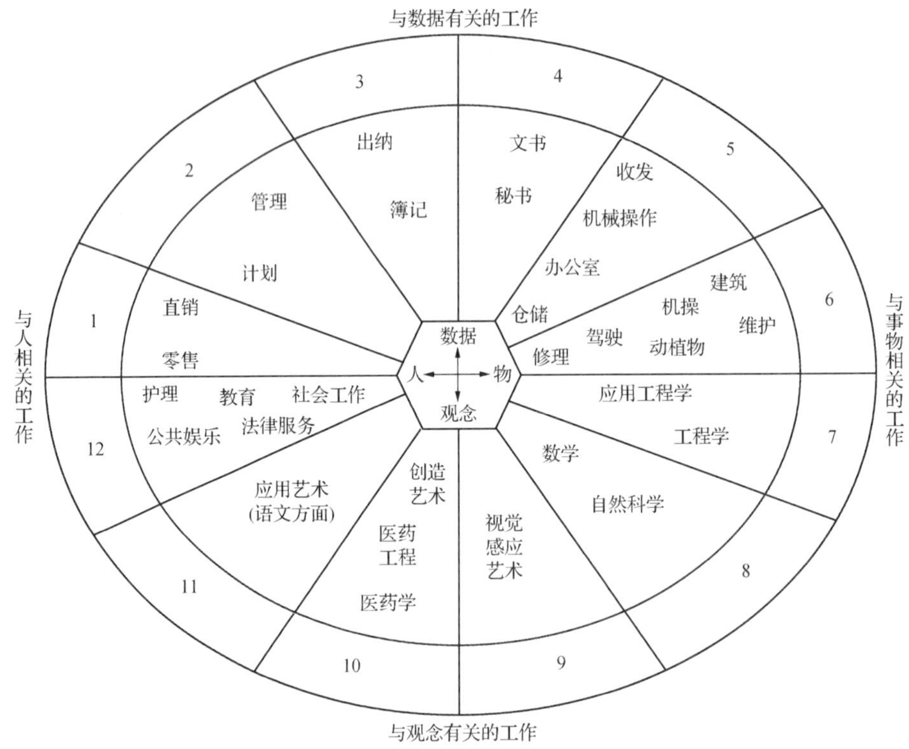

图 7-3 美国 ACT 职业分类图

（四）戴尔·普雷迪格职业工作群

从事“美国大学测试(ACT)”项目的心理学家戴尔·普雷迪格及其同事进一步把职业分成六个工作群和工作类：商务往来、商务操作、技术、艺术、科学和社会服务。每一工作群相关职业如表 7-3 所示。

表 7-3 戴尔·普雷迪格职业工作群

工作类型	相应的工作	工作类型	相应的工作
商务往来	市场营销 计划管理	艺术工作	实用艺术 创造性、表演性艺术
商务操作	记录联络 财务管理 存储发送 电脑操作	科学工作	工程和其他实用技术 医疗专业技术 自然科学 社会科学

续表

工作类型	相应的工作	工作类型	相应的工作
技术工作	交通工具操作维修 建造维修 农业和自然资源 手工艺术 家用、商用设备 工业设备操作	社会服务	医疗保健 教育及相关服务 社会政府服务 个人服务

第二节　职业环境分析

了解职业的基本分类是认知职业的开始，对职业环境的分析则是选择职业的重要参考因素。所谓职业环境，就是某职业在社会大环境中的发展状况、技术含量、社会地位、未来发展趋势等。广义的职业环境分析包括：社会环境分析、行业环境分析、企业环境分析、工作分析等四个部分。

一、社会环境分析

社会环境，又称宏观环境或一般环境，是指影响一切行业和企业的各种宏观力量。对宏观环境因素做分析，不同行业和企业根据自身特点和经营需要，分析的具体内容会有差异，但一般都应对政治（Political）、经济（Economic）、社会（Social）和技术（Technological）这四大类影响企业的主要外部环境因素进行分析，简单而言，称之为 PEST 分析法（见表 7－4）。

（一）政治法律环境

政治法律环境是指对企业生产经营活动具有实际与潜在影响的政治力量和对企业生产经营活动加以限制和要求的法律法规等因素。政治法律环境包括一个国家的社会制度，执政党的性质，政府的方针、政策、法令等。

政治法律环境分析的主要参考变量：执政党性质、政治体制、经济体制、政府的管制、税法的改变、专利数量、专程法的修改、环境保护法、产业政策、投资政策、国防开支水平、政府补贴水平、反垄断法规、与重要大国关系、地区关系、民众参与政治行为、政局稳定状况等。

（二）经济环境

经济环境主要包括宏观和微观两个方面的内容。宏观经济环境主要指一个国家的人口数量及其增长趋势，国民收入、国民生产总值及其变化情况以及通过这些指标能够反映的国民经济发展水平和发展速度。微观经济环境主要指企业所在地区或所服务地区的消费者的收入水平、消费偏好、储蓄情况、就业程度等因素。这些因素直接决定着企业目前及未来的市场大小。

经济环境分析的主要参考变量：GDP 及其增长率、经济转型、贷款的可得性、可支配收入水平、居民消费（储蓄）倾向、利率、通货膨胀率、规模经济、政府预算赤字、消费模式、失业趋势、劳动生产率水平、汇率、证券市场状况、外国经济状况、进出口因素、不同地区和消费群体间的收入差别、价格波动、货币与财政政策等。

（三）社会文化环境

社会文化环境包括一个国家或地区的居民教育程度和文化水平、宗教信仰、风俗习惯、价值观念、审美观点等。文化水平会影响居民的需求层次；宗教信仰和风俗习惯会禁止或抵制某些活动的进行；价值观念会影响居民对组织目标、组织活动以及组织存在本身的认可与否；审美观点则会影响人们对组织活动内容、活动方式以及活动成果的态度。

社会文化环境分析的主要参考变量：生育率，人口结构比例，性别比例，人口出生、死亡率，社会保障计划，人口预期寿命，人均收入，生活方式，平均可支配收入，对政府的信任度，对工作的态度，购买习惯，对道德的关切，储蓄倾向，投资倾向，平均教育状况，对退休的态度，对质量的态度，对闲暇的态度，对服务的态度，对外国人的态度，污染控制，对能源的节约，社会活动项目，社会责任，对职业的态度，对权威的态度，城市、城镇和农村的人口变化，宗教信仰状况等。

（四）技术环境

技术环境是指企业所处的环境中科技要素及与该要素直接相关的各种社会现象的集合，包括国家科技体制、科技政策、科技水平和科技发展趋势等因素。技术环境除了要考察与企业所处领域的活动直接相关的技术手段的发展变化外，还应及时了解：

(1) 国家对科技开发的投资和支持重点；

(2) 该领域技术发展动态和研究开发费用总额；

(3) 技术转移和技术商品化速度；

(4) 专利及其保护情况，等等。

表 7-4 PEST 分析的基本内容

政治法律(P)	经济(E)	社会(S)	技术(T)
环保制度	经济增长	收入分布	政府研究开支
税收政策	利率与货币政策	人口统计、人口增长率与年龄分布	产业技术关注
国际贸易章程与限制	政府开支	劳动力与社会流动性	新型发明与技术发展
合同执行法 消费者保护法	失业政策	生活方式变革	技术转让率
雇用法律	征税	职业与休闲态度 企业家精神	技术更新速度与生命周期
政府组织/态度	汇率	教育	能源利用与成本
竞争规则	通货膨胀率	潮流与风尚	信息技术变革
政治稳定性	商业周期的所处阶段	健康意识、社会福利及安全感	互联网的变革
安全规定	消费者信心	生活条件	移动技术变革

宏观环境的变化，要求企业经营管理者在选择经营战略时必须认真分析政治法律环境、经济环境、社会文化环境、技术环境等因素变化的影响，明确企业自身面临的机遇和危机，以便利用机遇，避免或消除危机。企业只有在把握宏观环境发展变化趋势的基础上顺势而为，才能在专业化经营和多元化发展中做出最佳的决策。

二、行业环境分析

行业是企业构成的群体，它们的产品有着众多相同的属性，它们为争取同一个消费群体而展开激烈竞争。行业环境是企业生存和发展的空间，是与企业关系最为直接、密切的外部环境，直接影响着企业获得利润的多少，是企业进行战略选择的基础。对行业环境进行分析，不仅对企业有重要意义，同时也对具体的从业者了解自己所处的行业大环境很有裨益。

（一）行业环境分析的内容

行业环境分析包括行业的确定、行业历史和发展趋势分析、行业结构分析、行业内企业行为及行业关键成功因素等五个方面的分析。

1. 行业的确定

确定企业经营业务、行业归属。

2. 行业历史和发展趋势分析

了解行业演变过程中存在的机遇、威胁，对行业未来发展趋势进行判断和预测。

3. 行业结构分析

（1）供给结构——厂商集中度、企业间竞争程度、市场占有率、进入壁垒大小；

（2）需求结构——产品差异化和多元化程度、产品需求增长率；

（3）产业链结构——行业内纵向一体程度；

（4）行业结构的变化历史和发展趋势。

4. 行业内企业行为分析

行业内企业历史上和当前的策略、行为，以及应对行业结构变化的反映，尤其是处于同一战略群体中的企业和主要竞争对手的行为是分析的重点。

5. 行业关键成功因素分析

总结出行业内企业实现成功竞争所必须具备的条件。

（二）行业环境分析的方法

行业环境分析主要采用 SCP 分析和行业关键成功要素分析两种方法。

1. SCP 模型分析

SCP 模型（Structure-Conduct-Performance，结构—行为—绩效）模型是由美国哈佛大学产业经济学权威乔·贝恩（Joe S. Bain）、谢勒（Scherer）等人于 20 世纪 30 年代建立的。它是指行业外部经济、政治、技术、文化变迁、消费习惯等因素的变化（即“外部冲击”）对行业的行业结构、企业行为（Conduct）和经营绩效（Performance）的影响（见图 7－4）。

行业结构(Structure),主要是指外部各种环境的变化对企业所在行业可能的影响,包括行业竞争的变化、产品需求的变化、细分市场的变化、营销模型的变化等。企业行为(Conduct)主要是指企业针对外部的冲击和行业结构的变化,有可能采取的应对措施,包括企业方面对相关业务单元的整合、业务的扩张与收缩、营运方式的转变、管理的变革等一系列变动。经营绩效(Performance)指企业在经营利润、产品成本、市场份额等方面的变化趋势。

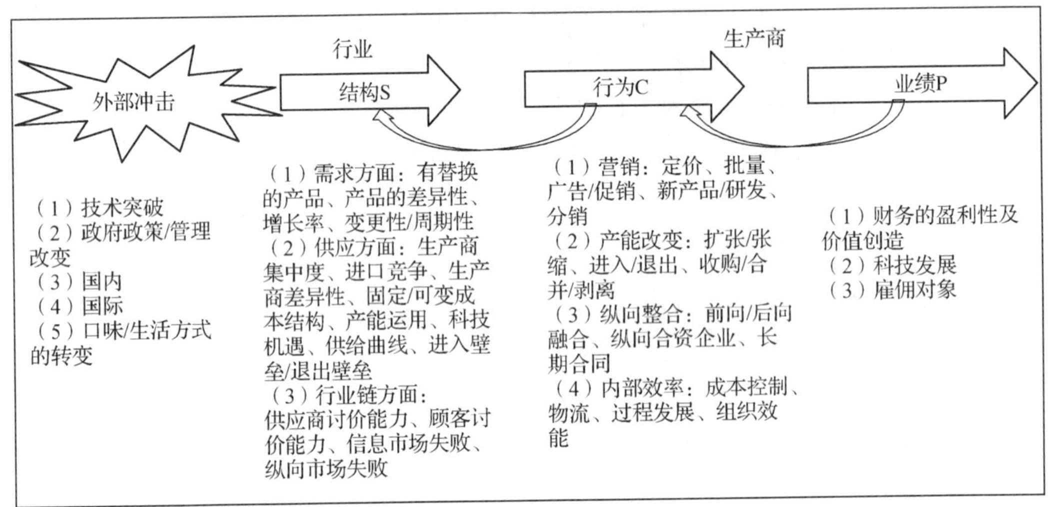

图 7-4　SCP 模型分析

SCP 模型说明,市场结构(Structure)决定企业在市场中的行为(Conduct),而企业行为又决定市场运行在各个方面的经济绩效(Performance)。

2. 行业关键成功要素分析

行业关键成功因素是指那些在行业中占重要地位、对企业竞争力有重大影响的条件、变量或能力等特定因素,如技术因素、制造因素、营销因素、劳动者技能和企业管理水平、分销渠道,以及其他如有利的公司形象和声誉、总成本很低、便利的设施选址、公司的交互亲和力、融资能力、专利保护等因素。

每个企业的资源都是有限的,那些在市场上获得成功的公司并不见得在所有方面都比竞争对手好,而是在对行业竞争有重要影响的一项或几项比对手出色而已,因此,确定行业的关键成功因素有重要的战略意义。

判断关键成功因素的方法有比较法和市场分析法。比较法是将本行业内成功企业与失败企业进行比较,分析差距及造成差距的原因,差别之处就是关键成功因素。市场分析法是运用细分市场的原则分析整个行业市场,找出关键性的市场和具有战略意义的产品进行分析,据此确定关键成功因素。

关键成功因素因行业的不同而不同,甚至在同行业中,也随着行业驱动因素和竞争环境的变化而发生改变。如制造业和服务业、贸易业和高科技行业的关键成功因素是不一样的。

三、企业环境分析

企业环境分析是指通过对影响企业经营的各种内外因素和作用的评估、平衡，以辩证、系统的观点，审时度势，趋利避害，适时采取对策，做出适应环境的动态抉择，以维持企业生存，促进企业发展。企业环境主要分为外部环境和内部环境。外部环境主要是指企业所处的宏观环境，即政治环境、经济环境、技术环境、社会文化环境以及行业环境等。前面章节已经对此进行了较为详细的论述，在此不再赘述。

企业内部环境包括企业的物质环境和文化环境。它反映了企业所拥有的客观物质条件和工作状况以及企业的综合能力，是企业系统运转的内部基础。如果说外部环境给企业提供了可以利用的机会的话，那么内部环境则是抓住和利用这种机会的关键。只有在内外环境都适宜的情况下，企业才能健康发展。

了解企业的内部环境，大致可以从企业成长阶段、企业资源、企业能力、企业文化等四个方面来展开。

（一）企业成长阶段分析

成长阶段分析，即通过了解企业正处于创立、扩张、成熟、整合和蜕变等五个阶段的哪个阶段，根据每个阶段的特点，有针对性地考察其经营战略和目标、组织结构、财务状况、人力资源、企业研发能力、设备状况、产品的市场竞争地位、市场营销能力，等等。

著名财经作家吴晓波指出，如果要判断一家企业是否是一个稳定和成熟的企业，首先要观察的是，它在过去的两到三次经济危机、行业危机中的表现如何，它是怎样渡过成长期中必定会遭遇的陷阱和危机的。如果面对的是一家在几年乃至十几年的经营历程中一帆风顺、从来没有遇到过挫折和失败的企业，那么，要么它是一个上帝格外呵护的异数，要么，它根本就是一个自欺欺人的泡沫。

（二）企业资源分析

企业的任何活动都需要借助一定的资源来进行，企业资源的拥有和利用情况决定其活动的效率和规模。企业资源包括人、财、物、技术、信息等，可分为有形资源和无形资源两大类。

1. 人力资源

包括的各类人员的数量、技术水平、知识结构、能力结构、年龄结构、专业结构以及人员的配备情况和合理使用情况等。

2. 物力资源

包括各种有形资产。物力资源分析就是要研究企业生产经营活动需要的物质条件的拥有情况以及利用程度。

3. 财力资源

财力资源分析包括企业资金的拥有情况、构成情况、筹措渠道和利用情况，具体包括财务管理分析、财务比率分析、经济效益分析等。

4. 技术资源

主要分析企业的技术现状，包括设备和各种工艺装备的水平、测试及计量仪器的水平、技术人员和技术工人的水平及其能级结构等。

5. 信息资源

信息资源包括的内容很多，如各种情报资料、统计数据、规章制度、计划指令，等等。信息资源分析现有信息渠道是否合理、畅通，各种相关信息是否掌握充分，企业组织现状、企业组织及其管理存在的问题及原因等。

（三）企业能力分析

企业能力是指企业有效地利用资源的能力。拥有资源不一定能有效运用，因而企业有效地利用资源的能力就成为企业环境分析的重要因素。

1. 企业能力分析的内容

企业能力内容可分为组织能力、社会能力、产品及营销能力、生产及技术能力、市场开拓能力和管理能力等。不同的能力有不同的分析重点，如产品及营销能力主要是分析产品的发展性、收益性和竞争性，市场营销的现状及潜力等，具体评价内容有产品质量、销售增长率、市场占有率、销售利润率、产品市场潜力等；生产及技术能力分析主要包括生产计划与组织、生产管理能力、生产技术装备水平、物资供应及工艺实施能力、技术开发能力等。

2. 企业核心能力

企业能力按重要程度可分为一般能力和核心能力。

核心能力，是指企业独有的、能为顾客带来特殊效用、使企业在某一市场上长期具有竞争优势的内在能力。企业要形成和保持竞争优势，只拥有一般的资源和能力还不行，必须形成超出竞争对手的特殊技能和能力。它是企业在发展过程中逐渐积累起来的知识、技能及其他资源相结合而形成的一种体系（或者说是一组技能和技术的集合），是企业拥有的最主要的资源或资产。

核心能力可以是技术，如苹果、三星和华为公司的无线通信技术，英特尔公司的芯片制造技术，佳能公司的光学镜片成像技术和微处理技术；也可以是管理和业务流程，如沃尔玛公司的“过站式”物流管理模式，联邦快递公司能保证及时运送的后勤管理，丰田公司的精益生产能力等；还可以是技术、经营、管理等能力的结合，如海尔的技术开发能力、质量保证能力和营销能力所构成的核心能力。核心能力的储备状况决定了企业的经营范围，特别是企业多元化经营的广度和深度。

分析企业核心能力可以从三个方面入手：一是本企业的核心能力是什么？现状如何？二是企业核心能力是否能奠定和维持企业的竞争优势？三是如何开发和培育企业的核心能力。

（四）企业文化分析

企业文化是企业在运行过程中形成的，并为全体成员普遍接受和共同奉行的价值观、

信念、行为准则及具有相应特色的行为方式、物质表现的总称。企业文化是客观存在的。在一个有较长历史的企业内，人们由于面临共同的环境，通过在共同的活动中相互影响，会逐步形成某些相似思想观念和行为模式，表现出独特的信仰、作风和行为规则。若把一个企业看作一个整体的“人”，那么企业文化就反映了这个“企业人”所具有的整体修养水平和处世行为特点。

企业文化分析主要是分析企业文化的现状、特点以及它对企业活动的影响。企业文化是企业战略制定与成功实施的重要条件和手段，它与企业内部物质条件共同组成了企业的内部约束力量，是企业环境分析的重要内容。

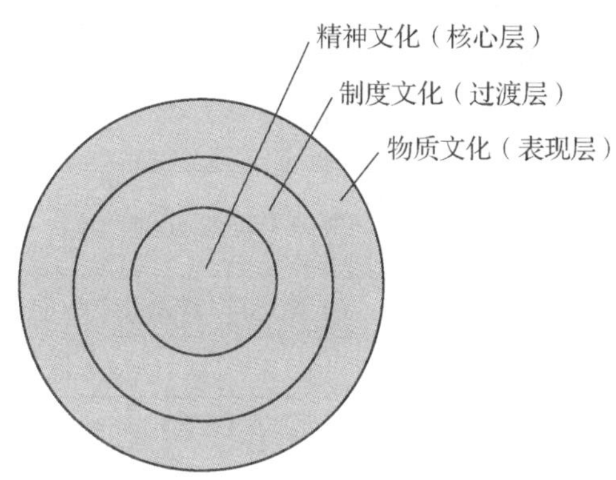

图 7－5　企业文化结构图

企业文化结构包括三个层次：物质层、制度层和精神层(见图 7－5)。

物质文化是企业文化的表层，通过物质形态的产品形象、厂容厂貌、企业标志、员工服饰、企业环境等表现出来，通常称为企业形象。制度文化是指具有本企业特色的各种规章制度、道德规范和行为准则的总称，它通过领导体制、规章制度、员工行为方式等反映出来。精神文化是企业文化的深层次，是存在于企业成员思想中的意识形态，包括企业经营哲学、理想信念、价值观念和管理思维方式等，通常称为企业精神。

四、工作分析

工作分析是指系统全面地考察工作整体，以便为职业选择提供各种信息所进行的一系列的工作信息收集、分析和综合的过程。对工作进行分析，可以帮助求职者具象地认知某一具体工作、岗位、职位或职务的工作内容、组织架构、任职资格等。

（一）工作分析的内容

工作分析包含三部分：对工作内容及岗位需求的分析；对岗位、部门和组织结构的分析；对工作主体员工的分析。

对工作内容的分析，是指对产品(或服务)实现全过程及重要的辅助过程的分析，包括工作步骤、工作流程、工作规则、工作环境、工作设备、辅助手段等相关内容的分析。

对岗位、部门和组织结构的分析，包括对岗位名称、岗位内容、部门名称、部门职能、工作量及相互关系等内容的分析。

对工作主体员工的分析，包括对员工年龄、性别、爱好、经验、知识和技能等各方面的分析，通过分析有助于把握和了解员工的知识结构、兴趣爱好和职业倾向等内容（见表7-5）。

表7-5 一个典型的工作分析

一、工作活动	二、工作辅助设施	三、工作条件	四、对员工的要求
执行工作任务的原因、时间、途径	使用的机器、工具、设备和辅助设施的清单	人身工作环境（高温、灰尘、有毒、室内、室外等）	与工作有关的特征要求
与其他工作和设备的关系	应用上述各项加工处理的材料	组织的各种有关情况	特定的技能
进行工作的程序	应用上述各项生产的产品	社会背景	特定的教育和训练背景
承担这项工作所需要的行为	应用上述各项完成的服务	工作进度安排	与工作有关的工作经验
动作与工作的要求		激励（财务及非财务的）	身体特征
			态度

（二）工作分析的步骤

工作分析是对工作做一个全面的评价过程，这个过程可以分为准备阶段、调查阶段、分析阶段和总结及完成阶段四个阶段。

1. 准备阶段

准备阶段的任务是了解有关情况，建立与各种信息渠道的联系，设计全盘的调查方案，确定调查的范围、对象与方法。

2. 调查阶段

调查阶段是工作分析的第二阶段。主要工作是对整个工作过程、工作环境、工作内容和工作人员等主要方面做一个全面的调查。

3. 分析阶段

分析阶段是对调查阶段所获得的信息进行分类、分析、整理和综合的过程，也是整个分析活动的核心阶段。

4. 总结及完成阶段

总结及完成阶段是工作分析的最后阶段。这一阶段的主要任务是：在深入分析和总结的基础上，形成对该工作的具体认识。

第三节 职业认知的方法和途径

在信息化的时代，认识职业世界的方法是多种多样的，对求职者来说，大部分职业信息既可以通过书本获得，也可以通过网络等渠道获得，还可以通过访谈职业人士和亲身体验来形成对职业的直观认知。

一、认识职业世界的主要途径

对尚未踏入社会的大学生来说，职业知识的获得主要有以下两种途径：

第一，通过专业来了解职业。一般来讲，大学的专业设置是社会需求的反映，以为社会提供高素质的人才、满足社会分工的需求为基本目的。在学习了某一专业领域的学科知识之后，进入相应的职业领域，在工作过程中，将自己的所学与工作实际需要相互印证，将已有的以学科逻辑为体系的理论知识，进行改组和增删，最终获得符合工作逻辑的知识体系，即该专业的职业知识。

第二，通过专门培训来了解职业。通过参加专门的职业教育和培训，学习者与工作过程紧密结合在一起，通过直接学习按照工作过程逻辑编排和组织起来的知识体系来获取职业知识。

在第一种途径中，学习与工作是分离的，学习者经过较长时间的系统学习后，进入社会扮演劳动者角色，面对劳动对象即工作要求来改造自己的知识体系，因此是被动的和困难的。普通高等教育和高职高专教育以及以学科知识体系为主的其他职业教育与培训都属于这种途径。在第二种途径中，学习与工作是一体的，学习过程即工作过程，学习者几乎同时就是劳动者，直接按照工作过程逻辑组织的知识体系进行的职业教育与培训，如各种职业培训班等，就属于第二途径。

二、认知职业世界的一般途径

上面两种途径都强调了对学科知识体系和工作过程体系的系统学习，需要花费专门的时间和精力。下面这些途径则可能会帮你更容易、更便利地获得职业知识。

（一）书报刊等平面媒体

无论是文学作品，还是专业报刊，都可以提供一些职业方面的信息。如小说《输赢》描述了销售人员为争夺银行订单，冲刺销售目标的故事，可以帮助我们了解销售行业的一些生态；《不认输》描述了一个职场新人在遭遇同事不友好、领导不满意、客户不认可等职场挫折时如何坚持自己的梦想和努力，最终走向成功的故事；《我与上一代人的战斗》则描述了当代职场的道德困惑和危机。除此以外，《中国职业分类大典》《中国大学生就业》《21世纪经济报道》以及麦可思年度《中国大学生就业报告》（就业蓝皮书）等专业报刊、调查报告等有许多专业性、指导性的资料和文章，都可以让大学生间接认知职业。

（二）网络、视听等立体媒体

互联网、电视节目等也是观察职业的生动窗口。近几年比较热的职场节目如《职来职往》《步步为赢》等可以帮助求职者正确地对待自己与职场的关系，为多样的职场精英提供就业机会；《遇见大咖》则是央视二套推出的纪实财经人物纪录片，李彦宏、王石、周鸿祎、雷军、董明珠等亲身讲述自己的创业历程。一些影视作品也能帮我们展现职场气息，如《杜拉拉升职记》《亲爱的翻译官》《中国合伙人》等。在互联网时代，我们也可以从网络上获取更多的职业信息，如91job智慧就业平台（www.91job.gov.cn）、江苏毕业生就业网（www.jsbys.com.cn）、智联招聘（www.zhaopin.com），以及一些职业分类信息网站，如基于全球领先的职业分类信息技术，在国内率先推出的独立职业信息系统搜索门户 jobsoso(www.jobsoso.com)等。此外，微博、微信、掌上 APP 等新媒体方兴未艾，通过这些新媒体也可以帮助你获取更多的职业信息。

（三）行业展览和人才交流会

通过参加行业展览和人才交流会来获取自己心仪职业的相关信息也是不错的选择。如医药专业的毕业生可以参加每年举行的中国国际大健康产业博览会，英语、电商、外贸专业的可以参加中国进出口商品交易会（广交会）等，通过参加行业展览你可以宏观感受到整个行业的行业状态、景气与否以及未来发展前景等。人才交流会是由政府人才交流机构（人才市场或人力资源市场）或具有人才中介服务资质的部门组织的用人单位和求职者面对面洽谈的招聘形式。校园人才交流会几乎所有高校每年都会举办，参加校园人才交流会的企业都是与该高校的人才培养特色相一致的，如医药卫生类高校举办医药卫生类人才招聘，师范类高校每年举办师范类人才招聘会，因此作为大学生，积极参加本校的人才交流会是了解本校毕业生的就业方向、层次的一个很好的方式。除校园人才交流会外，各地区也会举办面向本地区所有高校的社会人才交流会。

（四）现场观察、实践和非现场的情景模拟

大学生可以利用寒暑假通过参加社会实践或者兼职打工的机会，进入真实的职业环境中去，近距离了解该职业的工作内容、工作流程、工作规则、工作环境、劳动者能力要求、薪酬待遇，等等。如果没有机会现场观察、体验，进行非现场的情景模拟也是很有帮助的，比如通过角色扮演的方式参加校园职场类比赛等，以及积极参加各级职业规划和就业创业大赛，等等。

（五）接受信息咨询指导

信息咨询指导是一种提供职业信息来帮助来访者增进对职业世界的了解、理清自己就业方向的有效途径，这种信息咨询指导通常以职业指导师通过口头、书面或者网络形式向来访者全面深入介绍社会职业状况，帮助了解各种职业的性质、条件和发展机会等。在进行信息咨询指导时，职业指导师还会让来访者通过做一些自我探索的问卷和测评量表，如 MBTI 性格类型自测量表、气质类型自测量表、霍兰德职业倾向自测量表以及职业价值观自测量表等，来客观分析来访者的心理特征和职业倾向性的匹配程度，对其提供有针对性的指导和建议。开展这种信息咨询指导的一般是各个高校的就业创业指导中心、心理咨询中心等。

三、职业生涯访谈

当你通过以上各种途径对某个职业有了初步的了解，想进一步加深对该职业认知以获取更多的职业信息时，最好的方法就是访问从事这项职业的人，即“职业生涯访谈”。

（一）职业生涯访谈的特点

1. 职业生涯访谈具有灵活、准确和深入等优点

访谈调查是访谈员与被访者双方交流、双向沟通的过程。这种方式具有较大的弹性，

访谈员在事先设计调查问题时，是根据一般情况和主观想法制订的，有些情况不一定考虑周全，在访谈中，可以根据被访者的反应，对调查问题作调整或展开。如果被访者不理解问题，可以提出询问，要求解释；如果访谈员发现被访者误解问题，也可以适时地解说或引导。

访谈调查是访谈员与被访者直接进行交流，被访者在回答问题时常常无法进行长时间的思考，因此所获得的回答往往是被访者自发性的反应，这种回答较真实、可靠。同样，因为是面对面直接访谈，因此拒绝回答者较少，回答率较高。即使被访者拒绝回答某些问题，也可大致了解他对这个问题的态度。

访谈员与被访者直接交往或通过电话、上网间接交往，相对于问卷等间接访谈方式，这些形式具有适当解说、引导和追问的机会，因此可探讨较为复杂的问题，可获取新的、深层次的信息。

2. 职业生涯访谈具有成本较高、记录困难、结果难以处理等缺点

访谈调查常采用面对面的个别访问。面对面的交流必须寻找被访者，路上往返的时间往往超过访谈时间，调查中还会发生数访不遇或拒访，因此耗费的时间和精力较多。

访谈调查是访谈双方进行的语言交流，如果被访者不同意现场录音，对访谈员的笔录速度的要求就很高，而一般没有进行专门速记训练的访谈员，往往无法很完整地将谈话内容记录下来，追记和补记往往会遗漏很多信息。

访谈调查有灵活的一面，但同时也增加了这种调查过程的随意性。不同的被访者回答是多种多样的，没有统一的答案，这样，对访谈结果的处理和分析就比较复杂，由于标准化程度低，就难以做定量分析。

（二）职业生涯访谈的类型

按照与访谈对象接触情况来划分，职业生涯访谈可以分为以下三种方式：

1. 面对面访谈

面对面访谈也称直接访谈，它是指访谈双方进行面对面的直接沟通来获取信息资料的访谈方式。它是访谈调查中一种最常用的收集资料的方法。在这种访谈中，访谈员可以看到被访者的表情、神态和动作，有助于了解更深层次的问题。

面对面的访谈可以是访谈员到被访者确定的访谈现场进行访谈，也可以是在征得被访者认可的情况下，由访谈员确定访谈现场。为了方便被访者，一般来说，以到被访者确定的访谈现场为主。

2. 电话访谈

电话访谈属于间接访谈，它不是交谈双方面对面坐在一起直接交流，而是访谈员借助某种工具（电话）向被访者收集有关资料。电话访谈可以减少人员来往的时间和费用，提高了访谈的效率。访谈员与被访者相距越远，电话访谈越能提高其效率，因为电话费用的支出总要低于交通费用的支出，特别是人力往返的支出。

电话访谈也有它的局限性。比如，它不如面对面的访谈那样灵活、有弹性；不易获得更详尽的细节；难以控制访问环境；不能观察被访者的非言语行为等。

3. 网上访谈

网上访谈是访谈员与被访者借助互联网用文字或语音进行交流的调查方式。网上访

谈也像电话访谈一样属于间接访谈,它有电话访谈免去人员往返因而节约人力和时间的优势,它甚至比电话访谈更节约费用。另外,网上访谈通常是用书面语言进行的,这便于资料的收集和日后的分析。

但是,网上访谈也有如电话访谈的局限,如无法控制访谈环境,无法观察被访者的非语言行为等。

(三)职业生涯访谈的准备

在访谈前做好准备是非常重要的,这些准备包括了解自己。了解自己有助于你深入思考和挖掘访谈的信息。对自己了解得越多,生涯人物访谈时才能切中自己对职业世界的困惑,澄清对该领域的认识,为未来的职业决策做好准备。

通过你所能了解到的信息,列出你感兴趣的组织和可访谈的人。

(1) 组织:行业领域内,你感兴趣的组织或者有资源可以接触到的组织。

(2) 访谈对象:业内人士,尤其是在该行业有稳定发展的人;你心仪的那个岗位(职位)的人。

(3) 访谈人数:2—3 位,不要少于两位,这样有助于你收集到尽可能多的信息。

(4) 访谈方式:最佳方式——面对面;电话次之;网上访谈又次之。

(四)职业生涯访谈的过程

1. 设计访谈提纲

无论是哪一种形式的访谈,一般在访谈之前都要设计一个访谈提纲,明确访谈的目的和所要获得的信息,列出所要访谈的内容和提问的主要问题。

2. 恰当进行提问

要想通过访谈获取所需资料,对提问有特殊的要求。在表述上要求简单、清楚、明了、准确,并尽可能地适合受访者;在类型上可以有开放型与封闭型、具体型与抽象型、清晰型与含混型之分;另外适时、适度的追问也十分重要。

3. 准确捕捉信息,及时收集有关资料

访谈法收集资料的主要形式是"倾听"。"倾听"可以在不同的层面上进行:在态度上,访谈者应该是"积极关注地听",而不应该是"表面的或消极地听";在情感层面上,访谈者要"有感情地听"和"共情地听",避免"无感情地听";在认知层面上,要随时将受访者所说的话或信息迅速地纳入自己的认知结构中加以理解和同化,必要时还要与对方进行对话,与对方进行平等的交流,共同建构新的认识和意义。另外"倾听"还需要特别遵循两个原则:不要轻易地打断对方和容忍沉默;

4. 适当地做出回应

访谈者不只是提问和倾听,还需要将自己的态度、意向和想法及时地传递给对方。回应的方式多种多样,可以是诸如"对"、"是吗?"、"很好"等言语行为,也可以是点头、微笑等非言语行为,还可以是重复、重组和总结;

5. 及时做好访谈记录

在征得被访者同意的前提下,可以录音或录像。

（五）职业生涯访谈的主要内容

在生涯人物访谈中可以提问的问题（供参考，在选用其中的问题时，要关注到自己提这个问题的目的是什么？明确每一个问题后的目的有助于你厘清访谈思路）。

(1) 你（您）是怎样决定自己的职业选择的？做了哪些准备？

(2) 做这项工作所需具备的教育程度、工作经历、技能是怎样的？它要你必须具有什么样的文凭或职业资格证？

(3) 这种工作的职责和任务是什么？说明你工作绩效的标准有哪些？

(4) 工作中，哪一些是你很喜欢很乐于去做的？有没有哪一些是你不太愿意去做的？或者如果给你选择你会更喜欢做哪一些，而不是哪一些？为什么？

(5) 能否描述一下一个典型的工作日是什么样子的？一周呢？

(6) 你的工作条件如何？包括时间、环境、着装等。你在工作时会暴露于非正常工作条件下吗？

(7) 这个工作，哪部分让你最满意？哪部分最有挑战性？

(8) 工作对身体的要求是怎样的？工作对情绪和脑力的要求又是怎样的？

(9) 这个行业的起薪和平均水平是多少？有哪些福利？

(10) 你所在领域的职业生涯发展通道是怎样的？

(11) 你对这个职业的发展前景是怎么看的？

(12) 这个行业还与哪些职业和行业紧密相关？什么样的经历（兼职、实践、实习等）能让我离这里更近？

(13) 方便推荐我与其他的行业人士谈谈吗？

(14) 对于一个即将进入该领域的人，你（您）愿意给出一些建议吗？

【本章小结】

1. 了解职业分类是职业世界探索的起点。我国的职业分类主要体现在《国家职业分类大典》里。此外霍兰德职业编码、ACT 职业世界地图、戴尔·普雷迪格职业工作群以及本土化的 JobSoSo 职业分类法也可以帮助我们了解职业的分类情况。

2. 职业环境是指职业所处的内外环境，包括一般环境（即政治、经济、社会、技术环境）、行业环境、企业环境以及具体的工作环境等。对职业环境分析，可以帮助我们明确职业环境对职业发展的要求、影响及作用，并对各种影响因素加以衡量、评估并做出反应。

3. 认识某一职业的方法多种多样，可以通过图书、报刊、网络视听资料、接受信息咨询指导等间接方式，也可以通过现场观察实践、情境模拟、参加行业展会和人才交流会、与职业人物进行访谈等直接方式。其中对有一定工作经验的职业人士进行生涯访谈，是一种高效获取职业信息的重要方式。

【思考题】

1. 请比较本章所介绍的几种职业分类方法的异同，结合你所学的专业和本人的具体情况，初步构建自己的职业世界地图。

2. 请用企业环境分析法，对你心仪的职业进行环境的分析。

3. 找到一位从事你心仪的职业的人士，开展一次生涯访谈活动。

【延伸阅读】

首部中医药法利剑出鞘 行业发展踏上快车道

将于2017年7月1日正式实施的《中华人民共和国中医药法》，在业内看来，不仅有助于推进中医药产业步入快车道，还将有利于提升中医药在全球的影响力，在解决健康服务问题上提供中国方案、中国样本。

中医药法第一次从法律层面明确了中医药的重要地位、发展方针和扶持措施，为中医药事业发展提供了法律保障。

数据显示，中医药总体规模不断扩大。截至2015年底，全国有中医类医院3966所，其中民族医医院253所，中西医结合医院446所。中医类别执业（助理）医师45.2万人（含民族医医师、中西医结合医师）。全国有中医类门诊部、诊所42528个，其中民族医门诊部、诊所550个，中西医结合门诊部、诊所7706个。

记者采访了解到，目前中药产业占全国医药产业的三分之一，培育过亿品种500多个，过十亿品种50多个，形成了聚集度，提高了产品质量。与此同时，人们对中医药的需求和接受度不断提升。上海市长宁区区长顾洪辉表示，截至2015年底，在社区卫生服务中心约有54万人次接受了中医体质辨识及健康服务指导，约184万人次接受了中医适宜技术干预，服务人次3年来共增长81.99%。

为顺应这一趋势，医药企业不仅在药物研发上下功夫，还不断探索业务新模式。记者从上海医药获悉，其创研了天然麝香中主要药效物质的替代品，并已攻坚人工替代品的规模化生产，另外其全资子公司上海市药材有限公司涉足中医医疗投资与服务领域，创建雷氏中医馆，通过“名医+好药”结合提供健康养生服务。

华创证券认为，以往行业发展呈现出各自精彩、整体无序的状态，中医药法的正式落地，从管理源头上正本清源，在法律基础的保障之下，中医药行业有望踏上特色化发展的快车道。

全国人大常委会法制工作委员会行政法室二处副处长张涛在对中医药法的解读中提到，中医药法的出台有利于提升中医药的全球影响力，在解决健康服务问题上，为世界提供中国方案、中国样本，为解决世界医改难题做出中国的独特贡献。

“中医药作为中国的优秀文化和科学代表，要沿着‘一带一路’传出去。”世界卫生组织总干事陈冯富珍此前在上海出席第九届全球健康促进大会期间表示，将在任期内大力促进传统医药发展。同时，她也非常重视中医药现代化、中西医结合以及中医药海外发展。

中国中医科学院院长、中国工程院院士张伯礼表示，中医养生理念虽有数千年，但在建立标准、研究机理方面还做得不够，比如拔火罐在奥运会期间虽然“火”了，可中医药标准还有待建立健全，即火罐用什么材料，是否需要负压，不同的病使用哪种标准，都有待明确。

据悉，国际标准化组织/中医药技术委员会（ISO/TC249）成立后，已有人参种子种苗、

针灸针等中医名词术语及多个项目成为国际标准。计划于今年发布的10个标准中，除了刮痧器具、医用抽气式火罐外，还包括五味子种子种苗、丹参种子种苗等标准。但除此之外，目前大多仍属于行业标准和国家标准，需要逐步规范提升至国际标准。

国家中医药管理局局长王国强说："中医药在健康促进方面的独特作用引起了世界各国的广泛关注和高度重视，我们将继续与国际标准化组织、世界卫生组织等合作，制定颁布中医药技术、信息、术语、服务、专用产品设备等相关国际标准，推动中医药走出去，更好地服务人类健康。"

（资料来源：《经济参考报》2017－01－06第023版）

第八章 职业决策

学习目标

通过本章内容学习，大学生应该了解职业决策的涵义、特点，理解职业决策的一般过程；理解职业决策的实用方法，并运用这些方法指导自己的实践；在职业决策的实际运用中能接受职业决策面临的不确定性，重视偶然事件在职业决策中的重要作用，消除不合理的非理性职业决策理念。

《哈利·波特》里有句话说："决定你命运的不是你面临的机会(Chance)，而是你自己做出的选择(Choice)。"作家柳青说："人生的紧要之处往往只有几步。"存在主义大师萨特(Sartre)曾说："我们的决定，决定了我们。"简单说来，每个人都会面临各种选择或决定，有些决定会影响我们的人生。当遇到升学、就业、择偶以及迁徙、升迁等需要面对的现实问题时，最终我们都会做出一个选择，每一次选择其实就是一次决策的过程。关键时刻的选择对于人生有着特别的意义。其中，职业决策无疑是这其中的重要选择之一。

选择了一份职业其实就是选择了一种生活方式，一种人生道路。不同职业对一个人的专业背景、技能水平、综合素质有着不同的要求，不同职业所带来的个人收入水平、社会声望、发展空间也有着巨大差异。职业选择的差异甚至会对个人的幸福体验和家庭和谐产生影响。大学生面对职业选择的时候，如何有效地对目标职业进行评估，最终进行科学的职业生涯决策是学习本章节的目的。

第一节 职业决策概述

生活中总会面临各种各样的、大大小小的选择，需要我们适当的时机做出恰当的决定。例如：口渴了喝什么饮料？晚上吃什么？周末要看一场什么电影？很多时候我们也要做一些较大的决定，如上什么中学，学习文科还是理科？考什么大学，选择什么专业？有选择就意味着有决定，这就是决策过程。

一、职业决策的定义

（一）决策

一般来讲，决策指为达到一定的目标，从两个以上的可行方案中选择一个合理方案并付诸实施的过程。它有以下几方面特征：

（1）决策是为了实现特定目标的活动，没有目标无从决策，目标实现则无须决策。

（2）决策的目的就在于实施，不准备实施就没有意义。

（3）决策追求最优化结果，因此必须要有两个以上决策方案。

一般的决策过程都包含以下四个阶段：一、确定决策目标；二、设计备选方案；三、评价和选择方案；四、对付诸实施方案的结果进行评价。在进行决策时，需要有"目标"和"代替方案"两方面的重要因素，这两点对于科学、正确决策尤为重要。

决策与我们日常所讲的解决问题有着明显的差别：决策应该是在考证了各种可能性的基础上得到的一种令人满意的方案，属于优中选优的方案。而解决问题，方案是"积极"与"消极"并不重要，重要的是把问题解决好。决策的过程比解决问题更为复杂，它还涉及决策者的信念、兴趣、价值观等因素。

（二）职业决策

1. 广义的职业决策

指为确定职业所进行的提出问题、搜集资料、确定目标、拟订方案、分析评价、检查监督、最终选定等一系列认知活动。如图 8－1 所示：

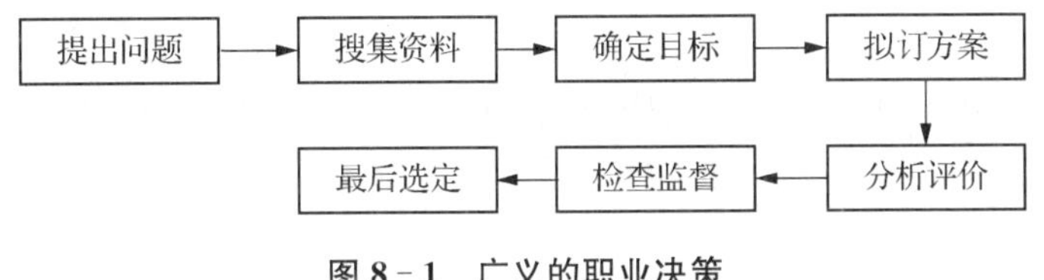

图 8－1　广义的职业决策

2. 狭义的职业决策

日常生活中所讲的"拍板"就是狭义的决策。具体讲，狭义的职业决策是指为达到一定的职业目标，从两个以上的职业方案中选择一个合理方案的分析判断过程，是决策者经过各种分析、比较、思考后，对应该做什么和应该怎么做所做的决定。可以把狭义的决策理解为广义决策过程中的一个环节，即从几个备选方案中选择一个的"确定"环节。

可见，狭义的职业决策一般包含三个重要环节：（1）明确目标；（2）确定可选方案；（3）确定最终方案。即使日常生活中微不足道的决策也遵循这个模式，如某天天气炎热，酷暑难耐，迫切需要拿瓶可乐解渴。于是，你到了学校超市，从冰柜里拿了一罐可乐，付了钱后就开始畅饮。这样一个简单的行为，看似没有太多思考，其实涵盖了狭义决策的一般过程：（1）明确目标（解渴）；（2）确定可选方案（可乐作为其中一个方案）；（3）确定最终方案（购买可乐）。

对于大学生来说，职业决策的核心是根据自身特点和社会需求做出合理的职业选择，即进行职业定位的过程。职业决策看似是一个点的选择，其实涉及全面的自我认知、科学

的职业认知与体验等内容,是一个整合的过程。本章所讨论的职业决策,是指在对自我和职业世界全面、深刻认识的基础上,从多个职业方案中选择一个的过程,是狭义的职业决策过程。

职业生涯决策除了涵盖决策的一般要素,还有一些自身特点。(1) 职业选择的方案是巨大的,按照《中华人民共和国职业分类大典》,职业共有 8 个大类、75 个中类、434 个小类、1481 个系类。(2) 每一份职业都有大量的信息,要全面、细致地了解一份职业是有困难的。(3) 职业选择虽然是决策个体的选择,但是周围一些重要人物,如家长、老师、朋友等的建议会对个体决策产生重大影响。

二、职业生涯决策的影响因素

对即将毕业的大学生来说,在职业选择时,很多人会表现出犹豫、彷徨,甚至不知所措,并因此可能引起焦虑、挫折感等心理问题。职业决策给大学生带来困扰的原因在于其影响因素复杂,往往使人剪不断,理还乱。简单来说,职业生涯决策困难是指个人在面对生涯决策问题时,由于内在阻力(缺乏自信、容易焦虑、选择与兴趣、能力的冲突等)和外在阻力(就业机会的多寡、家庭、社会的压力)而产生决策上的困难。生涯不确定程度越高,个体职业决策的困难就越大。

美国心理学家克朗伯(Krumblot)在其职业生涯决策的社会学习理论中指出:职业选择过程受到四类因素的影响:遗传天赋和特殊能力(内在素质、身体障碍、音乐与艺术能力);环境条件与事件(如劳动法规、技术进步、社会变迁、家庭资源);学习的经验(各种工具性学习、行为和认知反应、观察学习);任务完成技能(模板设定、工作习惯、情绪反应方式)。

大学生在面临职业选择做决定的时候,往往会受到各种因素的影响,这些影响因素总体而言可以概括为个人内部因素和外部环境因素两个方面。

(一) 个人内部因素

运动员参加比赛活动需要将身心素质调整到最佳状态,才能发挥出较高的运动水平。同样,个人要做出有效的决策,就必须保证我们在决策中身体状态、情绪和精神处于巅峰状态。如果身体欠佳、情绪不稳或紧张焦虑都会影响职业决策的实施。

1. 决策主体的个性心理差异

个体的心理特征因素,包括个人兴趣、能力、价值观、性格等方面。这些因素在个人面临职业选择时,往往会产生很大的影响。有些人选择职业会从兴趣出发,有些人则会更看重收入水平、工作环境等。有些人性格上表现出意志薄弱、优柔寡断,也会影响他的职业选择,甚至错过一份好的就业机会。

2. 决策主体价值观能否澄清与职业规划意识强弱

随着经济与社会的发展,大学生的就业观念也发生了很大变化,大学生容易受社会上就业观念的影响,会较多考虑物质待遇、工作环境、发展空间甚至特定城市、出国机会等诸多方面。他们对职业附着了太多的期望与要求,不符合现实情况,也没有考虑是否符合本人职业兴趣、匹配个人能力。没有对自己的职业价值观进行澄清,考虑自己的核

心的价值观是什么，自己最看重什么，而哪些是可以妥协甚至舍弃的。还有的同学在校期间认为只要自己学习好、能力强、有社会关系，找工作就很顺利了，不用进行职业规划。其实这也是一种错误的理念，对自己有了清晰的规划和明确的目标，职业选择时才能更科学、更有效。

3. 决策主体社会经验与社会责任感缺乏

有些大学生在校期间把大量精力投入到学习中，忽略了社会实习与实践工作，也有学生把时间花在各种学生活动中，缺乏有针对性的工作实习与社会实践。对就业行业、职业、工作岗位缺乏必要的了解与认知，在职业选择的时候往往因为信息不对称出现理想化、不知所措甚至盲目选择的情况。有些大学生在职业选择时只考虑个人发展、缺乏担当与社会责任，不能将个人发展与国家的发展战略结合起来，最终也不利于个人的职业发展。

4. 决策主体在职业决策中的不合理信念影响

古希腊哲人埃皮迪特斯说:“扰乱人精神的与其说是事件，不如说是人对事件的判断。”不合理的观念和信念往往是我们在决策中的障碍，并成为我们困惑和焦虑的来源。大学生在职业选择中有几个典型的不合理信念:(1)“完美化”。“这个工作待遇挺好的，就是不在大城市……”,“这份工作我挺喜欢，但是不能解决户口……”很多同学希望一份工作能满足他所有的期望，事实上正如没有完美的人一样，工作也是一样。你要思考自己最看重什么，哪些可以妥协甚至舍弃。(2)“概括化”。往往以偏概全，局部代表整体。一次面试失败就认为自己很失败，一无是处，甚至自暴自弃。(3)“糟糕透顶”。因为一件事情发生，就认为非常可怕，糟糕透顶。一旦产生这些信念，就会产生焦虑、悲观、抑郁等不良情绪，进而影响决策的准确性。

（二）外部环境因素

1. 宏观环境影响个人有效决策

从宏观上看，社会制度、经济制度、民族习惯、历史和文化的不同，都会影响个人的职业选择。譬如:经济形势向好的时候，大学生往往会选择大企业、发展空间大的高收入单位，反之经济衰退的时候，则倾向于选择保守、稳定的工作单位。

2. 家庭环境与氛围影响职业决策

著名的临床心理学家安娜·罗(Ann Roe)认为，儿时经历与职业选择有很大关系。根据罗的理论，个人选择的工作反映了儿时的家庭心理氛围。如果家庭温暖、慈爱、接纳或过度保护，可能会选择服务、商业、组织、文化等和人打交道的工作。如果家庭氛围冷漠、忽视、拒绝或过度要求，可能会选技术、户外、科学之类等与物打交道的职业。

在中国这样一个重视亲情、重视家庭伦理的国家，职业决策更容易受到家庭的影响。当然，有些时候也能得到帮助，这里我们主要关注家人可能带来的阻力。对于年轻人，影响可能来自家长;对于稍微年长一些的，影响可能来自配偶、情侣或孩子。职业生涯规划专家研究发现，那些与家庭其他成员高度融洽或密切相连的人，往往在决策中很难保持自己情绪和心理上的独立;另外，家庭成员之间无法就义务、经济、责任、价值观等达成共识，也会使个人决策出现问题。

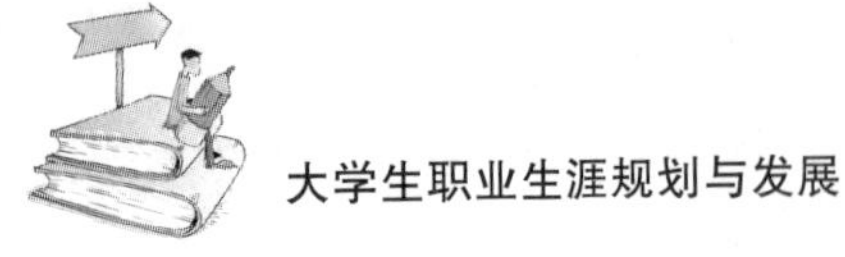

三、职业决策的困惑

14 世纪法国经院哲学家布利丹曾讲过一个哲学故事：一头驴子站在两堆数量、质量、距离相等的干草之间，由于两堆干草价值相等，客观上无法分辨优劣，于是它站在中间无法做出抉择，最终活活饿死。

这个故事给我们的启示是：选择不是一件容易的事。人的痛苦有时不是没有选择，而是因为选择太多。越优秀的人选择的机会越多，如果没有放弃的能力，就很难得到自己想要的。

职业决策是一种重大决策，它影响到我们的人际交往、生活方式、生活质量等。在决策面前，我们时常会感到焦虑与不安。这其中有很多原因，其中大部分来源于“不确定”与“难舍”。

（一）对选择的不确定感

职业决策大部分是基于信息不对称情况下的决策，我们不可能收集到全部外界职业信息后再做决定，因此大多数决策都有预测的成分，都有不确定性和风险。在社会变迁较慢的时候，预测的误差较小，而在当今瞬息万变的社会，不确定性、诸多变量越来越难以把握。行业趋势、职业类别、工作环境、领导同事关系多会发生变化，在变化中，我们并不确定所选择的一定比放弃的要好，担心选择失误会后悔。

台湾学者田秀兰等人的研究发现，大学生的生涯不确定感包括了许多“对个人的不确定”与“对环境的不确定”。如果能对自己多做些分析，对环境多一些探索，则会由“不确定”向“确定”更进一步。

（二）对选择项目的难舍

在选择面前患得患失，担心放弃的那个选择会对自己带来好处。

如果同时为几个选择感到纠结，则说明这几个选择可能没有明显的高下优劣之分，因此可以稍稍舒缓患得患失的情绪。那么，什么样的决策是最佳决策呢？幸福经济学家认为，能让幸福或快乐最大化的决策就是最佳决策。可见在很多时候，职业决策的好坏要凭自己的内心来评判。如果在做决策的时候多思考下自己究竟要什么，考量这些因素的“轻重”与选择方案可以满足这些因素的“概率”，“难舍”则会向“能舍”更进一步。

（三）对决策结果要负责

自主决策，意味着要对决策的结果负责。很多人为了逃避“不好的结果”的责任，把决策权交给他人或“天意”。殊不知，在逃避责任的同时，也逃离了自由，失去了感受学习、生活、成长的自由。有人说：“不得不在各种行动方案之间做出选择，是为自由而付出的代价。”因此，自由的人们“注定”要做出选择。

四、职业决策的过程

认知信息加工理论认为生涯发展就是看一个人如何做出生涯决策以及在生涯问题解决和生涯决策过程中如何使用信息。

1991 年，盖瑞・彼得森(Gary Peterson)、詹姆斯・桑普森(James Sampson)、罗伯

特·里尔登(Robert Reardon)合著了《生涯发展和服务:一种认知的方法》一书,阐述了这一认知信息加工的方法,简称 CIP 理论。该理论假设:

假设一:生涯选择以认知与情感的交互作用为基础;

假设二:进行生涯选择是一种问题解决活动;

假设三:生涯问题解决者的能力取决于知识和认知操作;

假设四:生涯问题解决是一项记忆负担繁重的任务;

假设五:生涯决策要求有动机;

假设六:生涯发展包括知识结构的持续发展和变化;

假设七:生涯认同取决于自我知识;

假设八:生涯成熟取决于一个人解决生涯问题的能力;

假设九:生涯咨询的最后目标是促进来访者信息加工技能的发展;

假设十:生涯咨询的最终目的是增加来访者作为生涯问题解决者和决策制定者的能力。

CIP 理论模型像一座金字塔,包含了做出职业决策过程所涉及的各种成分。如图 8-2 所示,金字塔的底部为知识领域,包含两部分:自我认知和职业知识;金字塔的中间为决策技能领域,包含进行良好决策技能的五个步骤;金字塔的顶部为执行加工领域,它监督、调控金字塔中间的步骤按何种顺序运作。

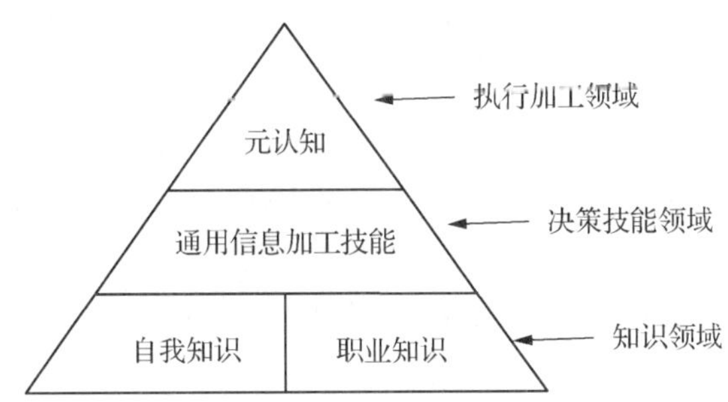

图 8-2　认知信息加工金字塔(CIP 理论模型)

(一) 知识领域

信息加工金字塔模型第一级水平"自我知识和职业知识"。"自我知识"是指对自己职业兴趣、能力、技能、价值观的认知与了解。"职业知识"指对职业世界的了解,多是与职业相关的具体的、客观的信息资源。

(二) 决策技能领域

金字塔模型第二级水平"通用信息加工技能",是指如何做决策的。CASVE 循环可以为整个生涯决策的制订过程提供指导。它包含五个步骤:沟通—分析—综合—评估—执行。如图 8-3 所示:

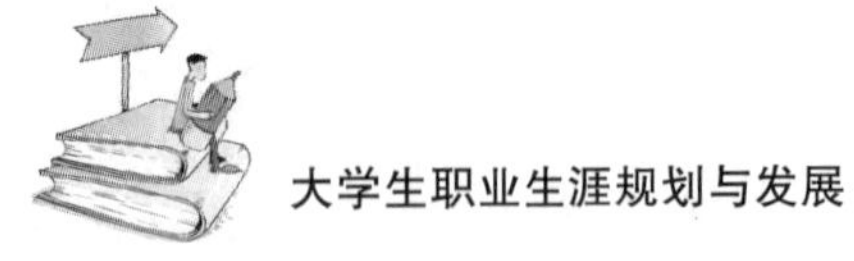

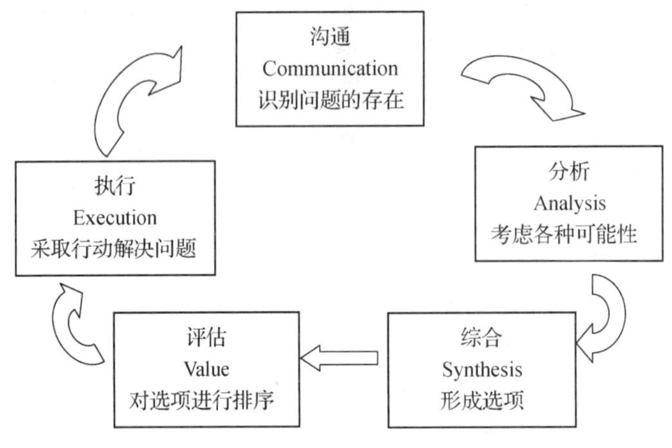

图 8－3　通用信息加工技能的 CASVE 循环

1. 沟通

这个阶段，个人发现理想职业与现实之间的差距，意识到"我需要做出一个选择"。这一步是决策的开始，往往伴随着焦虑和痛苦，是由平衡到不平衡的觉醒过程。

2. 分析

这一阶段，决策者要对理想与现实之间的差距进行分析。将问题各部分联系起来，对自己、对现状进行评估，对所有信息进行分析，了解自己和自己可能的选择。

3. 综合

这一阶段主要是综合、加工上一阶段的信息，从而制定消除差距的行动方案。核心任务是确定"我可以做什么解决问题"。这是一个扩大并缩小选择清单的过程。

4. 评估

这一阶段需要对行动方案进行评估，从而在职业、专业或其他方面做出一个选择。此时，你会列出一个最佳选择方案，并从情感上愿意为之付出努力。一旦第一方案由于某些原因无法成功，评估阶段排在后面的就是恰当的备选方案。

5. 执行

这是实施的选择阶段，把思考转换为行动。这一阶段就是通过努力达到目标的过程。

6. 再循环

执行阶段结束后，又回到沟通阶段，来确定自己的选择是否是好的——理想与现实之间的差距是否解除。用系统的方法思考这五个步骤，能提高个人的效率。

（三）执行加工领域

金字塔模型第三级水平"元认知"，即如何思考生涯问题和生涯决策的制订。这些元认知技能可以帮助我们了解何时需要自我知识和职业知识的信息，何时启动 CASVE 循环，何时准备执行一个选择。元认知有三种重要技能：

(1) 自我对话(Self-talk)：对自己做出积极的评价，要有自信，认为自己能胜任该领域工作。这样能产生一种积极的期待，并强化积极的行为。

(2) 自我觉察(Self-awareness)：个人能够意识到自己就是任务执行者。优秀的生涯问题解决者和决策制订者能够监督和控制他们决定中的内外部影响，因为他们有自我觉察意识。

(3) 控制和监督(Control and Monitoring)：良好的问题解决和决策包括了解何时前进和何时停下来搜集更多信息，还包括对决策中的强迫性和冲动性给予认真的权衡。强迫性决策导致穷思竭虑和漫无边际的信息加工。优秀的决策者能够觉察出何时需要更多的信息，以便了解存在的差距及各种选择，而且他们也能够知觉到自己准备进行选择和承诺的时间。

通过对知识领域、决策技能领域(CASVE 循环)和执行加工领域的有效运用，我们能够建立一个好的决策模式，并制定有效的决策，解决生涯决策中存在的问题。我们在做职业生涯决策时应该熟悉认知信息加工理论，合理地制订自己的生涯规划，做出有效的生涯决策。

五、职业生涯决策的类型

(一) 丁克里奇的决策风格类型

不同的人由于不同的个性特征、自我认知、职业认知与价值追求，在进行决策的时候就具有不同的特点。丁克里奇(Dinklage)1968 年提出了八种常见决策风格(见表 8-1)：

表 8-1　丁克里奇八种常见决策风格

风格	说明	行为特征	行为后果
冲动型(Impulsive)	抓住遇到的第一个选择，不再考虑其他的选择或收集信息。	先决定，以后再考虑。	决策方式风险太大，等看到有更好的选择时自然追悔莫及。
宿命型(Fatalistic)	将决定留给境遇或命运。	迷信“我这个人永远也不会走运”。	人生态度消极低沉，这样的人容易成为环境的“受害者”。
顺从型(Compliant)	顺从别人的计划而不是独立地做出决定。决定权交给他人。	相信“他们都觉得好，我就觉得好”。	维持了表面的和谐，其选择在很大程度上并不适合自己。
延迟型(Delaying)	知道问题所在，但迟迟不做决定，或是到最后一刻才做决定。	急什么，过几天再说。	问题并未解决，甚至问题会越拖越重。
烦恼型(Agonizing)	过度搜集信息，使用信息时又顾虑重重，反复比较，当断不断。	常常是“我就是拿不定主意”。	不会出现大的失误，但往往耽误时间、耗费精力，不能及时做出有效决定。
直觉型(Intuitive)	以自己的感觉或直觉作为决定的基础。	“感觉不错，就它了。”	对周围信息了解不充分的时候可能快速做出决定，但也可能因为自己信息不充分或个人偏见产生误差。

续表

风格	说明	行为特征	行为后果
麻痹型(paralytic)	理性上接受自己做决定，却害怕决定后果，不愿承担责任，选择逃避。	我知道应该决定，但是我办不到。一想到这事就感到害怕。	暂时逃避，无法真正为决策和决策的后果承担责任。
计划型(Planning)	既倾听内心的声音，又考虑外在环境，为决策行为制订计划并做出相对明智的决定。	我是命运的主宰，自己的主人。	能够发挥主动性，较为积极、科学地做出决定。

根据对“自己”和“环境”认知的多少，还可以将以上几种决策模式做如下划分(见表 8-2)。

表 8-2

		自己	
		未知	已知
环境	未知	困惑或麻木性决策(延迟型、烦恼型、麻痹型)	直觉性决策(冲动型、直觉型)
	已知	依赖性决策 (顺从型、宿命型)	信息性决策(计划型)

(二) 哈伦的决策风格类型

根据哈伦 1970 年的观察，大部分人的生涯决定方式可以归纳为以下三种类型。

1. 理性型(rational style)

这种类型崇尚逻辑分析，往往在系统收集足够的自我和环境信息基础上，权衡各个选项的利弊得失，按部就班地做出最佳的决定。这种决策方式通常深思熟虑，并且能够意识到自己的行为结果，并为自己的选择负责。

2. 直觉型(intuitive style)

这种类型是以自己在特定的情景中的感受或者情绪反应，直接做出决定。这种风格的人做决定全凭感觉，比较冲动，很少能系统地收集相关信息，对未来预期不够，逻辑性不强，但他们能为自己做出的抉择负责。

3. 依赖型(dependent style)

这种类型的人常常是等待或者依赖他人为自己收集信息做出决定，比较被动和顺从，做选择时十分注重他人的意见和期望。他们以社会赞许、社会评价和社会规范作为做决定的标准。他们的口头禅多是：“爸妈想让我……”“他们认为我适合……，可是……”

三种职业决策类型各有利弊。依赖型最省时省力，且父母长辈的意见确实有经验之谈，但不见得是最有效、最适合决策者本人的策略；直觉型的决策是自发性的，在紧急短时间情况下效果明显，缺点是容易受到主观意见的影响；理智型的决策包含对个人与环境的探索，优点是针对不同的选择有利弊分析、得失权衡，得出的结果也较为合理，但考虑时间较久，前期资料的搜集需要花很多功夫，有可能会错失良机。当然，如果有充分的时间和精力，理智型的决策无疑是最好的。

需要提醒大家的是，决策风格既受个性的影响，也受到外界环境的塑造，并非无法改变。因而决策不仅仅是个人风格问题，更是一项有待培养的能力和可以培养的策略。

生涯规划与练习：反思你的决策风格

请回想迄今为止，你在生活中的五个重大决定，并对这些决定进行描述。描述的内容包括：① 当时的情景；② 你所有的选择；③ 你做出的选择；④ 你的决策方式；⑤ 对决定结果的评价。将以上五个决定一一记录，来总结描述自己的决策风格。

第二节　职业生涯决策方法

任何选择都是基于某种价值观综合考虑的结果，没有绝对的对与错。任何一个正确的职业决策也是基于各种因素的综合平衡，是妥协与平衡的产物。本节主要讲述几种常见实用的职业决策方法。

一、直觉式决策

所谓"理性是法官，直觉是侦探"，虽然有时我们觉得凭直觉决策显得有些草率、不客观，但决策有时就是一个理性加直觉的过程。理智型决策主要采用归纳、演绎和推理的方法进行思考。在实际生活中，我们发现，虽然有人很理性地按照逻辑、步骤进行利弊分析，得出排序结果后仍然难以最后抉择。这是因为，纯粹的理性忽略了情感的作用。

直觉也是一种对事实的察觉——没有经过有意识的推理而得出的认识。直觉往往由于其缺乏理性而被排斥。其实，它也是我们决策中的一部分，有其重要的导向作用。我们生活中的很多决定是靠直觉做出的，而且决策效率往往比较高。

直觉式决策之所以可以用到职业选择中，是因为职业选择通常没有绝对的好坏之分，关键看每个人在职业选择时的价值偏好，个人需要和所看重、擅长的东西不同，旁观者很难评论其对与错。尊重自己内心的情绪、情感，是直觉式决策可用的原因。"直觉"的背后，往往是个人多年偏好、经验、情绪、情感的综合。

李开复在《给中国学生的第五封信》中说："不要被信条所惑，盲从信条是活在别人的生活里。不要让任何人的意见淹没了你内在的心声。要有跟随内心和直觉的勇气，因为你的内心和直觉知道你真正想成为什么样的人。"

直觉式决策的第一步，是将直觉找出来。直觉有时是在选择过程中浮现出来的。譬如：有位同学因为有两个选项需要选择一个而烦恼，于是尝试抛硬币的方法做决定。开始规定自己"三选二"，即硬币两次相同的那个选项作为自己的决定。但当两次抛出同样的结果后，他又确定"五选三"、"七选五"，可见该同学的心中选择是有倾向的，这种倾向在抛硬币之前不清晰，是后来浮现出来的。因此硬币投掷的结果不重要，重要的通过这一过程，了解了自己的内心倾向，而这一倾向就是直觉的表现。

直觉式决策的第二步，要分析这个直觉背后的原因。这是一个情感付诸认知、感性付诸理性的过程，当情感与认知一致时，我们会感觉到内心的和谐，也会信任自己的选择，从而执行选择的结果。

直觉式决策的第三步，配合其他理性的方式，以进一步收集信息并确定选择。只有直觉与理智的分析结合起来，它的效果才最好。下面介绍三种理智型决策的方法。

二、理智型决策

（一）“价值—能力—机会”分析方法

我们在进行职业决策时，可以问自己三个问题：我想要什么？我能做什么？我可以做什么？通过三个问题的分析来理清自己的职业生涯思路，从而做出科学、合理、适合自己的职业决策。这三个问题综合分析的方法也就是“价值—能力—机会”职业生涯决策法（见图 8－4）。

1. 我想要什么——价值取向

主要考虑自己的兴趣、理想、价值、成就动机，考虑往哪里发展可以实现自我价值与个人愿景。

2. 我能做什么——能力取向

主要考虑自己的个性特征、专业背景、实习经历、专业技能、综合素质等自身条件，与他人比较，发挥比较优势，从而选择社会职业。

3. 我可以做什么——机会取向

分析不断变化的职业世界，选择自己职业发展道路上的适合选项。理想的职业要与社会实际相结合，根据社会现实，结合理想、目标进行选择才是最好的。

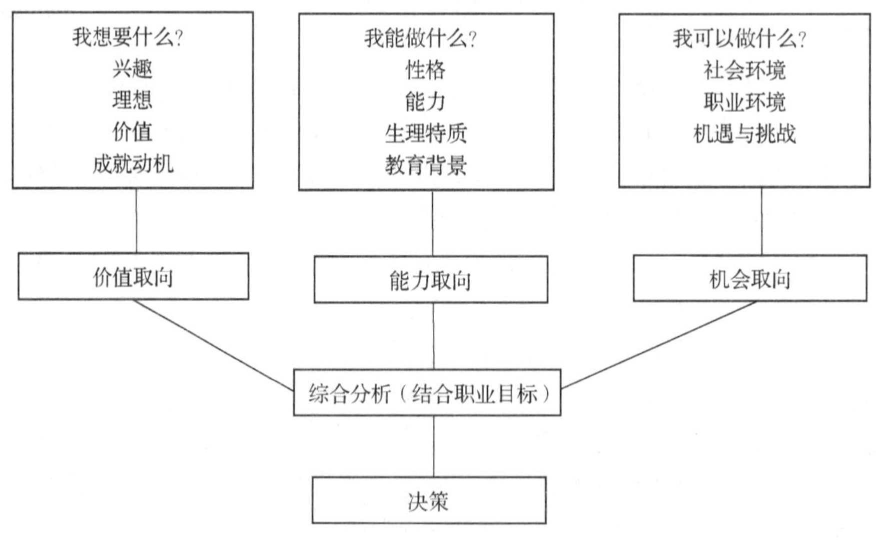

图 8－4 “价值—能力—机会”分析法

（二）职业决策"5W"法

1. Who are you? 你是谁?

对自己做一个深刻的反思和全面的评估，全方位地认识自己。具体包括自己的学历、专业、兴趣、爱好、动机、能力、特长、技能等。

(1) 某省重点高校中药专业毕业生；

(2) 优秀学生干部，学业成绩优秀，英语通过国家六级；

(3) 辅修过管理学、心理学；

(4) 参加过高校演讲比赛，拿过名次；

(5) 家境一般，即不属于有钱类，生活也不拮据的那种，父母工作稳定，身体健康，暂时还不需要有人特别照顾。

2. What do you want? 你想干什么?

对自己职业发展偏好进行深入分析，进一步明确职业发展的方向。通常来说，每个人在不同阶段的兴趣和目标不完全一致，甚至对立。

(1) 很想成为一名老师，这不仅是儿时的梦想，而且比较喜欢这种职业；

(2) 其次可以成为医药企业的一名技术人员；

(3) 如果出国读管理方面的硕士，回国成为一名企业管理人员也是可以接受的。

3. What can you do? 你能干什么?

对自己的能力和潜能进行全面总结。个人职业发展空间的大小主要取决于自身的潜力。如对事物的兴趣、熟悉程度，做事的韧力、意志力，临事的判断力，以及知识结构是否全面，是否有相关实习或工作经验等。

(1) 做过家教，虽然不是自己的专业，但与孩子交流有天生的优势，当家教时使学生成绩提高很有成就感；

(2) 当过学生干部，与同学之间相处比较好，组织过几次有影响的大型活动；

(3) 实习时在单位做过一些研发，虽然没有大的成就，但感觉还行。

4. What can support you? 环境支持或允许你干什么?

环境支持在客观方面包括本地的各种状态，如经济发展、企业制度、人事政策、职业空间等，人为主观方面包括对同事关系、领导态度、亲戚关系、社会资源等，应综合主观、客观两方面加以分析。

(1) 家里的亲戚推荐去一家医药企业做质检；

(2) GRE 考得还可以，已经申请了国外几所高校，但能不能有奖学金还很难说，况且现在签证比较困难；

(3) 去年曾有省内外中专学校来招聘教师，但工作地点不太满意，而且今年不一定有学校再来招聘教师；

(4) 有同学开了一家公司，希望自己能加盟，但自己不了解这个公司的具体业务，也不知道它有多大的发展前途。

5. What can you be in the end? 最后你将成为什么?

列出不利条件最少和自己想做而且有能力做且最容易实现的职业选项作为目标职业。

最后的选择可能有四种,分别如下:

(1) 到一所学校当老师,自己有这方面的兴趣和理想,在知识和能力方面并不欠缺,有信心成为学生心目中理想的好老师;不足的就是缺乏作为一名教师的基本训练以及一些技巧,但这可以逐步提高。

(2) 到企业做质检工作,工作稳定,但是自己不喜欢。

(3) 去同学的公司,丢掉专业从最基础开始,风险较大,与自己求稳的心理性格不符,同时家庭也会有阻力。

(4) 如愿获得奖学金,能够出国读书,回国后还是去做一名企业管理人员。不确定因素较多,且自己可把握性较小,自己始终处于被动状态。

(三) SWOT 分析法

SWOT 分析法广泛应用于企业战略制定中,同样也适用于个人职业生涯决策。SWOT 四个字母分别代表优势(strength)、劣势(weakness)、机会(opportunity)、威胁或挑战(threat)。个人在利用 SWOT 分析时,首先要构建 SWOT 矩阵,分析自己的优势与劣势,考察周围职业环境的机会与威胁(见表 8-3)。

表 8-3　SWOT 分析法的四个维度

优势	劣势
机会	威胁

1. 优势分析

你曾经做过什么,如实习、实践,担任学生干部的工作经历。你学习了什么,如你的专业内容是什么,辅修过什么,考过哪些专业技能证书。你最成功的是什么,成功背后与之相关的优秀个性特点有哪些。

2. 劣势分析

性格弱点,如不善交际、犹豫不决、做事不专注、不持久等。人性都会有弱点,关键要学会克服和改变。能力存在不足方面,如专业知识不够扎实、专业技能不熟练、缺乏工作经验等。这些可以通过实习、实践提高。

3. 机会分析

要学会对整个社会就业环境、宏观经济形势、目标职业的行业环境等进行分析。就业形势不好的情况下,良好的人脉关系或社会资源也可以帮你增加就业机会。

4. 威胁分析

行业发展衰弱或转型,从业人员要求越来越高,竞争对手数量与实力的增加都会对你个人产生威胁。

根据 SWOT 矩阵信息制定策略,SWOT 共有四种策略,即 SO、ST、WO、WT(见表

8－4)。

表 8－4 SWOT 策略分析

内部 外部	优势(S)	劣势(W)
机会(O)	SO 策略:进攻性对策。积极利用自身优势把握外部机会	WO 策略:中性策略。在考虑自身劣势的基础上争取外部机会
威胁(T)	ST 策略:中性对策。积极发挥优势迎接外部挑战	WT 策略:防御性对策。避免自身劣势和外部威胁
SWOT 分析总结		

表 8－5 是国际经济与贸易专业毕业生小王在选择外贸企业相关职业时所做的个人 SWOT 分析。

表 8－5 小王的个人 SWOT 分析

内部 外部	优势(S) 1. 专业成绩优异,学习能力强; 2. 有学生干部工作经历,并被评为校优干; 3. 工作有热情,善于与人沟通; 4. 英语水平,尤其是口语水平高。	劣势(W) 1. 缺乏相关工作经验; 2. 情绪不够稳定,易受外界影响,考虑问题不全面; 3. 学历水平不高。
机会(O) 1. 外贸人才尤其是专业化水平较高的外贸人才稀缺; 2. 长三角地区外向型经济发达,就业机会较多。	SO 策略:进攻性对策 积极利用自身优势把握外部机会 1. 利用自身专业成绩与学习能力优势; 2. 自己丰富的学生干部工作经验优势; 3. 自己英语口语优势。	WO 策略:中性策略 在考虑自身劣势的基础上争取外部机会 1. 积极参与实习、见习,提高工作经验; 2. 进行情商训练与适应;能力提升; 3. 加强专业知识学习尤其是应用型实务知识的学习。
威胁(T) 1. 国际经济形势遇冷,外贸企业效益受影响,人才需求受限制; 2. 外贸企业对从业人员的工作经验比较看重; 3. 其他同等院校甚至重点院校毕业生较多,竞争激烈。	ST 策略:中性对策 积极发挥优势迎接外部挑战 1. 强调自身扎实的专业知识和学习能力; 2. 展示自己良好的口语水平; 3. 展示自己对工作的热情与良好的沟通能力。	WT 策略:防御性对策 避免自身劣势和外部威胁 1. 考取研究生、提升学历层次; 2. 积极寻找重视员工潜能的初创企业; 3. 提高自身情绪管理水平。
SWOT 分析总结	应该积极到大型外贸企业实习,争取在长三角发达地区的大中型企业寻找工作。	

(四) 决策平衡单法

从个人、他人角度出发,列出职业决策的考虑因素(物质、精神得失);给每一个因素以相对重要性的权重；对于备选职业方案，对照考虑因素给出分数，其中"得"以正数表示，"失"以负数表示。以下是平衡单的项目与工作步骤(见图 8－5)：

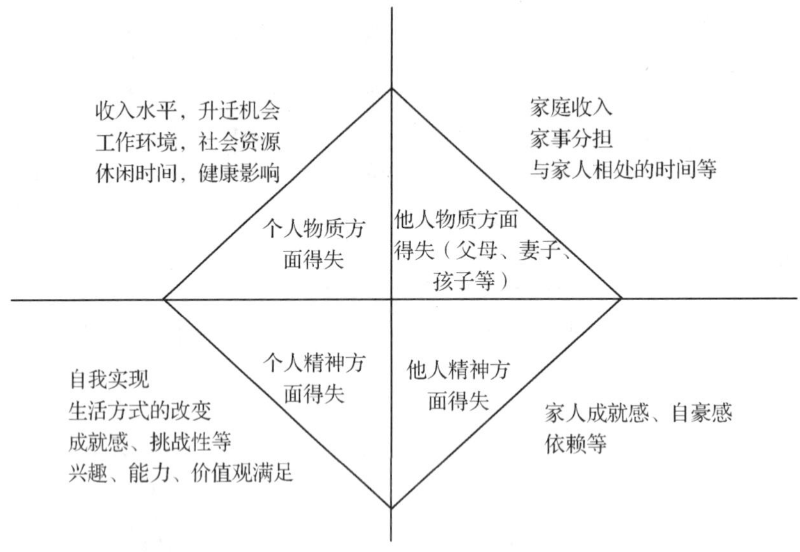

图 8－5　决策平衡单项目

1. 平衡单加权计分

(1) 每个因素对于决策个人的重要程度是不一样的，决策者可以根据自己的价值判断赋予每个因素一定的权重，按重要程度 1—5 表示价值大小。

(2) 每个因素用分值表示，"＋"、"－"分别代表得与失。得失程度用数字 1—5 表示。

(3) 算出各职业选择的总分，得分最高的职业作为职业选择的优先对象。

小李是计算机科学与技术专业的大三学生。他面临大四毕业时的三种选择如下：A. 直接就业；B. 自主创业；C. 考取研究生。小李运用决策平衡单法进行分析，如表 8－6 所示：

表 8－6　小李的决策平衡单分析

考虑因素 \ 就业选择		权重	A. 直接就业（公司职员）		B. 自主创业（互联网＋餐饮）		C. 考研	
		1—5	分数	小计	分数	小计	分数	小计
个人物质方面得失	收入水平	4	2	8	5	20	－5	－20
	健康状况	3	1	3	－1	－3	2	6
	工作时间	1	1	1	－4	－4	0	0
	休闲生活	2	3	6	－3	－6	2	4
	未来展望	5	－2	－10	4	20	4	20
个人精神方面得失	发挥潜能	5	1	5	5	25	5	25
	有成就感	4	－1	－4	5	20	5	20
	生活方式改变	1	1	1	3	3	2	2

续表

考虑因素 \ 就业选择		权重	A. 直接就业（公司职员）		B. 自主创业（互联网＋餐饮）		C. 考研	
		1—5	分数	小计	分数	小计	分数	小计
他人物质方面得失	家庭收入	2	2	4	3	6	−2	−4
	分担家事	1	2	2	−2	−2	0	0
	与家人相处	2	3	6	−2	−4	1	2
	与朋友相处	2	1	2	−3	−6	2	4
他人精神方面得失	家人荣耀感	2	1	2	3	6	3	6
	家人认同	2	1	2	3	6	2	4
	家人担心	1	−2	−2	−4	−4	−1	−1
合计			26		77		68	

因此根据测评结果，小李应该优先选择自主创业、其次考研，最后选择直接就业。

生涯规划与练习：运用 SWOT 理论分析你的职业目标

1. 你的职业目标是：________________________________
2. 完成表 8－7 相关内容填空，分析你的职业目标。

表 8－7 个人 SWOT 分析

外部因素 \ 内部因素	优势(S)：	劣势(W)：
机会(O)：	SO 策略：	WO 策略：
威胁(T)：	ST 策略：	WT 策略：
SWOT 分析总结		

第三节　职业决策理念

尽管我们系统学习了职业决策的基本方法，由于很多事情的发生具有不确定性和偶然性，在面临决策时还会有一些不合理的信念影响决策，如"如果这次决定失误，我的一生就完了"，"我父母提前帮我考虑了工作，我不用太操心了"……因此，我们在面临决策时，要学会接纳"积极的不确定"，创造条件使"有益的偶发事件"发生。转化不合理的职业决策理念为积极、向上的职业决策理念。

一、接纳不确定性

"生活中充满了不确定性"，我们早就应该承认：世界的不确定性是本质的、常态的，而确定性是非常态的。从这个意义上理解，研究不确定状态下的决策是人类更好地了解自身所无法逃避的重要课题。

1989 年，美国心理学家伽列特（H. B. Gelatt）在其早期的连续性决策过程模式基础上提出"积极不确定（positive uncertainty）"的职业决策论，提倡积极地接受做决定的不确定性，以直觉、开放的心态面对职业选择。伽列特认为，做决定是一种非序列性、非系统性、非科学性的历程："做决定是一种将信息调整再调整，融入决定或行动内的历程。"他的这一理论代表了后现代的决策理论模式。

现实生活中，很多同学在面临职业决策时都会感觉到有很大压力，虽然本章介绍了职业决策的方法与技巧，但职业决策并不是一蹴而就的，也不是一成不变的。从某种意义上说，决策是一个顺其自然的过程。我们在前面章节介绍的方法和技术，适用于有着强烈决策动机的同学。

如果当下还没有面临职业决策的迫切性，那就要保持积极的不确定。"积极的不确定"意味着它是一种计划好的开放态度，是一种值得持有的理性态度。它指出职业未确定并不是需要补救的问题，而是能够使我们对不断出现的机会秉持开放，能够利用不可预料的未来事件促进自己发展，帮助我们更好地适应不断变化的未来状况。我们要能够接受"不确定"，积极地感受"不确定"。前者要求我们容忍不确定带来的模糊性，后者要求我们保持弹性与开放，学会使用全脑思考，将自己与世易时移的客体牢牢联系在一起，随之共同发展。

未确定也是一种确定，那就是：在更好的时机、更充足的信息条件之下，再来做决定！

二、重视偶然事件

职业心理学家约翰·克朗伯兹（John Krumboltz）提出了偶然事件理论，指出微小差异和机会性因素对个人生涯发展具有极其重要的作用。也就是说，意外的、偶然的事件可能引起个人职业生涯道路的巨大变化。

其实，偶然事件并非完全基于"意外"与"偶然"。仔细分析起来，偶然性事件大多是基于一定的"计划"和"必然性"的，因此，我们应该以最理想的方式有意识地去抓住生活里的偶发事件，把计划好的事件作为发现新兴趣、尝试新行为、挑战旧观念的机会，采取行动增大未来有益的偶发事件发生的可能性。如图 8－6、8－7 所示：

● 探索研究	● 培养新的爱好
● 表达兴趣	● 参与实习、实践
● 加强了关系	● 参与学校项目
● 参加俱乐部	● 见一些不熟悉的人
● 参与公益活动	● 担任课堂活动或项目负责人
● 尝试兼职工作	● 监控自己从事当前活动情绪

图 8－6 增加有益的偶发事件发生可能性的活动

- 促使有计划的偶然事件发生的技能
- 好奇：探索新的学习机会，追随偶然事件带来的选择
- 坚持：在遇到挫折中仍坚持学习

图 8－7 促使有计划的偶然事件发生的技能

生涯规划与练习：细数生命中的“偶然”

回想从小到大，有哪些“偶然性的”事件对你起了很大的影响？在这些偶然事件前后你都做了什么？你所采取的行动，反映了你的哪些个人特质？你将如何继续保持或发扬这些特质？请填写下表。

偶然事件

事件及影响：____

____

这件事发生之前你做了什么：____

____

这件事发生之后你做了什么：____

____

由此反映你的个人特质：____

____

如何保持或发扬这些特质：____

____

三、非理性信念及应对

职业心理学家约翰·克朗伯兹将影响个人职业决策的因素分为遗传和特殊能力、环境和重要事件、学习经验、任务取向的技能四类，前两类通常在个人的控制之外，后两类则是个人在成长过程中可以不断积累和更新的。克朗伯兹认为，四种因素交互作用的结果，形成了个人对自我世界的推论或信念。这些推论或信念不一定完全正确，要视个人的学习经验是否丰富而定。人们往往会以偏概全，在一两次深刻经历的基础上得到一些刻板印象和先入为主的偏见，这就是所谓的“非理性信念”。

（一）常见的非理性信念

表 8－8 显示的是一些常见的与职业生涯相关的非理性信念。

表 8－8　职业生涯发展常见非理性信念

非理性信念方面	维度	具体条目
自我方面	有关个人价值	我必须得到他人认可
		我不知道自己能干什么，我真没用
	有关工作能力的信心	我无法从事任何与我本身能力、专长不合的工作
		只要我愿意去做，我就能做任何事情
		虽然我很喜欢/希望当一个……但如果我真的去做的话，我可能会一事无成
职业方面	有关工作的性质	我想只有某一种职业才是真正适合我，我一定要设法把它找出来
		一份“好工作”就是薪水和福利优厚的工作
		这个职业不适合男生/女生
		我所做的工作应该满足我所有的要求
	有关工作的条件	专业工作所要求的条件是非常苛刻的
决策方面	方法	我会凭直觉找到最适合我的职业
		总有某位专家或比我懂得更多的人可以帮助我找到最适合的职业
		也许有某种测试可以明确指出我最适合从事的是什么职业
		在选择职业时，最好选择市场最热门的职业
		在我采取行动之前，我必须有绝对的把握
		世界变得太快，根本不可能规划我的职业
	结果	一旦我做出了职业选择，就再难更改了
		如果我改变了决定，那我就失败了
		在我的职业生涯发展中，我只能做一次决定
满意的职业所需条件方面	他人的期待	我所选择的职业也应该让我的家人、亲友感到满意
	自我的标准	除非我能找到最佳的职业，否则我不会感到满意
		在工作中，我必须成为专家或者领导者，才算是成功

这些非理性信念的不合理之处在于其绝对化。“应该”“必须”这样的表述方式，体现了思想观念上的束缚，将个人的选择限制在狭小的范围内，最终阻止了个人持续健康的发展。而且，这些非理性信念往往存在于潜意识中，即使在理性上认为它们是不合理的，但

还是会影响到个人的判断和行动。

（二）解决非理性信念的方法

接下来介绍解决非理性信念的六个步骤：

（1）你所要验证的想法是……

（2）你如何找证据来验证自己的想法？

（3）支持你想法的证据是……

（4）不能支持你想法的证据是……

（5）你可以有的较为理性的想法是……

（6）如果你能以较为理性的想法来思考，你会……

生涯规划与练习：重构非理性信念

写出你旧有的生涯信念，试试用更为理性和建设性的思维方式来重新建构它们。如：

1. 旧的生涯信念：没有一个我喜欢的工作。

新的生涯信念：我现在可能还没有发现自己喜欢的工作，但经过对自己的探索，以及对工作领域的了解，我能够找到自己喜欢的工作。

2. 旧的信念：世界变化莫测，人不可能做出生涯规划。

新的信念：我也许不能为一生做出规划，但至少可以为下一步做出规划。

3. 旧的信念：如果不能找到理想的工作，我就是一个没有价值的人。

新的信念：也许我不能找到一个完美的工作，但我依然是一个有价值的人，而且不仅仅从工作中得到价值的体现，在其他方面也可以体现我的价值。

试着转化你的不合理信念（见表 8-9）：

表 8-9　生涯信念转化表

旧的生涯信念	新的生涯信念

【本章小结】

1. 职业决策是围绕职业目标从多个职业方案中选择最优方案并付诸实施的过程。它受到决策主体个性心理差异等个人内部因素及社会、家庭等外部环境因素的影响。职业决策的不确定感及选择项目的取舍难，造成了决策主体决策的困惑。CIP 理论阐释了职业决策的过程，CASVE 循环可以为整个生涯决策的制订过程提供指导。了解你的职业决策风格有利于提高你的决策效果。

2. 职业决策方法包含了直觉式决策和理智型决策两种类型。理智型决策本章节介绍了三种方法："价值—能力—机会"分析方法、SWOT 分析法和决策平衡单法。科学、高效的决策应该是将直觉式和理智型决策有机结合。

3. 职业决策应该接纳不确定性是决策的常态，重视偶然事件在决策中的影响作用，大学生在职业决策中要学会识别常见的非理性信念并向积极的理性信念转化。

【思考题】

1. 职业决策的影响因素有哪些？如何用CIP理论指导自己的职业决策？
2. 职业决策的方法有哪些？
3. 职业决策中有哪些不合理信念？应该树立什么样的决策理念？

【延伸阅读】

职业决策常见陷阱

决策在生活中是不可避免的，人人都需要做决策，或大或小，而过程可能是艰难的。你怎样才能知道自己做出了明智的选择？如果你被形势、情绪或错误的信息所蒙蔽了呢？当涉及职业生涯的重大决策时，审慎考虑是应该的。但即使经过千思万虑，人们仍然有可能做出糟糕的决策。

下文介绍了6种常见的决策陷阱，一旦陷入其中，很容易做出后悔莫及的职业生涯决策。

1. 先做决定，然后为其辩护

当人们的大脑只接受那些支持自己决策的证据时，证实偏见(confirmation bias)就产生了。想象一下，你现在得到一个新的工作机会，你正在考虑当中，你在心中盘算："接受这份工作对我而言是不错的职业变动，不过我想在接受之前还应该权衡利弊……"其实你已经下定决心了，你会接受新工作，任何权衡都会促使你更加相信这是一个正确的决策。在进行重大决策时，我们应该给予每一种选择以公平的机会，在得到全部信息前，不要偏向任何一方。

2. 向太多认识的人征求意见

想把自己完全搞糊涂吗？向5位以上的亲朋好友征求意见就能办到。这种做法只会带给个人5种甚至更多种不同的意见。当然，他们都爱你、支持你、为了你好，每个人的说法听起来也都很有说服力，但自己才是那个唯一紧要的人。征求别人意见，可以为自己决策提供参考，但是也很容易让自己的头脑成为别人思想的跑马场。另外，他们还会把自己的忧虑和偏见统统灌输给征询者。如果真的需要一个外部视角，应该找那些能够真正客观看待你问题的人。聘请一位顾问——一个与私人生活或当下境况没有瓜葛的人是比较好的选择。

3. 被恐惧所操纵

一般情况下，由情绪主导的决策没有基于事实和思考的决策那样合理。当主导的情绪是恐惧时，决策的效果会更加糟糕。恐惧会让人进行非理性决策，将个体挟为人质，让个人偏安一隅，且永远不会为个人更远大的抱负提供支持。当恐惧来袭时，我们应能及时察觉，并勇敢面对。请记住，恐惧是我们做出正确选择的一种迹象。

4. 固执己见，不肯承认事实

《摇摆——难以抗拒的非理性诱惑》中提到了决策中"执信"的概念，一种固执己见、师心自用的天性。有时候这种天性是如此顽固，以致做出了完全不合理的决策，仅仅是为了支持那些自己心理、生理或情绪上所热衷的想法。例如某人从小就希望做一名护士，也在专门学校接受了这方面的训练，打心眼儿里相信这是自己一生的事业。而如今，在从事这份工作几年以后，她感到不开心，护士工作没有带来曾经设想的那种成就感。很多人都有类似情况，但他们是如此“执信”自己以前的想法，以至于无法或不愿看清事实，更谈不上做出违背那种信念的选择。

5. 非黑即白的思维方式

当面对重大的职业生涯决策，人们很容易产生非“A”即“B”的心态，即只看到两种选择，中间什么都没有。这是一种限制性思维，会错失身边的许多机会。事实上，总是存在中间路线。当发觉自己总是以“要么/要么”的模式在思考问题时，就应该跳出来说“是的，还有……”是的，我们有两种选择，还有其他吗？

6. 只想不做

这就是所谓的“优柔寡断”，也是人们最经常遇到的情况。当人们花了一段时间对决策进行思考之后，就应该停下来做出最终的选择。思考花费的时间取决于个人，但注意不要陷入思考的泥潭不能自拔，以至于没有采取行动就进行决策。应该给自己的决策预备设定一个时间限制，一旦时间到了，就该放手一搏。

（资料来源：《大学生职业生涯规划与求职指导》，北京：清华大学出版社，2012 年，第 94—95 页）

第九章 职业生涯规划与实施

学习目标

通过本章学习，学生应该了解职业生涯规划的影响因素，熟悉职业生涯规划的原则，掌握职业生涯设计的步骤与内容，学会制订一份职业生涯设计方案。

莎士比亚曾说过："人生就是一部作品。谁有生活理想和实现的计划，谁就有好的情节和结尾，谁便能写得十分精彩和引人注目。"一个好的职业规划是一个发展良好的职业生涯的开始。一个好的规划可以让你高效率地安排自己的时间、精力、金钱和技能，达到事半功倍的效果。因此，大学生及早制订属于自己的职业生涯规划是十分必要的，而制订职业生涯规划也需要遵循一定的原则，这对自己的认识和定位是重要的。在全球化的竞争之下，每个人都要发挥出自己的特长。从事热爱的工作，这样的人才是最幸福和最快乐的，他们更容易在事业上取得成功。"知己"十分重要，"知彼"也是同等重要的。

尽管职业生涯规划的制订对于大学生来说是一个新的事物，但却需要尽力去掌握，这对于大学生找到一个适合自己的职业平台、实现人生价值有着重要的助推作用。

第一节 职业生涯规划的影响因素

职业生涯规划是个人发展的基础，又是个人发展的历程体现。在这个重要而又漫长的过程中，每个大学生的职业生涯规划都会受到各种因素的影响。影响职业生涯规划的因素是多方面的，有个人素质、个性等主观方面的因素，也有社会环境、机遇等客观方面的因素，各个因素之间是相互关联的。因此，在进行职业生涯规划时要仔细考虑影响自己职业生涯的每一个因素。

一、个人条件因素

（一）身体因素

"身体是革命的本钱"，健康对于职业选择特别重要，拥有健康的身体是职业生涯的首

要条件，几乎所有的职业都需要健康的身体。拥有成功的职业生涯的人更加看重自己的健康。现代社会工作节奏快，紧张忙碌的职业加上缺少运动，会导致压力的增加，甚至会产生疾病。因此，采取一些方式方法，保持适度的压力激励自己但又不伤害身体是非常重要的。

（二）性别因素

虽然男女平等的观念已普遍被现代社会所接受，但传统观念"性别因素"仍然在职业中起着不可忽视的潜在作用。因此，在规划职业生涯和求职时，女性要做好充分的思想准备，寻找与性别相适宜的、与理想相统一的职业，这有助于自己走向成功。由于工作性质的不同，有一些工作适宜女性，有一些工作适宜男性，但男女具有同等的发展机遇，只要通过努力，每个人都能实现自己的职业理想。

（三）心理因素

人在人格与冲动引导下，通过升华作用，选择能够满足其需要与冲动的职业。大学生的心理问题能否顺利获得解决，关系到包括职业选择在内的职业指导是否能顺利完成。人在职业进程中取得成功的同时其心理需要也能够得到满足。人们的自我能力及性格决定了自己的行为，而行为又与职业生涯息息相关，对个人职业生涯产生深远影响。个体可以通过对自己的心理素质及承受能力进行客观的评估，分析自己有哪些显性的身心优势，有哪些潜在能力需要开发；在哪些职业中自己的身心条件占优势，哪些处于劣势。根据自己的身心条件，决定自己能够从事哪些职业，不能从事哪些职业，设计适合自己职业发展的方向和路线。

（四）受教育状况

教育程度是事业成功不可缺少的条件，是影响职业生涯规划的一个重要因素。教育是赋予一个人才能、塑造人格、促进个人发展的活动。获得不同教育程度的人，在个人职业选择或被选择时，具有不同的能量和作用。一般的情况是：受教育程度较高的人，在就业以后会有较大的发展，在职业不如意时，再次进行职业选择的能力和竞争力也较强。人们接受教育的专业、学科门类及层次，对职业生涯起着重要的决定作用，人们在选择职业、转换职业时往往与所获得的学历层次、所学的专业有一定的联系。

（五）年龄

在大部分正式的职业中，"机运之窗"是在一个人能投入、突破时才存在，所以这种"机运之窗"几乎有效地限制了每个人，而且是与人的年龄密切联系在一起的。事实上，有少数人在一般认定的年龄之后才开始事业的重要阶段，被称为"大器晚成"。但是不能拿大多数人的事业与这极少数的例外者相提并论。岁月好比金钱投资，所以每个人都必须自问："我的时间应该怎么投资才能获得最佳报酬?"每一个人都应该把握最佳年龄优势期，积极拓展自己的职业和事业。

二、职业发展因素

影响大学生职业生涯规划的职业发展因素有很多，主要包括职业理想、职业兴趣和职

业能力三个方面。

（一）职业理想

这是大学生职业生涯发展的前提，是大学生依据社会需求和个人自身条件，借助想象而确立的奋斗目标，即大学生渴望达到的职业境界。它是人们实现个人生活理想、道德理想和社会理想的手段，并受社会理想所制约。职业理想直接影响大学生今后职业选择的方向，生活理想和社会理想也需要职业理想的实现来帮助完成。

（二）职业兴趣

职业兴趣是一个人对待工作的态度，对工作的适应能力，表现为有从事相关工作的愿望和兴趣。这是大学生职业生涯发展的基础，拥有职业兴趣将增加个人的工作满意度、职业稳定性和职业成就感。职业理想在客观上决定了你要做什么，而职业兴趣在主观上确定你喜欢什么、不喜欢什么。职业兴趣是影响人择业最主观的因素，也是判断一个职业是否适合自己的关键因素，所以大学生在制定职业生涯规划时，一定要结合自己的职业兴趣来考虑。兴趣对职业的选择影响很大。著名运动员刘翔从小就热爱并喜欢体育项目，7岁开始与体育结缘，10 岁主练跳高、辅练 100 米短跑，开始了他的职业运动生涯，他 12 岁开始练习跨栏，并很早就立志成为一名世界顶尖的优秀运动员。刘翔说："跨栏是我的工作，我热爱它。"专家认为，正是基于他对职业的这种热爱，并较早地确定了职业方向，通过教练的科学训练及他的个人努力，才成就了他今天的成功。

（三）职业能力

这是大学生实现职业理想的保障，它将影响大学生能否做好一份职业，以及大学生在职业上的发展进程。职业能力是由具体的一个个职业所客观要求的，如果你要做好这项工作，必须具备基本的职业能力。大学生在制订自己的职业生涯规划时，要考虑在校期间如何提升自己的通用职业能力，形成自己特有的知识结构、能力和才能，增强自己就业时的核心竞争力。

三、环境因素

（一）社会环境

社会环境因素，指的是社会的政治、经济体制，人才市场的管理体制，社会文化习俗，职业的社会评价等状况。社会经济的发展作为一种决定性的力量，制约着社会就业的数量和质量；政策、法规等政治因素的变化，不仅对企事业单位的影响很大，甚至影响到整个行业的兴衰；一个民族的传统文化也必然会长期影响人们的价值观，而价值观会影响人们的职业方向抉择。以上这些社会环境因素决定了社会职业岗位的数量、结构、层次，同时也决定了人们的职业观念，从而决定了就业的方式、职业观和个人职业生涯的历程。大学生在职业生涯规划中不仅要运用好现有环境，挖掘环境中的有利因素，而且要善于创造良好的环境，考虑社会的需求，才能最终达到自己的职业目标。

（二）组织环境

良好的组织环境可以使得工作顺利进行，个人才能也能够得到充分发挥。组织环境

对于大学生职业生涯规划的影响主要通过以下几个方面来实现：首先，组织选人用人的要求，对大学生职业生涯规划影响巨大。他们会根据自身的能力、条件来对应、匹配组织的要求来选择自己的职业方向。其次，组织的发展态势对大学生职业方向的选择影响重大。组织或者行业正处于朝阳期，或者是国家主导的新兴产业，社会对其前景普遍看好，这种职业方向对于大学生来说无疑是具有吸引力的。最后，组织成员的待遇情况也会影响人们是否进行职业转换。大学生毕业后的生活基本依靠工作收入来源，一个岗位的具体收入包括岗位本身的工资、组织的福利、岗位的补贴、岗位在组织的发展空间等，所以薪资待遇也是务实的大学生在职业生涯规划时需要考虑的因素。

（三）家庭环境

家庭是大学生的人生第一所学校，它既是生活的重要场所，也是影响大学生个人素质和职业生涯规划的重要因素。人的社会化其实从其一出生时就已经开始了，一个人在幼年时期就开始受到家庭的潜移默化的影响，使人逐渐形成一定的价值观和行为模式。许多人还会长期受到家庭成员的影响，不自觉地习得某些职业的知识和技能。在家庭环境中习得的价值观、行为模式、职业知识和技能等必然会影响一个人的职业理想和职业目标，影响其未来的职业抉择。同时，其对职业岗位的态度、工作表现等也会对人的职业生涯产生较大影响。尽管大学生都接受高等教育，但是家庭在很长时间内都会对其产生深远影响。家境的优劣也是影响职业生涯规划不可忽略的要素。家庭负担重的人，家庭责任感会使自己有着更大的就业压力，甚至会改变原来规划好的职业目标。因此，我们做职业生涯规划时，必须考虑家境状况，以平衡家庭责任与职业理想之间的关系。因此，大学生在职业生涯规划时，不可忽视家庭的影响，要把握职业生涯的每一个阶段与家庭责任之间的平衡，寻求更好的职业发展方向。

[案例]

职业规划误区阻碍你发展

不正确的职业规划会成为以后工作发展的“绊脚石”。职业规划中存在的十个普遍误区，看看你有没有犯这些错误。

职业规划到底是什么，很多职场人似乎还是一知半解，甚至还存在很多理解偏差。这种认识上的误区一不小心就成了发展的“绊脚石”，比如，“找一份销售的工作改变自己的性格”、“自己学这个专业，找对口的工作一定有优势”、“三四十岁，已经来不及做职业规划了”……在个人职业规划咨询中总结发现，职业规划中的十个普遍的误区，在无形中阻碍了职场人的发展，限制了他们的思维。

误区一：性格内向，找个销售工作改变性格

镜头回放：小王学的是程序设计，他一向比较内向、寡言，不善言辞。自己觉得这样的个性不理想，便决定找一销售或者客服的工作来改变性格，让自己有个大变化。但结果不如人意，每次拿起电话要跟陌生人沟通，心里便充满了抗拒，最终还是以辞职告终。

专家点评:“性格是与生俱来的,工作对个人性格会产生一定影响,但并不会因此产生本质的变化。”职业规划师洪向阳说,不少职场人希望通过工作来锻炼和彻底改变自己,会有一定作用,但与自己性格特质、能力特长等完全不相合甚至背道而驰的工作,不仅不能让你发挥所长做出成绩,还很有可能会让你消磨自信,导致更深的挫折感。

误区二:找本专业的工作,一定有优势

镜头回放:小李的专业是工业设计,毕业后想去广告公司做设计。但几轮面试下来,她才知道自己掌握的软件、设计功底都达不到广告公司的要求。“本专业”还不及那种精通设计的业余爱好者,让她沮丧又迷茫。

专家点评:一般状况下,找本专业工作在专业知识、技能上有一定优势。但目前的状况是,大学生的专业学习不到位,且因为没有提前对未来的职业发展实施规划,在知识和技能的准备上很不充足,甚至不知道自己该做什么,技能水平很难与用人单位的需求对接,常常无“优势”可言。提醒大学生尽早利用在校时间对未来的职业发展做好准备工作和前期探索,才能真正积累有用的优势。

误区三:调整心态,一定能喜欢上现在的工作

镜头回放:小张毕业后听了家里的安排进银行工作。柜员的工作枯燥单调,完全不是他以前想做的。他不敢辞职,想了不少办法让自己对工作多一点积极性,但心理的抵触始终消除不了,严重影响了工作表现。

专家点评:喜欢一份工作,是因为这份工作满足了你的成就感、价值感,且不断刺激你追求新的目标。如果眼下的工作根本不是你的兴趣所在,也不能满足你的自我成就感,即使在短时间内可让生活有保障,也不会是长久发展的方向。职场人明确职业定位、选择职业时,一定要结合三方面进行综合决策,即自身的能力特长、职业价值观和当前的职业机会。通过全面的分析和判断才能找到合适、感兴趣、让自己全身心投入的好工作。

误区四:三四十岁才做职业规划,已经来不及了

镜头回放:李丽 36 岁,在一家小公司当副总,主要负责公司销售、客服方面的工作,繁忙且压力很大。家中还有一个 4 岁的宝宝要照顾,总感觉吃力,想重新换一个新方向工作,可她始终不敢迈步,觉得已经过了优势年龄,只能继续忍受着生活。

专家点评:“任何时候做职业规划都不会晚。”职业规划导师闫岭说。职业生涯漫长,不同阶段有不同的任务要完成,如果前一阶段的问题没有解决,拖沓到下一阶段只会加重发展的危机,且需要付出更多的成本。每个阶段都应该随发展及时调整职业规划方案,及时解决发展中的问题。

误区五:大学生只要学习,职业规划等工作以后再做

镜头回放:王强高考成绩不够理想,被调剂了学校和专业,学了工商管理。但这个专业到底以后出来能做什么工作,他一点也没概念。眼看着大三就要过完了,家里父母都为工作的事焦急,他却慢条斯理地说:“还有一年,等毕业时再考虑也来得及,现在找了又不是马上就要去上班。”真等到毕业时,看到身边的人都陆续签约,他傻眼了,连自己能做什么都还不清楚。

专家点评:大学是个人职业生涯发展的预备阶段,需要充分利用好此阶段对未来的职业发展方向进行探索和尝试,并有针对性地学习和积累一些专业技能,多从实践中了解社会、了解职场、了解自己的能力特长等,以便于毕业时与职场"无缝接轨"。否则,毕业求职时就会手忙脚乱,不知道方向。

误区六:年轻是资本,工作越多尝试越好

镜头回放:小迪毕业一年,已经换了三份工作,做过外贸跟单员、销售和经理助理,可他觉得都不合适,做几个月就辞职。"趁年轻,我想多尝试不同的工作,其他的走一步看一步吧。"小迪就这样不停地跳槽换工作,但始终定不下来。

专家点评:"裸辞"、"闪辞"似乎已经成为职场新人的通病。工作中碰到一点阻碍和不顺心,就立马放弃,去尝试其他的新领域,一直追逐着"更好的工作",却不知道究竟什么才是自己需要的"好工作"。"一份好的工作,也是一个好的妥协。"择业是要选择与自己能力、价值观相匹配的工作,在不同发展阶段,选择对自己最有利的机会。世界上没有完美的工作,毫无头绪地瞎跳槽、乱换岗位和行业,只会让自己的发展停滞不前,甚至倒退。

误区七:计划没有变化快,用不着规划

镜头回放:"计划总赶不上变化,没必要提前计划什么。"小马做 IT 工作三年,总是在新项目有需要时,才会临时突击学习可能需要的新知识。他有技术,但总显得不够火候,做了几年的技术进步还是很缓慢,升职的事总是遥遥无期。

专家点评:"前进的方向,来自清晰的职业规划。"面对瞬息万变的"变化",你只有提前通过规划、制订具体的目标才能在风浪中掌握住自己的方向。越是知识和技能更新周期短的行业,越需要规划来提高自己对行业发展趋势的预见性。只有时刻准备着的人,才能在机会出现时,抓住发展的机遇。

误区八:想知道自己适合什么工作,只要做个测评

镜头回放:露露再一次辞职出来,这份行政助理的工作做了不到一年,还是没能坚持下来。可自己到底适合做什么,工作三年了,她还是一头雾水。这次找工作前,她特意做了好几份职业测评,以希望从测试结果中找到合适的工作。但结果出来那么多"适合职业",难道自己要每个都去尝试一遍么?还是迷茫。

专家点评:网上流传着各种各样的职业测评,在择业迷茫、发展困惑时,职场人都想立马找到最有效、最快的方法解决困难。但职业测评只能作为自我了解的辅助工具,并且需要专家根据测试结果,结合你个人的实际情况进行分析和解读才能起到解决问题的作用。进行择业、职业定位时,需要综合考虑、评估各方面要素,才能最终做出决策,切勿片面地理解和利用职业测评结果。

误区九:有了各种证书,就能找到好工作

镜头回放:从大三开始,小方就开始考各种证:ISO9001 质量管理体系认证、导游证、会计从业资格证,等等。可是到毕业了,看着各种各样的工作,他也不知道找什么好,面试了几家公司,也无果而终。

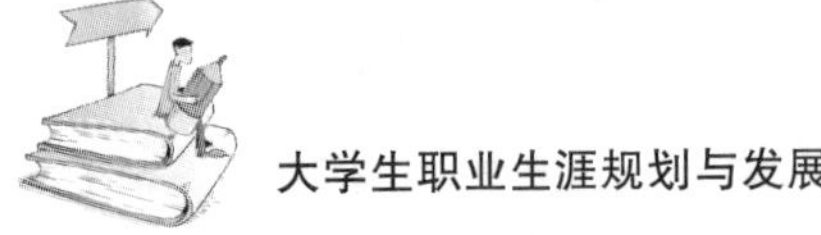

专家点评：很多大学生和职场人依然认为考到证书就能找到好工作，其实光有证书根本无用。职业规划师方文怡认为，求职者最好先明确职业目标，有一个初步的职业规划，有针对性地进行学习。更重要的是，企业用人现在更看重实际技能，判断你是否是真正能为企业创造效益的人。

误区十：别人的成功轨迹，自己"依葫芦画瓢"

镜头回放：小刘学的是经济学专业，但并不是太喜欢。在他认识的人中，有一位学长也是经济学专业，但后来考了法学的研究生和律师资格证，读完书出来从事经济法律方面的工作，前途似锦，风光无限。小刘觉得这个方向不错，自己也去考法硕，可那些法律条文都背得头疼，更谈不上通过考试了，前途一片渺茫。

专家点评：在职场上摸爬滚打，大家都希望有朝一日出人头地、光耀门楣。如果是看到和自己经历类似的人成功，出现模仿的心理很自然。但是，生搬硬套并不会给你带来同样的成功。"每个人的发展轨迹和经历都有其特殊性，尤其在职业发展上，个人的能力水平、价值观、性格特质等都在影响和左右最终的结果。"每个人的职业规划都必须量身定做，才可能获得属于自己的成功。

一些传统的旧观念和旧习惯已经跟不上今天时代前进的步伐，只有不断学习新知识、新理念，并且不断与时俱进地调整自己的职业规划，才能从容面对职业发展中的各种挑战，收获属于自己的成功。

（资料来源："职场百科网"）

第二节　职业生涯规划的原则及步骤

有的人认为通过社会环境的分析，找出社会需要的职业，这就是职业生涯规划了；有的人则认为，选择"我喜欢做"的事情，就是职业生涯规划。但走上工作岗位后却发现诸多的不如意，频频跳槽却事业难成。那么，应当如何进行职业生涯规划呢？

科学的职业生涯规划是一个循环的过程，也是一项专门化的管理，也就是从组织角度对大学生将要从事的职业发展过程进行一系列计划、组织、领导和控制活动，以实现组织目标和个人的目标有效结合。因此，遵循一系列的步骤和原则对于掌握职业生涯规划是十分必要的。

一、职业生涯规划的基本原则

职业生涯规划要从社会发展需要出发，正确认识自身的条件与相关环境，从专业、兴趣、爱好、特长、机遇等方面尽早确定自己未来的发展方向。大学是培养专业人才的重要基地，大学生应当从跨入校门开始就确立自己的未来职业生涯目标。大学生在进行职业生涯规划时，应遵循以下基本原则：

（一）职业生涯规划应与社会需求相结合

择业是一种社会活动，它必定受到社会的制约，如果择业脱离社会的需求，将很难被

社会接纳。职业生涯规划要把握社会对人才需求的变化，以社会需求作为出发点和归宿，这样的职业生涯规划才有现实性和可行性，而不能光从自己的理想出发，脱离社会需求导向。

（二）职业生涯规划应与所学专业相结合

每一个大学生都有自己的专业，每一个专业都有一定的培养目标和就业方向，经过大学阶段的学习，大学生都具有某一领域专业的知识和技能，这是每一个人的优势所在。而且，用人单位在招聘过程中，首先要考虑大学生所学的专业。因此，大学生在进行职业生涯规划时，应以所学专业为依据。否则，如果所从事的职业不是自己所学的专业，在参加工作后就要重新“补课”，这无形中为自己的工作和生活增加了许多负担，对个人职业发展是极为不利的。

（三）职业生涯规划应与提高综合能力相结合

知识经济时代是崇尚创新、充满创造力的时代，应养成推陈出新、追求创意和以创新为荣的意识，要有广博的视野、掌握创新知识以及善于开创新领域的能力；树立终身学习的思想观念，不断更新知识结构，有针对性地“充电”，以适应瞬息万变的形势，跟上时代发展潮流；应注重个性发展，要用知识探索未知，解决问题，创造机会与财富，成为社会的强者，在此过程中，还应承认个人智慧具有局限性，懂得自我封闭的危险性与团结协作的重要性，才能以合作伙伴的优势弥补自身的缺陷，增强自身力量。在各种人际环境中有良好的沟通能力，与他人友好合作，才能更好地应对知识经济时代的各种挑战。

（四）职业生涯规划应与增强身心健康相结合

千变万化的社会要求大学生要有健康的体魄和良好的心理素质。古希腊哲学家赫拉克利特曾指出，“如果没有健康，智慧就难以实现，文化无从施展，力量不能战斗，财富变成废物，知识也无法利用”。在人生选择与实践过程中，应培养和锻炼自己对挫折的承受能力和情绪调控能力，增加生活的磨练与体验，以正确的人生态度对待困难和挫折。

二、职业生涯规划的基本步骤

职业生涯规划不是一蹴而就的，需要有科学完整的计划，遵循一定的步骤。如果规划不能得到很好的实施，再好的规划也注定失败。大学生制订了可行的职业生涯规划后，应该重点关注实施既定计划。

（一）自我探索

“知己知彼，百战不殆。”自我探索是对自己的全面审视，是“知己”的过程。全面审视自我有利于认识自我的素质、能力、价值，有利于进行职业生涯规划。

1. 自我探索的内容

自我探索的主要内容与个人所拥有的因素相关，包括兴趣、个性、能力、特长、学识水平、思维方式、价值观、情商、潜能等，主要是对自己的优缺点进行汇总分类，加以分析，大致有以下三个方面。

第一个方面，知识与技能。即将步入社会的大学生，首先要了解“我到底学到了什么”,对自己的专业知识、专业技能做一个全面的评估。这样既有利于增强自己的自信心,又有利于了解自己在知识方面的长处与不足,也有利于及时查漏补缺,在求职过程中做到扬长避短。

第二个方面,个性特点。光了解自己的知识与技能是远远不够的,还要了解自己的个性特点、兴趣爱好等。俗话说:“性格决定命运”,在竞争日益加剧的今天,要想人尽其才,适应相关的岗位,健全的人格、对职业的激情、相关的兴趣爱好是必不可少的要素。

第三个方面,社会实践。此外,大学生还应了解自己的社会实践活动情况,对自己的发展潜力有一个较完善的了解。应届大学生没有太多的工作经验,却有发展潜力。大学生应该充分挖掘自己的发展潜力,制定与发展潜力相匹配的职业计划,让自己的潜能转化为才能。

2. 自我探索的方法

自我探索的方法大致有两种:一种是自己对自己进行探索,另一种是邀请别人对自己进行探索。前一种方法是通过对自己信息的汇总,或是借助一些心理学的测验,全面地把握自己;但是,自己对自己进行分析与评估,难免掺杂主观因素,产生一定的偏差。因此后一种一般来说比较客观,是重要的参考资料,但由于别人对自己的了解有限,难以全面地分析与评估。在具体实践的时候,最好是两种方法相结合。

(二)职业生涯环境分析

相对于自我探索,环境分析是“知彼”的过程,主要是评估各种环境因素对自己职业生涯发展的影响。每个人都处在一定的环境当中,离开了这个环境,便无法生存与发展。所以在制定个人职业生涯规划时要全面分析环境因素。

环境分析的主要内容一般包括政治环境、经济环境、文化环境、组织环境、个人所处环境等,主要目的是找出环境中的有利因素和不利因素,以便相应地调整自己,来适应环境的要求。在这里,政治环境一般包括政治稳定性、法制化程度、政治的清明程度等,这些对于未来的事业发展往往有着决定性的作用;经济环境一般包括目前的经济水平、区域经济水平、行业经济水平及经济走势等;文化环境,这里主要指社会文化环境,包括社会文化心理、企业文化、区域文化及文化发展等,对未来的创业具有重要的作用;组织环境主要指目前组织的状况,包括组织结构、组织成员、组织文化等,也是职业生涯规划的基础之一;个人所处环境是指个人所处的社会地位、所诠释的社会角色、所拥有的社会关系等。

环境分析的方法可以结合自己对环境的了解和他人的建议,最后权衡利弊,进行多角度、有目的的有效评估。

(三)目标设定

设定目标是人类重要的高级行为。马克思曾说过:“蜜蜂建筑蜂房的本领使人间许多建筑师感到惭愧,但是最蹩脚的建筑师从一开始就有比灵活的蜜蜂高明的地方,是他在用蜂蜡造蜂房之前,已经在他头脑里把它建好了。他不仅使自然物发生形式变化,同时他还在自然物中实现自己的目的,这个目的就是他所知道的,是作为规律决定着他的活动的方式和方法。”目标是旗帜,是方向,也是职业生涯规划的核心。事实上,职业生涯规划就是为了实现一定的目标和目标体系进行的方案制定与实施的过程。在设定目标的时候,要

注意以下三点。

1. 确定核心目标

确定核心目标是确定目标体系的前提，只有确定了核心目标，以后关于核心目标的一系列目标体系的完善才有意义。在确定职业发展的核心目标时要注意自己的性格、兴趣、特长与选定职业的匹配，更重要的是考察自己所处的内外环境与职业目标是否相适应，不能妄自菲薄，也不能好高骛远。合理、可行的职业生涯目标的确立决定了职业发展中的行为和结果，是制定职业生涯规划的关键。

2. 选择发展路线

在职业目标确定后，向哪一路线发展，比如是走技术路线，还是管理路线，是走技术＋管理即技术管理路线，还是先走技术路线、再走管理路线等，此时要做出选择。由于发展路线不同，对职业发展的要求也不同。因此，在职业生涯规划中，必须对发展路线做出抉择，以便及时调整自己的学习、工作以及各种行动措施沿着预定的方向前进。

3. 完善目标体系

事实上，职业生涯规划的目标都是一个目标体系，是围绕核心目标构建的。这个目标体系既是对核心目标的细化与完善，也是为实现核心目标而设计的实践途径。只有通过完成目标体系中的一个个小目标，才会最终完成核心目标。在完善目标体系的时候，一定要重视目标体系的层次感，使体系清晰，便于操作。在构建目标体系的时候，要充分考虑各个分目标的重要性和时间、空间上的差异，合理、有效地安排。

（四）计划与实施

1. 计划制订

针对职业生涯规划的目标体系，选择可操作的方针，进行整合，就形成了职业生涯规划的方案。制订职业生涯规划方案时，要考虑以下三个方面。(1) 明确职业岗位工作的目的和意义。只有对职业有全方位的了解，才会知道自己是否喜欢这个职业，适合这个职业。同样，只有明确了解职业的意义，才会知道职业的意义是不是符合自己的价值观，是不是自己的追求。(2) 个人的兴趣、爱好、专长与社会实际需要相结合。从人的全面发展的角度来看，职业生涯规划的考虑因素应该从单一地要求福利待遇发展为和个人的兴趣、爱好、专长相结合。(3) 充分发挥才能及素质优势。职业生涯规划方案中一定要体现自己才能的发挥及素质优势，体现规划者对事业负责、对社会负责的精神。

2. 计划实施

在确定了职业生涯的终极目标并选定职业发展的路线后，行动便成了关键的环节。这里所指的行动，是指落实目标的具体措施，主要包括工作、培训、教育、轮岗等方面的措施。对应自己行动计划可将职业目标进行分解，即分解为短期目标、中期目标和长期目标，其中短期目标可分为日目标、周目标、月目标、年目标；中期目标一般为三至五年；长期目标为五至十年。分解后的目标有利于跟踪检查，同时可以根据环境变化制定和调整短期行动计划，并针对具体计划目标采取有效措施。职业生涯中的措施主要指为达成既定目标，在提高工作效率、学习知识、掌握技能、开发潜能等方面选用的方法。行动计划要对应相应的措施，要层层分解、具体落实，细致的计划与措施便于进行定时检查和及时调整。

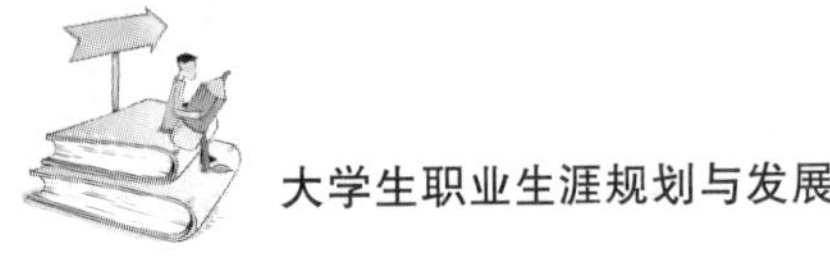

（五）评估与调整

俗话说："计划赶不上变化。"职业生涯规划是一项动态的活动，影响大学生职业生涯规划的因素有很多，随着大学生年龄增长和阅历的不断丰富，其兴趣爱好和职业倾向都会发生变化。同时，它还具有连续性、循环性和往复性等特点，在职业生涯规划的实践活动中，还要注意职业生涯规划实施的后续工作。在职业生涯规划的制定和实施过程中涉及复杂而繁多的各种因素，这些因素有的可以预测，有的难以预测。所以，在这种情况下，要使职业生涯规划行之有效，就必须不断地调整，对职业生涯规划活动产生的效果进行反馈评估，对职业生涯规划活动进行调整。事实上，反馈评估与调整也是一个再认识、再发现、再规划的过程。

第三节　职业生涯规划书

在职业生涯规划中要明确动机、已获得的才干、企业及社会环境、未来发展目标、成功的标准、具体的行动计划及个人事务、家庭生活与职业生涯的协调等问题。职业生涯规划书的主要内容反映规划制订者对价值观念、能力的自省程度和对职业生涯发展的自我把握程度。

职业生涯规划书是对个人职业发展道路进行选择和设计的过程，规划的内容和结果应该在规划过程中及规划后形成文字性的方案，以便理顺规划的思路，提供操作指引，随时评估与修正。

一、职业生涯规划书的内容

职业生涯规划书呈现的形式根据制定者的风格可以多种多样，但是通常来讲，一份完整的职业生涯规划书应该包含以下内容。

（一）题目

（1）题目要反映职业生涯个人化的特征和时间坐标原则；

（2）主要项目包括：规划者姓名、规划年限、起止日期、年龄跨度；

（3）开始日期详细到年、月、日，截止日期可以到年。

从题目可以看出是谁的职业生涯规划，是阶段性的还是终身的。

（二）职业方向

职业方向是对职业的选择，比如律师、教授、医生、音乐家、军人、企业管理人员。职业方向的选择反映职业生涯动机，或称主观愿望。确立职业方向、阶段目标和总体目标。职业方向即从业方向，是对职业的选择；阶段目标是职业规划中每个时间段的目标；总体目标即当前可预见到的最长远目标，也是在特定规划中的终极目标。在确定总体目标时，如果能适当地看得远些，定得高点，则有助于最大限度地激发规划者的潜能。

（三）社会环境分析结果

通过对社会大环境分析开阔视野，即了解所在国家或地区的政治、经济发展趋势，所

选定的职业在社会环境中的地位，社会发展趋势对该职业的影响。

（四）组织分析结果

组织分析结果包括以下内容：组织的发展领域，组织在本行业中的地位和发展前景，组织的服务或产品在市场上的发展前景；组织主要领导人的抱负及能力；组织文化、组织制度，特别是组织用人制度；自己对组织发展战略、组织文化、管理制度的认同程度；组织结构发展的变化趋势，与自己有关的未来职务发展预计；组织能提供的各种教育培训机会，担任更高级职务或职务内涵变化的可能性，相关职务的待遇及发展趋势在本组织内实现职业生涯的可能性。

（五）角色及其建议

哪些人将在自己职业生涯开发与管理中扮演重要角色，他们的作用是什么，他们的建议是什么，保持联系的方法、联系的频率和目的。对家庭主要成员、直接上级、职业生涯管理专家、更高层次领导的建议和要求，本人不一定完全赞同这些建议和要求，但应客观地记录备用。

（六）目标及实现时间

职业生涯目标是指可以预见的最长远目标，可分为多项并不互相排斥的目标，包括时间目标、职务目标、能力目标、成果目标、经济目标。

（七）成功的标准

回答与职业生涯相关的价值观念的问题，例如：如果预期的职务没有得到，是不是失败？如果得到预期的职务，能否代表全部的成功？如何检验非职务目标的成功？家庭生活与职业生涯成功哪个更为重要？

有的人对职业生涯成功的定义就是事业的成功，为了事业可以牺牲健康和家庭；有的人对职业生涯成功的定义是职业生涯成为个人事务和家庭生活保证的基础，即如果能起到基础的保证作用，就视为职业生涯的成功；有的人认为个人事务、职业生涯、家庭生活的协调发展，才是职业生涯的真正成功。人的价值观念也在不断变化和澄清。

（八）自身条件及潜力测评结果

职业生涯规划要帮助个人真正了解自己，我们要对过去的职业生涯做自传，提供个人背景材料，对自己的能力、潜力进行自省，并表明自己的发展预期目标。将自身的条件、发展潜能、发展方向与环境给予的机遇和制约条件相比较，最终达到“觉醒”，即知道自己已经做了什么，自己想要做什么，自己能做什么。通过业绩评估和其他检测方法可以明确现有知识水平、专业能力、管理能力、身体健康状况等条件，通过潜能测评可以发现未来的发展潜力。

（九）差距

分析目前条件与实现目标所需知识能力要求的差距。如在思想观念、专业知识水平、具体操作能力、心理承受能力、口头表达能力、文学表达能力、身体适应能力等方面的具体差距。

（十）缩小差距的方法

根据自己的差距内容，设计不同的解决方案。根据能力差距和目标分解制订教育培训的具体内容、日期、地点、方式等，教育培训计划贵在可实施性。也可以采用讨论交流的方法：选定讨论交流的对象、主题、时间、方式等，获得建设性的改进建议。或通过实践锻炼，争取改变工作内容或工作方法，着重处理自己较难完成的工作。

二、职业生涯规划书撰写步骤

根据上一节职业生涯规划的步骤以及上文职业生涯规划的基本内容，可以确定职业生涯规划的撰写步骤，各个步骤相互衔接，应该形成一个完整的体系。

（一）自我评估

自我评估是职业生涯规划的基础，也是能否获得可行的规划方案的前提。全面而客观的自我评估是一个明智的职业生涯规划的开始。选择任何一种职业之前，你要对自己进行全面分析，深入、客观地分析和了解自己：明确认识自己的个性特征、主要兴趣所在，如才能、特长、性格、学识、技能、身体状况、学识水平、思维方式、价值观、智商、情商；熟悉自己掌握的知识与技能；了解自己的协调、组织管理、活动能力等；弄清自己为人处世所遵循的价值观念，明确自己为人处事的基本原则和追求的价值目标；了解自己的优势和不足。要对自己进行全面分析，以便进一步规划自己的职业生涯，首先要弄清自己是谁，自己想要做什么，自己能做什么，自己平时是怎么样做的，自己可以从哪些方面发挥优势、弥补不足。值得留意的是，自我评估中还应当借鉴周围不同人物角色的建议，这样才能得到比较客观、中肯的评估结论。

收集相关职业信息，弄清“自己是谁”——反思自身条件以及目前所扮演的角色。具体来说，自身条件就是你的性格是什么样的？是内倾还是外倾？是喜欢独处还是喜欢合群？喜欢一个人静思还是喜欢团体讨论？是喜欢事事缜密、三思而后行，还是说风就是雨、雷厉风行？分析自身条件是职业生涯规划的基础，直接关系到个人的职业成功与否。分析自身条件特别是分析自己的性格是职业选择的前提。职业心理学的研究表明，不同的职业有不同的性格要求。虽然每个人的性格都不能百分之百地适合某项职业，但却可以根据自己的职业倾向来培养、发展相应的职业性格。同时，作为一个学生、一名子女、兄弟姐妹、朋友，你扮演的角色是什么样的？是一个服从规范的好学生，还是一个喜欢打破规则的调皮学生；是一个顺从的子女，还是一个反叛的角色；是一个考虑周到喜欢承担责任照顾他人的姐姐或哥哥，还是一个依赖性强独立性差的弟妹；是一个诚实守信相交如水的君子朋友，还是一个趋炎附势见利忘义的酒肉朋友？你怎么评价你的这些角色？你的亲人和朋友又是怎样评价你的这些角色？你目前所扮演的角色将有助于你对未来角色的定位和描述，以做出有利于自身发展的职业选择和规划。

弄清“自己想要做什么”——分析自己的兴趣和职业需求。兴趣是工作的动力，如果一个人的工作与自己的兴趣相符，那么工作就是一种享受和乐趣。需求主要是分析自己的职业价值观，弄清自己究竟要从职业中获得什么。你喜欢需要与人沟通交往获得尊重和认可的社会工作，还是喜欢独立操作获得成就感的技术型工作？你喜欢领导团队满足

控制欲望的管理性工作，还是习惯于接受别人领导和安排的一般性事务？如果公司认为你过去一年工作表现突出要给你一次奖励，你希望得到的是加薪折现、培训进修还是职位的提升？

弄清“自己能做什么”——分析自己的特长。特长是自己的能力与潜力。你做哪些事情比较得心应手？你在哪些方面比别人表现得更为突出？你的哪些特质与众不同？每个人都有着巨大的发展潜力，如果你在准备充分的条件下，能够得到适当的机会、合理的发展空间以及恰当的激励和挑战，你就有可能让自己的潜力表现出来。如果你觉得自己没有什么特长，想想曾经让你自己感到满意或受到过称赞的那些成果。关键是要相信自己，从正面的积极的角度肯定自己的价值。

弄清“自己平时是怎么样做的”——了解自己的人际关系应对方式。职业准备的一个重要步骤是认识到自己如何对不同的人和情境做出反应以及他人如何回应你。你在学习工作受挫的时候会求助，还是独自承受？你在学习工作之余是喜欢和同事打成一片，还是独自一人？你在学习工作有起色的时候是喜欢与人分享，还是暗自窃喜？你在别人反对你的意见时是孤立地坚持己见，还是试图说服对方？你在被上级误解时是消极抵抗、闷闷不乐，还是先积极寻找学习工作中的不足，再找机会消除误解？你在受到朋友排挤时如何应对？别人对你又有什么样的应对？

弄清“自己可以从哪些方面发挥优势、弥补不足”——分析自己的发展方向。一个人难免有不完美的地方，如何让自己的优势得到展现，如何弥补自身的不足，是我们每个人一生都要做的功课。博采众长，取长补短，找到适合自己的发展方向，才能不断完善自我。在进行自我评估时，个人对自己的认识难免有片面之处，应当听取他人的意见和建议，以便对自己有更准确的认识。

（二）评估职业环境

环境因素对个人职业生涯发展有极大的影响。作为社会生活中的一个个体，只有顺应外部环境的需要，才能最大限度地发挥个人的优势，实现职业生涯的目标。如果缺乏对外部环境的了解和分析，个人职业生涯规划便只能流于空泛，成为水月镜花。对大学生来说，环境主要是指市场与用人单位等因素。

职业环境因素对个人职业生涯发展的影响是巨大的，它为每个人提供了活动空间、发展条件、成功的机遇。在制订职业生涯规划时，要分析职业环境的特点、环境的发展变化情况及趋势、个人与环境的关系、个人在环境中的地位、环境对个人的要求以及环境中对自己有利与不利的因素等。没有人能准确预言未来世界需要什么样的工作。但是你可以对自己未来的职业做出一些预测。在做这个预测时，你需要考虑以下几个对职业产生影响的因素：

1. 经济环境

利息率、消费量、社会经济发展政策是影响职业的一部分经济因素。

2. 科技

能改善我们工作条件的新产品和新工艺在不断更新。在选择职业时有必要了解这些新技术的发展情况。

3. 政府行为

政府行为和政府政策的变化影响着所有的就业领域。

4. 国外竞争

中国经济受全球市场供需状况的影响，也面临其他国家经济、技术、资金、管理等各方面的竞争。

5. 社会趋势

家庭的规模越来越小，单亲家庭的增多，以及老龄化问题的到来都是社会发展的一部分。窥斑见豹，这种种社会发展趋势都会对就业市场产生影响。

6. 不同行业的发展速度

不同行业的发展速度受制于社会发展需求和科学技术的进步，有较大社会需求，而且科学技术发展快的行业其发展速度也相对较快，反之则慢。这种不同的行业发展速度也会对就业市场产生影响。

另外，外部环境分析还应该包括对组织环境特别是组织发展战略、人力资源需求、晋升机会的分析与探讨，弄清环境对职业发展的作用及影响，以便更好地进行职业目标的规划与职业路线的选择。总的来说，你需要不断观察、阅读、分析这些方面的相关信息，了解最新的发展趋势，才能评估就业环境，从而对不同职业未来的发展潜力做出判断。

（三）收集相关职业信息

职业规划的一个关键步骤是收集现有及未来就业机会的相关信息。职业生涯的规划需要个人通过多种渠道了解关于工作的种种信息。比如用人单位的性质、分类、工种、业务等情况。这些信息从收集渠道大体可以分为两类：间接信息和直接信息。

间接信息包括：图书馆，到图书馆找找职业教育的资料，一些与职业教育相关的书籍、期刊、报纸、小册子都可以翻阅一下；官方出版物，政府出版的有关就业、职业方面的书籍、资料；比较适用的如职业指南手册，有对职业的比较详细的介绍；大众传媒，大部分报纸都定期开有有关职业和就业的特色专栏，这些专栏可以提供较新的就业信息；网络上也有一些专门的求职网站，提供了大量最新信息；专业机构，几乎每个行业都有专门的管理和发展机构，除了提供专门的行业发展信息，这些组织往往还会提供一些有关就业机会的信息，你可以从专业的讲座、讨论会、会议和出版物得到一些基本的有关职业发展的资料。

直接信息包括：在职人群，一本私人通讯录也许是你最有价值的职业信息资料。亲朋好友以及熟人可能会为你提供一些招聘信息。大部分人都愿意给你讲讲他们的工作经历和工作状况以及可能的工作机会，但是有一点一定要注意，就是拜访这些人时，切记要选择对方方便的时间和地点；公司提供的有价值的信息，有些公司会为未来的员工提供职业规划信息。这种信息可能会包括与公司业务相关的一些职业领域的发展前景，以及对员工的职业要求和规划。在应聘这一类公司时最好能提前了解有无这些资料。一些大型公司的网站上往往会在招聘栏目中放有这些信息。

（四）确定职业生涯目标

确定职业生涯目标是职业生涯规划的核心，因为坚定的目标可以成为追求成功的驱动力。一个没有奋斗目标的人，是难以获得成功的。目标的选择是以自己的最佳才能、最

优性格、最大兴趣、最有利的环境等条件为依据的。

制订个人职业生涯规划的最终目的就是实现自己的职业目标，因此，目标抉择是职业生涯规划的核心。职业生涯目标的确定，要符合社会与组织的需要，要适合自身的特点。目标要高，但决不能好高骛远。目标幅度不宜过宽，要注意长期目标与短期目标相结合。然后通过目标分解、分化符合阶段目标要求的中期、短期目标。目标要明确具体，同一时期内的目标不要太多，同时也要考虑职业目标与家庭目标的协调。

具体来说，确定职业生涯目标需要考虑以下方面：

你期望的工作环境；

你满意的工资水平；

你希望在工作中用到哪些技能和知识；

你最适合的单位的规模大小和地点；

你愿意承担的责任的多少；

你今后发展的机会如何；

你愿意和什么样的人一起工作。

你应该意识到，尽管工作目标只是你生命目标的一个部分，但是这个目标会影响到你生活的方方面面。工作只是你个人目标的一个方面，而生活是方方面面的，每个人都需要在以下这些方面做出选择：

1. 个人/家庭

我的父母、配偶和孩子和我在一起的共同生活是什么样的？

2. 智力/教育

我需要多少正规的学校或附加的教育？

3. 职业/经济

我的生活中金钱和我的工作对我意味着什么？有多重要？

4. 健康/身体

我会不会花精力去维持健康的身体和合适的身材？

5. 社会/文化

朋友在我生活中的角色和位置如何？娱乐在我生活中的位置如何？

6. 伦理/道德

我生活中所遵循的信仰和理念是什么？

（五）实施职业生涯策略

职业生涯策略是指为争取职业生涯目标的实现所采取的各种行动和措施，包括职业生涯发展路线、教育培训安排、实践计划等方面的措施。每个职业都有一定的教育和培训要求，这种对入行能力要求包括短期的在职培训以及全日制的教育。如果你确定了职业目标，必须获得相应的职业知识和技能。对于在校大学生而言，策略的实施包括以下几个方面：

1. 构建自己合理的知识结构

学历、文凭只是美丽的外表，要在职业上有良好的发展，需要构建一个以专业知识为核心,相关专业知识、基础及一般知识为支撑的稳固、宽泛的知识结构。

2. 培养职业所需要的实践能力

即具备从事本行业岗位的基本能力和某些相关专业能力。能力比知识更重要,所以,大学生应重点培养满足社会需要的决策能力、创造能力、社交能力、实践操作能力、组织管理能力和终身学习能力、心理调适能力、随机应变能力等。

3. 参加有益的职业训练

当前针对大学生进行的职业训练较少,学生可以通过学校组织的校园文化活动、社会实践调查活动、大学生"青年志愿者"活动、大学生校园创业活动、大学生社会兼职活动等接受职业训练。大学生参加有益的职业训练,能更多更早地了解职业,掌握职业技能,提高心理承受能力,提高未来职业工作的适应性。

职业顾问对于职业选择提供了以下建议:

1. 不要只考虑收入的多少

很多因素,如责任、赞赏、充满挑战的工作和合作愉快的同事都是与工作满意度相关的。

2. 考虑工作的地点

从你居住的地方到工作场所要花多少时间是很重要的。工作地点的调整(若调整后远离朋友和家人)可能会影响到人对工作的选择。

3. 学会处理压力

每种工作都会有一定压力。把工作中的问题当作一次新的挑战有助于减轻压力,实现压力最小化。

4. 保持灵活性

做好准备迎接变化。新的责任、主管和工作条件将会成为你的职业生涯的一部分。成功地应对这些变化,你就有可能在工作中找到乐趣。

(六)反馈修正

规划职业生涯应该是一个动态的概念,并不是一劳永逸的。在进行职业生涯规划时,应该认识到这一点。当我们确定了职业目标,在实施职业生涯规划的过程中,应该进行阶段性的小结,需要结合实际情况不断对职业生涯规划的内容进行评估与修正。总结前一个阶段的经验和教训,通过自我评价和他人评价相结合的方式,对职业生涯发展进行反馈,评估前一个阶段的实施效果,并与相应的阶段目标相对比,以便决定是否需要适当调整下一阶段的职业生涯目标。

当你把以上六个部分全部展现梳理出来的时候,一份完整而又全面的职业生涯规划书也就出来了。

三、职业生涯规划书撰写的五个注意事项

(一)职业生涯规划是建立在对自己的兴趣、特长、能力、社会需要等各方面全面了解评估的基础上的

进行目标设定时一定要结合自身特点和情况,不能完全脱离现实。要认清兴趣与能

力、能力与社会需求都是存在一定差异的，我们所要做的是要在这诸多因素中找一个结合点，将自己的经历经验、专业技能、兴趣特长都有机地结合起来，这样的职业目标才会有生命力。

（二）人才素质测评是了解自我的理论依据之一

有的同学在撰写报告书时，对自我的分析仅凭自我认识及他人评价，这是不全面的，也缺乏足够的理论依据。正确的做法是将个人认识、他人评价和人才素质测评结果有机结合，形成一个较为全面的自我认知，据此设定的目标的信度才较高。当然，由于人才素质测评的效度和信度也不是绝对的，所以也不可完全根据测评结果设定职业目标。

（三）措施要有可行性

针对职业目标制定的措施一定要具有可行性，这是评价报告书的一个重要部分。最好制订出长期、中期、短期计划，并拟定详细的执行方案和时间限制。高年级的同学可将重点放在就业三至五年内的职业规划；低年级的同学可将重点放在大学生涯的规划上，但都应突出为职业发展所做的准备工作。

（四）报告书应有自己的风格和特色

无论是行文的风格、叙述的方式、文案的设计，还是职业目标的选择、职业路线的设计，等等，不同的见解和风格才是最吸引裁判眼光的地方，要想出色，就要力争做到创新，要彰显自己的个性与特色。

（五）撰写报告书的注意事项

忌大，忌空，忌记流水账，忌条理不清，忌文法不通、错别字连篇，忌过于煽情、没有理性分析，忌死气沉沉、没有朝气。

【本章小结】

1. 影响大学生职业生涯规划的因素是多方面的，有个人素质、个性等主观方面的因素，也有社会环境、机遇等客观方面的因素，各个因素之间是相互关联的。因此，在进行职业生涯规划时要仔细考虑影响自己职业生涯的每一个因素，同时需要认清自身性格特点和职业发展规律，并且注重自身的身体健康和心理健康，一定要以积极的心态去面对现实。

2. 每个人都渴望成功，但并非都能如愿。了解自己、有坚定的奋斗目标，并按照情况的变化及时调整自己的计划，才有可能实现成功的愿望。这就需要进行职业生涯的自我规划，而规划有其程序性，必须紧扣各个步骤，每个步骤都是相互承接，并且缺一不可的。

3. 职业生涯规划是指个人和组织结合，在对一个人职业生涯的主客观条件进行测定、分析、总结研究的基础上，对自己的兴趣、爱好、能力、特长、经历及不足等各方面进行综合分析与权衡，结合时代特点，根据自己的职业倾向，确定其最佳的职业奋斗目标，并为实现这一目标做出行之有效的安排。文中所述部分方法需要个人按照实际情况进行选择，以提高职业生涯规划的效率。

【思考题】

1. 影响你个人职业生涯规划的因素有哪些?该如何克服这些因素中不利方面对你的影响?

2. 试述职业生涯规划的基本步骤。

3. 大学生职业生涯规划中,需要设计好的几个方面是什么?

附录一 一个护理专业大学生的职业生涯规划书

事出有原

大一的时候，有一次出去义诊，当我沉浸在身穿白大衣的喜悦之中时，一位不知姓名的大妈说了一句话，让我在心底留下了终生难忘的印记："现在社会不知怎么搞的，怎么还有男孩当护士的，你爸妈同意吗?"当时我的脸瞬间就涨红了。但是过后经过深刻的反思，我发现我们的护理行业需要男护士，没有男护士的护理蓝天不美。于是，我坚定了一个信念，我一定要做好这份神圣的职业，也要让更多的人知道和了解这份职业。

也许从来没人听过男护士，
也许有人偷偷嘲笑男护士，
也许有人同情男护士。
但是，
我要坚定地走下去，
坚定我的"男丁格尔"之路。
谁说我不行！
我要做得比她们更优秀！
谁说我会放弃！
我会比她们规划得更好！

一、我的三步走计划

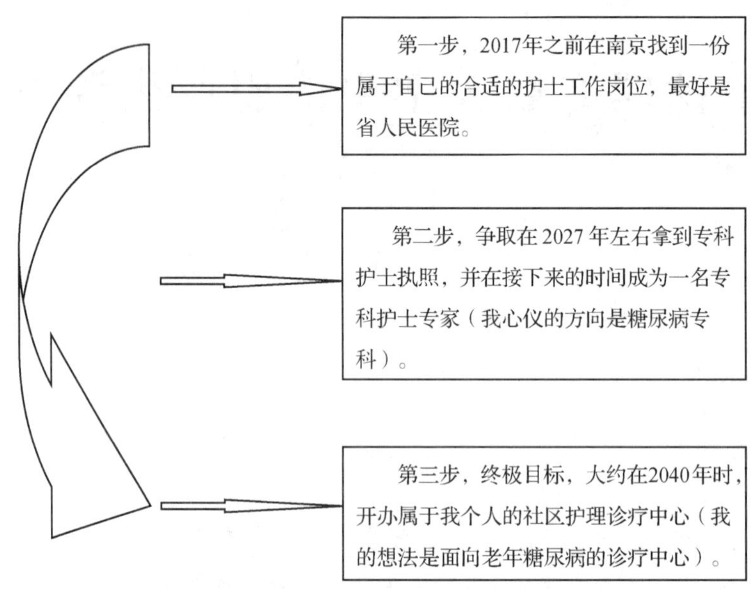

二、自我认知——天生我才必有用

1. 自我评价

德	富有同情心，乐于助人。性格随和，不斤斤计较。
智	智商一般，但乐于向他人学习。情商很好。
体	每周进行体育锻炼，获得校 4 * 400 接力第六名成绩。
美	具有一颗欣赏他人的心。热爱书法。
劳	在家，经常做家务，在校，身为舍长主动打扫卫生。曾获得护理学院厨艺大赛三等奖。

2. 他人评价

亲人	从小到大富有主见，不需要父母过于操心。但是有时性子急躁。
老师	思维能力强，点子多，成绩优秀，是一块璞玉。但是切忌骄傲。
同学	学霸级人物，完成事情效率飞快。
朋友	大方不抠门，随和不拘束，值得深交。

3. 橱窗分析

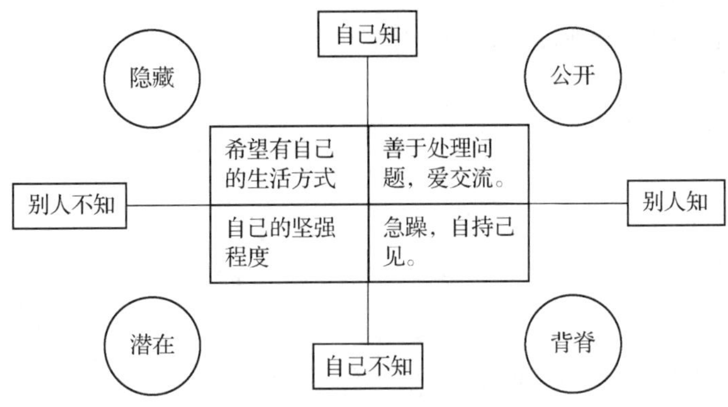

4. 专业测评

（1）职业兴趣

霍兰德职业兴趣测试：我属于社会性，喜欢交流，富有爱心。

（2）职业能力

专业知识能力	经过四年大学护理专业的学习，初步掌握临床职业能力。
自我管理能力	自我约束力强，能适应很多环境。
可迁移能力	管理，督导，演讲，写作，面谈，教学能力有待提高。

（3）气质类型

多血质是人的气质类型之一。多血质的人表现出这样的特点：容易形成有朝气、热情、活泼、爱交际、有同情心、思想灵活等品质；也容易出现变化无常、粗枝大叶、浮躁、缺乏一贯性等特点。这种人活泼、好动、敏感、反应迅速、喜欢与人交往、注意力容易转移、兴趣和情感易变换，等等。这种人适宜于做要求反应迅速而灵活的工作。

粘液质人的表现特点：粘液质相当于神经活动强而均衡的安静型。这种气质的人平静，善于克制忍让，生活有规律，不为无关事情分心，埋头苦干，有耐久力，态度持重，不卑不亢，不爱空谈，严肃认真；但不够灵活，注意力不易转移，因循守旧，对事业缺乏热情。

胆汁质其特点是情感发生迅速、强烈、持久，动作的发生也是迅速、强烈、有力。属于这一类型的人都热情，直爽，精力旺盛，脾气急躁，心境变化剧烈，易动感情，具有外倾性。

抑郁质是人的一种气质类型。抑郁质的人神经类型属于弱型，他们体验情绪的方式较少，稳定的情感产生也很慢，但对情感的体验深刻、有力、持久，而且具有高度的情绪易感性。抑郁质的人为人小心谨慎，思考透彻，在困难面前容易优柔寡断。

综上，我测试结果为多血质。

（4）自我个性

开放性：描述是否愿意与人交往，注重和谐发展；

完美性：描述追求完美，重视目标计划的程度；

较真性：描述对事物的钻研和完善程度；

认知性：描述是否重视积累知识，包括聪明程度；

成就性：描述是否注重成就的程度；

力量性:描述是否愿意支配和影响他人;

浪漫性:描述浪漫程度;

给予性:描述是否愿意给予他人,包含仁爱、慈孝、正义等;

活跃性:描述情绪的兴奋和活跃程度;

形体性:描述形体特征的状况以及重视享受的程度;

疑惑性:描述是否倾向于探究他人的动机;

随和性:描述和平、随和与安静的程度;

传统性:描述对传统的坚守程度;

自由性:描述重视自由的程度;

智慧性:描述创造能力,智慧程度;

想象性:描述重视想象,追求至善的程度。

多面性:描述性格复杂程度。

综上,开放性、给予性、智慧性、多面性均符合我的个性特征。

(5) 职业价值观

① 自由型(非工资工作者型)

特点:不受别人指使,凭自己的能力拥有自己的小"城堡",不愿受人干涉,想充分施展本领。

② 经济型(经理型)

特点:他们断然认为世界上的各种关系都建立在金钱的基础上,包括人与人之间的关系,甚至父母与子女之间的爱也带有金钱的烙印。这种类型的人确信,金钱可以买到世界上所有的幸福。

③ 支配型(独断专行型)

特点:相当于组织的一把手,飞扬跋扈,无视他人的想法,为所欲为,且视此为无比快乐。

④ 小康型

特点:追求虚荣,优越感也很强。很渴望能有社会地位和名誉,希望常常受到众人尊敬。欲望得不到满足时,由于过于强烈的自我意识,有时反而很自卑。

⑤ 自我实现型

特点:不关心平常的幸福,一心一意想发挥个性,追求真理。不考虑收入、地位及他人对自己的看法,尽力挖掘自己的潜力,施展自己的本领,并视此为有意义的生活。

⑥ 志愿型

特点:富于同情心,把他人的痛苦视为自己的痛苦,不愿干表面上哗众取宠的事,把默默地帮助不幸的人视为无比快乐。

⑦ 技术型

特点:性格沉稳,做事组织严密,井井有条,并且对未来充满平常心态。

综上,志愿型、技术型、自我实现型我均符合。

5. 自我认知小结

我的性格随和开朗,愿意与人打交道,同时做事负责认真,容易得到大家的认可。通过各种方式对自己进行了各方面的测评,初步也了解到护理行业是比较适合我的。我觉得学好我目前的专业知识,改进我的缺点,保持我的优点,胜任男护士,是完全有可能的。

三、环境剖析——天时、地利、人和

1. 天时

(1) 社会环境

社会环境总体良好,我们现在处于全面建成小康社会的时期。在医疗方面来讲,随着生活水平的提高,人们对医疗的质量提出了更高的要求,不仅要医好,还要医得舒心、医得人性化。然而,这也与我国人口老龄化,慢性疾病高发,环境恶化导致的不断上升的患者数量相矛盾。这就要求医院对护士人员的数量及护士素质的全面提升,也就意味着护理的春天来了。特别是我们男护士可以说大有可为。

(2) 国家政策环境

最近国家制定了发展护理的第十二个五年规划,这对护理行业可以说是福音。国家政策对护理行业给予了支持。一是,扩大了各大医院的护士人数和质量。二是,大力发展社区护理事业。三是,加大了护理科研和护理培训的投入和精力。四是,大力培育一批高端护理人才出国深造或者向专科化方向发展。五是,大力发展中医护理。这就意味着我们学习护理学是符合大势所趋的,男护士更是大有可为。

(3) 专业环境

护理学专业从 2012 年由原来的二级学科上升为一级学科,也就意味着从此护理学独立于传统医学,并由此分出了属于我们护理学的二级学科,这是值得自豪的。另一方面,护理专业的毕业率和就业率一直保持在其他各个专业的前列,成为如今选择专业的学生的香饽饽。可想而知,未来的护理专业发展前景是多么广阔,随着学校专业对男护士的需求日益提高,男护士的比例也在提高,打破了枷锁,可以说未来大有可为。

(4) 职业环境

原来社会普遍认为,护士是医生的从属,而不处于平等的地位,这一直打击着我们护理行业同仁的积极性,许多护理先辈一直在努力。好消息是,包括专业人士在内,社会现在已经意识到护士是独立的群体,护士具有与医生相同的地位,可以充分发挥主观能动性,是具有自己一套流程的职业。男护士这一群体也走入了大家的生活之中,大家觉得没什么值得惊讶的。反而,人们好奇我们是如何工作的,投来了羡慕的眼光。所以我们的职业环境可以说改善了许多。虽然临床上,还继续存在着这样那样的医生护士不和,护士被患者家人殴打的事件,但这也只是个例。既然前景这么好,我们男护士也可以大有可为,那为什么不再好好努力让护理的职业环境更好呢?

2. 地利

(1) 学校环境

① 学校情况:

南京中医药大学始建于 1954 年,历经江苏省中医进修学校、江苏省中医学校、南京中医学院、江苏新医学院、南京中医学院(恢复建制)等历史时期,是全国建校最早的高等中医药院校之一,是江苏省重点建设高校,也是江苏省人民政府与国家中医药管理局共建高校。建校 60 年来,南京中医药大学为新中国高等中医教育培养输送了第一批师资,主持编写了第一套教材和教学大纲,培养并诞生了新中国中医药界最早的学部委员(院士),为新中国现代中医高等教育模式的确立和推广做出了重要贡献,被誉为“中国高等中医教育的摇篮”。

学校坐落于钟灵毓秀、虎踞龙蟠的古都南京,拥有仙林和汉中门两个校区。现有各类在校生 20000 余名,设有基础医学院、第一临床医学院、第二临床医学院、药学院、经贸管理学院、护理学院、外国语学院、信息技术学院、心理学院共 9 所直属学院、25 个本科专业,涉及医、管、理、工、经、文等 6 个学科门类,

初步形成了以中医药为主体、中西医结合、多学科为支撑协调发展的办学格局。

学校现有3个国家重点学科、2个国家重点(培育)学科、4个江苏省高校优势学科建设工程、14个国家中医药管理局“十一五”重点学科、19个国家中医药管理局“十二五”重点学科、8个江苏省重点学科。拥有中医学、中药学、中西医结合3个博士后科研流动站,25个博士点(一级学科博士学位点3个、二级学科博士学位点22个)和44个硕士点(一级学科硕士学位点5个、二级学科硕士学位点39个),博士点覆盖中医、中药、中西医结合所有二级学科,具有博士生导师自审权和主干学科专业的教授评审权。学校现有5个国家级特色专业、6门国家级精品课程、2个国家级教学团队、1个国家级人才培养模式创新实验区、2个国家级实验教学示范中心、25部国家级规划教材(主编)。现已建成22所附属医院、5所中西医结合临床医学院,各类教学及毕业实习基地逾百所。

② 学院情况:

南京中医药大学护理学院从1986年开始招生,开设护理专业,已有20年历史。2003年开始招收中西医结合护理研究生,是全国高等中医院校以及江苏省医学院校首家招收护理研究生的学校,现为护理学硕士学位授权点,江苏省特色专业建设点,江苏省基础课教学实验示范中心建设点,学校重点学科。学院已形成了护理研究生、本科、专科,成人护理本、专科等三个层次五个类型的办学格局。学院有一支年富力强、朝气蓬勃、学科梯队合理的教师队伍,有在全国有一定影响的护理学科带头人,护理硕士生导师5名。

(2) 所在地医疗环境

相关医院

南京鼓楼医院　江苏省人民医院　南京军区总医院　江苏省中医院

南京医科大学第二附属医院　东南大学附属中大医院　南京市第一医院　南京市第一人民医院

南京是江苏的省会城市,也是整个江苏的经济、政治、医疗中心。其医疗范围已经辐射至华东地区乃至全国。南京拥有得天独厚的医疗资源,民国时期就创办了全国最早的一流西医院,也有相当一批中医院。在南京三甲医院数不胜数,如省人民,省中医,省肿瘤,省口腔,军区总医院,南京第一、第二医院,南京中医院,南京鼓楼医院,全国皮肤病研究所,等等,涵盖了中医西医,肿瘤、口腔、脑科、胸科、肾病、皮肤病等门类。南京高校科研机构林立,为医院的人才和科研提供了保障。另外,一些专科全国排名第一,如军总的肾病、省人民的老年康复病、皮肤研究所的皮肤病等。南京的社区医疗行业也走在了全国的前列,大小社区街道医院很多,减轻了大医院的负担。许多养生馆私人诊所开办得也非常成功。有需要才有发展。所以我今后在南京不管是进入大医院工作,还是进社区医院,或者开办自己的私人诊疗中心,都有很大的希望,所以说大有可为。

3. 人和

(1) 家庭环境

好的家庭环境是成功的必要保障。我的父亲是一名司机，长期开车，我很担心他的身体状况。我的母亲在餐饮行业工作，十分辛劳。所以我当初选择此项行业，也有部分原因是考虑到以我的所学知识帮助自己的家庭掌握健康知识，养生防病。我们家关系和睦，父母知道我将来从事的是什么样的行业，他们很支持我的专业和职业，叫我也不用担心他们，支持我在南京开辟属于自己的事业。

(2) 护患状况环境

在南京，人口众多，来医院就诊的人数非常多。我们护士是接触患者次数和时间最多的。所以护患关系有时发生问题是难免的，这是事实。但是随着我们社会不断向前发展，我们整体的素质也在不断地提升。而且在临床上，护患关系整体很好，患者信任护士，常常能建立起信任合作的关系，出现矛盾和冲突也只是少数个例。我们护士本身应做到处事不惊，灵活应对，学会保护自己，尊重患者。

四、职业认知——不光知己，还得知彼

1. 职业分析

男护士，这份职业，应该是与临床上医生护士同样受到尊重的职业，并且更有优势。

(1) 临床上护士总数与实际需要量差距还很大，特别是男护士的数量，所以大家都说男护士在医院很吃香。

(2) 男护士比女护士在某些方面更有优势。男护士精力旺、体力好，能够承受手术室高强度的工作压力，能够搬运和帮助危重病人，能够在相同情况下赢得患者更多的信任。而且可以没有产假和其他女性特殊休假的请求，深受用人单位的青睐。

(3) 男护士在临床上具有与生俱来的优秀能力，在看护危重病人时，能及时发现病情，身先士卒，不怕困难，临阵不乱。

(4) 不得不现实地讲，在临床上，男护士和女护士在同等优秀的情况下，领导更希望把机会留给男护士。这与男护士在护理管理岗位的缺乏有关。所以综上职业分析，从事男护士这一职业，是明智的。但是同时，我们也应注意到此职业给我带来的一些弱势效应，如没有正常的作息规律，对身体伤害大，工作压力大，对家庭的亏欠多，等等。

2. 职业目标的说明

(1) 职业目标设定原则："PE－SMART"原则

① 用正面词表述

② 符合整体平衡原则

③ 清楚明确

④ 可以度量

⑤ 努力可达成

⑥ 达成后有足够满足感

⑦ 有时间限定

(2) 职业目标地域：南京（原因在环境分析中已说明）

(3) 职业目标单位：江苏省人民医院

江苏省人民医院，亦名南京医科大学第一附属医院、江苏省红十字医院。其前身是1936年成立的江苏省立医政学院附设诊疗所。医院是目前江苏省规模最大的综合性三级甲等医院，担负着全省医疗、教学和科研三项中心任务。医院占地面积160亩，现有建筑面积18.5万平方米；固定资产总额14.31亿元，其中房屋建筑7.72亿元、医疗设备6.59亿元；目前实际开放床位2 200张，职工3 000余人。年门急

诊量 217 万人次，年住院人次 4.2 万人次，年手术 2.5 万台次。

（注：江苏省人民医院对我们南京中医药大学护理专业学生比较重视，录取原则就是过护士职业资格考试，过省统考线，过省人民医院的自主考试线，过省人民医院的面试即可。）

（4）职业目标：糖尿病专科护士

这个目标的达成，首先，需要进入一家正规、具有实力的医院。省人民医院在这方面很强。再次，经过一年的轮转，进内分泌科工作。最后，经过 10 左右的时间，成为一名糖尿病专科护士。这个目标具有挑战性，但是经过规划和努力探索，是切实可行的。

3. 职业路径的确定

（1）总体：三步走计划（护士→专科护士→开办护理诊疗中心）

（2）具体的路径确定

2017 年左右：进入南京的一家医院工作，成为一名男护士（目标是省人民医院）。

2018 年左右：经过一年的科室轮转工作，进内分泌科工作。

2020 年左右：经过三年的临床工作，成为一名临床实习带教老师，并且获得护师职称。

2023 年左右：继续深造，考取在职研究生。

2025 年左右：经过 8 年努力，获得主管护师职称，并且获得医院专科护士培训的机会。

2027 年左右：经过 10 年的工作，考取（糖尿病学）专科护士执照，成为一名专科护士。

2037 年左右：经过 20 年的工作，获得副主任护士及以上职称，并且成为一名具有医院门诊权利的专科护士。

2040 年左右：经过 30 年时间的锻炼，也就是我 46 岁时，我将在南京某个社区，邀请志士同仁一起开办一家护理诊疗中心。

4. SWOT 分析法（专科护士）

外部因素	优势（Strength）	劣势（Weakness）
	专业基础扎实	不能整体对病人施护
机会（Opportunities）	SO 机会、优势组合	WO 机会、劣势组合
社会迫切需要专科护理人才（特别是男护士）	努力成为又专又尖的护理人才	在整体性原则下实施专科护理
风险（Threats）	ST 风险、优势组合	WT 风险、劣势组合
社会对男护士缺乏一定了解	对病人进行健康引导	努力改变现状，成就自我，成才

五、生涯规划

1. 制定行动计划

（1）大学阶段行动计划（2013—2017）

· 学习计划

· 社会实践计划

· 社交计划

· 体育锻炼计划

（2）就业阶段行动计划（2017—2040）

· 职称计划

- 专科发展计划
- 收入计划
- 职业价值计划

(3) 创业阶段计划(2040—)

- 资金来源计划
- 用人计划
- 项目发展计划
- 地址选择计划

2. 详细的职业目标实施计划

(1) 大学阶段行动计划(2013—2017)

项目＼阶段	大一	大二	大三	大四
学习计划	• 平均绩点:3.5 • 获得人民奖学金 • 高分通过英语四级 • 通过普通话考试 • 通过计算机一级考试	• 平均绩点:3.55 • 获得人奖及其他奖项 • 通过英语六级考试 • 通过计算机二级考试	• 平均绩点:3.6 • 获得更高类型奖学金 • 在杂志上发表至少一篇论文	• 平均绩点:3.7 • 获得临床技能操作大赛奖项 • 获得优秀实习生称号
社会实践计划	• 参加一到两个社团,并参加社会实践,参与义诊活动 • 积极参加班级活动	• 在社团中担任部长等职位 • 在学院成为入党积极分子	• 参加学院组织的方舟爱心活动,为希望小学做出贡献 • 在党组织下继续成长	• 获得优秀实习生称号
社交计划	• 认识一群社团的人,并与之成为好朋友 • 多结交本学院其他同学	• 结交一批本校或外校的同学 • 结交一到两个外国人 • 和本院的老师打下友谊基础	• 结交一批医院的同仁志士,打下基础 • 认识一到两个护理专家	• 结交一批医院的护士
体育锻炼计划	• 掌握太极拳的基本套法 • 积极参加体育锻炼 • 获得校运动会名次	• 学习和掌握游泳的基本技术 • 积极参加体育锻炼	• 学习和掌握乒乓球的打法 • 积极参加体育锻炼	• 学习和掌握散打的技巧和套路 • 积极参加体育锻炼

(2) 就业阶段行动计划(2017—2040)

	2020 年	2025 年	2027 年	2037 年
职称计划	·护师	·主管护师	·主管护师	·主管护师
专科发展计划	·为专科护理做准备	·获得专科护理培训资格	·通过专科护士资格考试,获得专科护理资格证书	·成为专科护理专家(糖尿病方向)
收入计划	·解决日常生活开支	·收入稳定,略有储蓄	·有一定储蓄,可以供养家人	·有相当的储蓄,可以为创业打下基础
职业价值计划	·做好本职工作,出色完成任务	·在医院小有名气	·成为专科护理的人才	·名气很大,成为专科护理的领军人物

(3) 创业阶段计划(2040—)

① 资金来源计划

自己拥有的储蓄

银行正规渠道的借贷

合伙人的出资

其他投资者的投资计划

② 用人计划(初步拟定)

以前一起工作过的同事为管理层

投资者为股东

招募一批刚毕业的本校护士生

引进几个专科护理方面的人才做支撑

③ 项目发展计划

首先在南京的城乡社区开办一家诊疗中心做试点

接着在南京地区开办几家连锁产业,打响护理诊疗的品牌

推向全国

④ 地址选择计划

选择社区(或者乡村)

先在南京选择租金稍便宜的城乡接合部地带

接着选择南京市区社区探索

走向西部地区偏远城镇

3. 动态分析调整

(1) 调整原则

针对性原则:针对学习,家庭,职业发展状况

实事求是原则:如何评价自己各个方面状况

特殊性原则:特殊情况特殊对待

阶段性原则:根据自身状况对每个阶段计划及时调整

整体性原则:计划的调整需估计整个计划的完整性

(2) 调整路线图

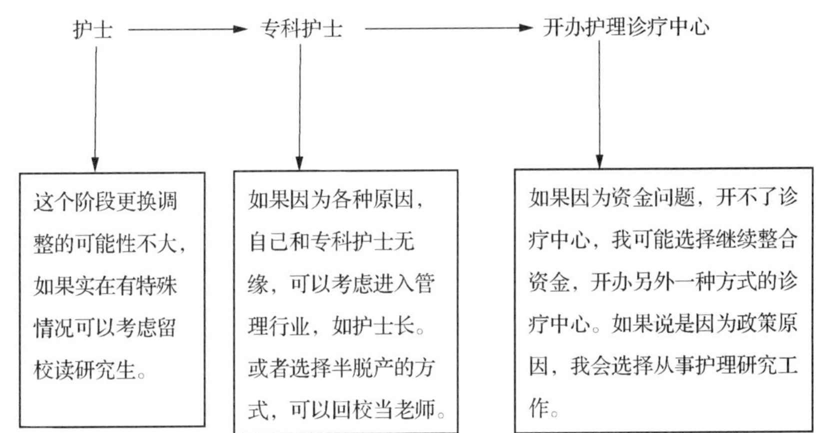

(3) 调整的具体方案

原先方案：

2017 年左右:进入南京的一家医院工作,成为一名男护士(目标是省人民医院)。

调整方案：

进入南京一家普通医院工作。

原先方案：

2018 年左右:经过一年的科室轮转工作,进内分泌科工作。

调整方案：

可以考虑进入其他科室工作,今后再做打算。

原先方案：

2020 年左右:经过三年的临床工作,成为一名临床实习带教老师,并且获得护师职称。

调整方案：

仍然为一名普通护士,职称也可以延后再说。

原先方案：

2023 年左右:继续深造,考取在职研究生。

调整方案：

不考研究生,改考教师资格证等。

原先方案：

2025 年左右:经过 8 年努力,获得主管护师职称,并且获得医院专科护士培训的机会。

调整方案：

职称的获取根据当时的具体情况和自己的能力再定。若获不了专科护士的机会,要么可以延后,要么可以尝试从事护理管理岗位。

原先方案：

2027 年左右:经过 10 年的工作,考取(糖尿病学)专科护士执照,成为一名专科护士。

调整方案：

如果没能获得专科护士执照，可以考虑出国或者从事管理岗位。若不是糖尿病学方向，也要继续坚持下去，在其他专科方向坚持下去。

原先方案：

2037 年左右：经过 20 年的工作，获得副主任护士及以上职称，并且成为一名具有医院门诊权利的专科护士。

调整方案：

若已经成为专科护士，可以考虑到不同医院去轮转长班。若不是专科护士，可以考虑从事教学行业。

原先方案：

2040 年左右：经过 30 年时间的锻炼，也就是我 46 岁时，我将在南京某个社区，邀请志士同仁一起开办一家护理诊疗中心。

调整方案：

如果因为资金问题，开不了诊疗中心，我可能选择继续整合资金，开办另外一种方式的诊疗中心。如果说是因为政策原因，我会选择从事护理研究工作。

4. 风险评估及备选方案

(1) 评估时间

一般情况下，根据自己的职业生涯规划书的情况，半年进行一次评估，得出新的规划目标。若出现重大变故，根据当时的情况随机调整。最后，一年进行一次年终汇总，写出总结汇报，保证目标有效的实施。

(2) 评估内容

	可能发生的情况	解决方法
职业目标的评估	·就业环境与目标不同 ·自己没有能力达到目标	·适应环境 ·放弃重新制定目标
职业路径的评估	·自己不适合从事护理工作	·考虑从事教育行业或者护理器材行业
实施策略评估	·短期内工作过于劳累或者压力偏大	·自我调整或者请假休息
其他因素评估	·身体出现重大意外 ·家庭发生重大意外	·辞职，调养，再考虑 ·更换工作申请救助

六、结束语

一切都在变化之中，一切都是不可预料的，我们不知道明天到底会发生什么，所以我们必须时刻做好准备，做好充分的心理预料。所以职业生涯十分重要，它可以让我预先做好一切可能发生的可能，以不变应万变，并且不断与时俱进。

附录二 一个康复专业大学生的职业生涯规划书

一、个人探索

俗话说:知己知彼,百战不殆。因此,要选择一个好的职业方向,首先要做的就是深入地了解自己。每个人都有自己有别于他人的优缺点、性格和价值观,职业生涯规划必须结合自身的特点,认识自我是职业生涯规划的第一步,也是最重要的一步。职业规划方案没有最好的,只有最合适的,只有真正深入地了解自我,才能量身定制一个属于自己的职业生涯规划方案。

通过专业的人才素质测评问卷分别对职业价值观、职业倾向、性格类型和职业气质等方面进行了测评。各项量表分析结果如下:

1. 职业价值观自测结果　自我实现型

特点:不关心平常的幸福,一心一意想发挥个性,追求真理。不考虑收入、地位及他人对自己的看法,尽力挖掘自己的潜力,施展自己的本领,并视此为有意义的生活。

相应职业类型:气象学者、生物学者、天文学家、药剂师、动物学者、化学家、科学报刊编辑、地质学家、植物学者、物理学者、数学家、实验员、科研人员等。

对测试结果的态度:感觉自己的想法与“自我实现型”的定义有些不符。比如,我很关注平常生活中的幸福,善于发现、也乐于收集这些点滴幸福,使它们成为生活的滋养液。对于“不考虑收入、地位及他人对自己的看法”这点,也不符合,可能是出于为父母及未来自己的家庭着想,收入水平和社会地位对于家庭的和谐也是相当重要的,毕竟生活不能全为自己的自由。

2. 霍兰德职业倾向自测结果

六种职业倾向总分按高到低顺序依次为:

E型(32)、S型(30)、A型(19)、C型(12)、R型(6)、I型(5)

3. MBTI性格类型自测结果　ESFP

4. 职业气质类型

气质不同对职业的适应性也不同。任何一种气质类型均有人们乐于接受的一面,同时也有人们不易接受的一面。如果一个人具备了他所从事职业的气质要求,就为顺利从事这项工作提供了有利的先天条件。

自测结果:

胆汁质11、多血质14、粘液质9、抑郁质4

多血质与胆汁质的混合。

气质特征:情绪稳定,反应迅速,敏捷灵活,表情丰富,自控能力强,坚持原则,目标坚定,具有较强的意志力和韧性,对自己的行为有较大的自制力,态度持重,办事谨慎细致。

气质类型对职业活动的影响:气质结合,既稳定又灵活,能适应各种挑战环境。我的各种心理活动迅捷而强烈,外部动作非常稳重,热情果断,精力充沛。

5. 性格及职业价值观

我的优势性格	我的劣势性格
性格开朗	对长辈过度谦卑,面对他们容易紧张
比较耐心,善于处理复杂的事物	会粗心,在简单的地方出错
有责任心,说到做到	有时事情揽得太多,自己调节不过来
心思细腻,做决定前会缜密考虑	容易因他人的观点动摇,没有主见
谦虚低调	太过谦虚低调导致不自信
对自己要求高,是完美主义者	常常和自己过不去,要求过高带来不必要的麻烦
有团结协作的精神	不擅长拒绝别人

6. 能力特点

能力	优势	能力基础
管理	协调管理各种工作	担任班长的经验
交际	懂得如果与别人沟通,清楚表达自己的意思,让别人愿意接受自己,人际关系好	读书期间,广泛参加活动,使自己的交际能力得到优化
策划	统筹、策划集体活动,分工明确,做到事半功倍,合理利用资源	担任学生会干事期间和社团干事期间,策划过联欢晚会、学生会活动和各种比赛
设计	有一定美术基础,在学校内的美术课程中成绩良好	从小喜欢美术,父母也对我进行过培养

7. 不足及试用提高方案

不足	试用提高方案
专业知识储备	每天分配固定的时间阅读专业书籍,每两周为自己总结一个阅读心得体会的报告,并不断调整,找到最合适的稳固的学习节奏,以提高自己的学习效率
交际能力仍需提高	多与长辈沟通。学习与自己不擅长交际的一类人交流。参加集体活动认识结交朋友
身体素质	每天固定时间参加体育活动锻炼

8. 参与活动及荣誉

“决战金陵”城市生存挑战赛、“临听心语”迎新晚会、第十七届科技文化节之英语情景剧 show、“致青春”演讲比赛二等奖、“心灵正能量”征文比赛一等奖、2012 军训先进个人、高木佑子奖学金、溧阳市慧心康复中心志愿者、“爱心社”手拉手结对子志愿者、第二临床医学院 30 周年院庆、南京 2014 青年奥林匹克运动会志愿者。

9. 总体感想

我进入南中医，选择康复治疗专业，我的职业轨道其实就已经确定了。只是这条轨道会通向哪里，仍是未知，需要靠自己的努力让它延伸到自己想要到达的美好去处。若是我真心热爱，并且有能力为康复事业发展做出贡献，为何不用自己一生的热情去从事这项事业呢？生活会因对职业的热爱时常新鲜，充满活力的自己才是自己喜欢的，也是他人喜欢的。所以这些量表对我而言只是用数据告诉我自己的性格是怎样的，它们没有直接告诉我：你去做康复治疗师吧！但是我知道自己：我会成为优秀的康复治疗师！

二、环境分析

1. 家庭环境

父亲是个体户，近年生意下滑，父母为此着实焦心。我也着急：家中两个女儿，一个上大学，一个上幼儿园，正是花销最大的时候。尽管平时生活很节俭，我还是想尽量早些让父母不再这么劳苦。父母对我将来想找什么工作没有太多的干预，如果能在医院从事康复治疗工作也是相对稳定的。

2. 学校环境

我就读的南京中医药大学有着深厚的文化底蕴，她传承着博大精深的中医文化。“自信 敬业”的校训，是我不断要求自己的箴言。第二临床医学院“术以济世，德以修身”，全面加强素质教育，突出德育，培养刻苦学习、发奋读书的风气。静心学习对一个医学生有多重要，而南中医赋予了我们这个环境。

学校图书馆馆藏资源丰富，可以很方便地从图书馆网站和馆藏室获取相应的资源。良好的学习环境加上良好的师资力量，让我在实践中运用知识，在丰富的活动中锻炼能力。

3. 社会环境

康复医学正在世界范围内兴起，在一些发达国家发展尤为迅速。它与预防医学、临床医学相并列，被人们誉为第三医学。在国内，康复医学虽然仍然是一门新兴学科，但其发展迅速，已成为系统的医学专业，日益被人们所重视。在全国范围内对各类残疾人进行的抽样调查中将残疾分成六类，包括：视力残疾、听力残疾、语言残疾、智力残疾、精神残疾、多重残疾。2006 年中国残疾调查显示，残疾人占全国总人口的比例为 6.34%。如此多的残疾人却大多数没有得到康复治疗，这是一个非常严肃的问题。目前国内三甲级医院都设有康复科，还有许多康复中心，都需要康复治疗师。我所了解的医院中康复病房床位都已满员，所以康复治疗师任重而道远。

康复医学是一门新兴的学科。近 20 年来，该学科在我国迅速发展，对伤病残疾患者的康复治疗服务正在我国各地逐渐普及，而患者的身心功能康复需要有大批康复治疗技术人员施行各种康复治疗。据最近所做的一项人才需求预测研究，我国康复治疗师的需求量至 2005 年约为 4 万人，至 2010 年约为 6 万人，而目前我国仅有 5 000 多名经过系统训练的康复治疗师，数量和质量远远落后于康复医疗实际的需要。

而康复治疗师作为一个新兴职业，很多人并不了解它的工作。康复治疗包括职业康复、神经康复、骨科康复、烧伤康复等方面，康复治疗师就是在康复医疗机构工作、为患者进行物理治疗和作业治疗，促进其康复的专业技术人员。康复治疗师属于医学相关领域的专业技术人才，不属于医生范畴。具体工作为：对患者进行肢体运动功能和日常作业能力的评估，并根据评估结果，制订功能训练、作业治疗的康复治疗计划。在综合的康复治疗中，使用身体运动和各种物理因子（电、光、热、冷、水、磁、力等）等治疗手段，对患者进行神经肌肉和骨关节运动功能的治疗训练，以减轻患者的病痛；用日常生活活动训练、手工艺治疗、认知训练等作业治疗手段对患者进行细致功能、认知功能、家居及社会生活能力等的治疗训练，以促进患者身心康复。

因为是新兴行业，国内康复技术并不发达，所以要求我们有更高的个人素质。知识要求：康复治疗师通常要求具备大学康复治疗专业本科以上学历，有人体解剖学、运动学、生理学、人类生长与发育等学科的知识，并具有与康复治疗有关的神经科、骨科的一些疾病的临床基本知识和中医理论的基础知识。技能要求：能够系统和深入地掌握物理治疗和作业治疗的理论和技术。熟悉推拿和中医手法、针灸、太极拳等。经验要求：具有一定的临床经验，熟练掌握如何示范治疗操作和进行讲解以及康复治疗临床实用性研究的基本方法。职业素养：康复治疗师要有较好的语言沟通技巧和一定的教学辅导能力，另外，爱心、耐心和不断钻研、学习的进取心是做好这一职业的加速器。

4. 职业环境

社会需要什么样的康复人才？查找康复治疗师的招聘信息，各医疗机构对其要求基本类似。主要有以下几个方面：

(1) 学历有的要求大专以上，有的要求本科以上。

应对——能拿到本科的学历，但是仅仅这样就够了吗？康复在中国不断地发展，本科学历已经不满足时，我该如何面对？所以保持上进的心是很重要的。本科毕业后，如果先工作，可以在工作时考虑考康复专业中的 MPT。而在学校期间，则强烈重视专业课的学习，为以后的深造打好基础。

(2) 康复治疗师资格证书。

应对——在以后接触的过程中，逐步了解如何获得资格证书。

(3) 外语水平和计算机水平。

应对——大三上学期努力把英语四六级，计算机一级、二级证书拿到。

(4) 工作经验。

应对——暑假寒假去医疗机构的康复治疗中心实习(这个可能会有困难，要提早做准备)。大三下学期的实习。积极参加校义工志愿活动(这个时间安排好就可以做到)。

(5) 个人品质。理解患者的痛苦和困难，有爱心，耐心，沟通能力强，吃苦耐劳，有亲和力……

应对——积极参加班级活动，做好班长的工作(其实很考验人，我是否可以当好班长？且一直表现出色?)，积极参加社团活动。学生会的学习部和科协的人文部，交朋友，学技能。处理人际关系的能力现在还很稚嫩，平时多请教请教，与人为善，己所不欲勿施于人。

三、职业定位

1. 内部环境因素

优势因素：做事认真，有责任心，有耐心，能吃苦耐劳，待人友善。

弱势因素：行事低调，不善于自我宣传，人际交往能力一般，不善于和长辈沟通。

2. 外部环境因素

机会：就目前而言，康复医学是蓬勃发展的新行业，社会对康复人才需求量仍然很大。

威胁：许多人对康复并不了解，残疾之后不会想到来做康复治疗。康复医学仍然需要继续加大宣传力度，让更多的人了解康复，相信康复。

3. 就业方向分析

康复学生毕业后就业方向大致有三种：一是到医院或康复中心做治疗师；二是考公务员，到卫生部门就职；三是留校或到其他大学担任教师。针对个人情况，我更倾向于第一种。

4. SWOT 分析

通过以上对外部环境和对目标职业的分析，进一步联系自身分析可得：

强势(strength)	弱势(weakness)
善于公众演说,语言表达能力较强 为人热情,人际关系较好 心理素质比较强,能够承受得起挫折、失败和压力 工作积极热情,有创新意识,喜欢突破	还没有丰富的实战经验 做事有时缺乏稳重,易于急躁 某些方面自制力比较差,不能按照原来的计划行事 不善钻研,难以把自己的知识形成系统
机会(opportunity)	**威胁(threat)**
家庭对自己的选择大力支持 大学期间的经历使我具备了一些相关能力 目标行业有非常好的发展前景 社会急需专业性人才,所学专业对口	家庭条件比较差,不能提供继续深造学习的机会 相比男生而言,女生康复专业的就业形势比较严峻 工作具有很强挑战性,对能力要求较高

5. 结论

职业目标:从事康复治疗师工作。

职业发展策略:到康复事业发展前景较好的城市发展,又想离家近一点方便顾家,希望可以到常州的医院工作。

职业发展路径:走专家路线。对康复的某一领域有深究,从而能成为该领域的专家。

四、计划实施

1. 计划实施一览表

计划名称	时间跨度	总目标	分目标	计划内容
短期计划(大学期间)	2012年—2016年	顺利大学毕业,找一份康复治疗师工作	大学毕业时拿到四六级证书,计算机一级、二级证书,各项成绩优秀,发表论文,有比较丰富的社会实践活动经历	如大一上学期以适应大学生活为主,大一下学期和大二尝试各种社会实践活动,重视专业课程的学习(已实施),大三以康复治疗技术的学习和掌握为重心
中期计划(毕业后五年)	2016年—2021年	工作能力得到提高,在康复治疗工作中找到人生价值	在所任职的领域能切实帮助患者,让他们身心得到康复,健康生活,有专业论文的发表并形成自己的经验,与科室其他人员关系融洽	康复工作的适应、知识的不断储备以及人脉的积累
长期计划	2021年—2031年	继续在岗位上帮助患者,逐渐成为自己所在专业领域的专家	考上MPT,争取出国或者各种学习深造的机会	对所在专业的继续学习,关注患者,提高自己的治疗水平,事业发展稳步,工作、生活关系相互协调,身体健康,关注慈善,为慈善事业尽一份力

2. 短期详细执行计划

年级	内容	目标
大一 上学期 2012.9— 2013.1	学业	英语目标:四级单词,能做四级卷(每天有固定英语学习时间。重视平时的积累。用好网络资源。坚持)。
		专业课目标:人解期末考85分以上(重视课堂的听讲及课后的复习及预习。切实搞清知识点)。
		计算机目标:了解一级二级的考试题型。
	生活成长	成熟一些,游刃自如。
	社会实践	寒假争取在医院实习,做实践活动。
	学业	英语目标:通过四级。分数漂亮。
		专业课目标:全达优秀。
		计算机目标:达到能考一级的水平。
	生活成长	在社团的工作中有表现自己能力的舞台,并且在参与社团的活动中学到或尝试到自己不会或不敢尝试的事情。比如当主持人,亲自组织一场讲座等等。
	社会实践	自己的社会实践内容是切实自身体验的,且从中学到或感悟到课本上学不来或没学扎实的知识。
大二	学业	达到拿奖学金的水平。
	生活成长	能够从社团工作中获得锻炼,充实自己,提高能力。
	社会实践	听完六场讲座。八个一认证基本完成。假期实践活动提升自我。
备注:以上为2012年9月制订,现已完成		
大三	学业	专注于专业课程的学习。详细见附1
	生活成长	社团的工作可以渐渐退出。在截拳道社团练习,算入每日身体素质锻炼的时间。
	社会实践	实践活动开展得更为顺利。自己享受其中。
大四	学业	保持优秀。学以致用。
	生活成长	处事能力加强,人际关系和谐。
	社会实践	实践活动为工作打基础。

3. 中期计划(2016—2021年)

(1) 熟悉工作环境和行业特点,切实帮助到患者的康复进程

(2) 在三甲医院从事康复工作,积累工作经验

(3) 学习所处领域的专业知识,学以致用

(4) 锻炼自身的动手能力

(5) 有自己的研究课题,做出成果

(6) 锻炼人际交往能力及领导能力

4. 长期计划(2021—2031 年)

(1) 与患者建立良好的医患关系

(2) 进入医院领导组织

(3) 成为任职领域的专家

(4) 家庭事业相协调

五、评估与备选方案

目标是刻在钢板上的,是固定的,不能轻易改变,但规划则是要随着实际情况不断改进、不断完善的。因此在做职业生涯规划的同时我必须全面考虑到可能出现的情况,对自己的规划进行评估和准备备选方案。

1. 评估的内容

在我的职业生涯进程中,可能会出现很多现实难以预测的事情,这些不确定因素可能会使原来的规划方案无法正常实施,因此我必须不断地对规划方案进行评估,不断修正和完善自己的职业规划。每隔半年对该规划调整一次,每隔一年重新进行一次评估规划。

(1) 职业目标评估:时刻关注目标行业的发展状况,不断深入地了解目标职业,对其有越来越清晰全面的认识,从而使自己的目标不断明确和清晰。

(2) 实施策略评估:在实际的职业生涯过程中,每一步不可能就完全按照此规划书制定的详细计划进行,我要根据实际情况灵活地采取行动策略,不断总结之前的经验,改进之后的计划方案。

(3) 其他因素评估(身体、家庭、经济状况以及机遇、意外情况的及时评估)。

2. 评估原则

(1) 检查:对于我所制订的计划和细分目标,我实行今日事今日毕的原则。在我的效率手册中记载了每天的计划完成状况,在每个计划阶段性完成后我都及时地检查结果,获得反馈信息,作为修正计划的依据。

(2) 再执行:在每一次总结出我的计划和现实不符之后,我会立即行动,马上更改我的计划,使其具有可行性。而提高效率的有效办法就是缩短计划执行的时间,追求高效性。

(3) 结果反馈:在每天的计划执行后,我都会对这一天的计划执行进行反省,考虑成败得失,并将结果进行记录,以便使我汲取成功的经验,吸取失败的教训,为我下一步制订新的计划奠定了坚实的基础。

3. 备选方案

秉承着修身齐家报效社会的心,谨记校训"自信 敬业",我将坚持行进在康复治疗事业的路上,也许会有荆棘,但是阻挡不了前进的步伐。若是我的能力有限,进入不了三甲医院,我可以选择其他康复机构。只要从事与康复有关的工作,努力学习,扩充自己的知识面,就能实现自己的人生价值。

六、结语

内科诚可贵,外科价更高;若为康复志,二者皆可抛!——题记

高考后的填志愿,是我第一次接触"康复治疗学"。对于这个时间节点,我一直深感惭愧:有的人从小立志做康复治疗师,有的人非康复专业不学,有的人对康复治疗如数家珍……而我只是在填报南中医时,才开始了解康复治疗学这个专业,选择专业时甚至只是将它作为候补选择,于是,当我得知我的专业是"康复治疗学"时,我担心地问自己:你凭什么可以成为优秀的康复治疗师?!

这个问题很现实,因为我明白,既然进了康复治疗专业,我人生今后的 10 年、20 年,必定是会从事康复治疗工作的。我绝不愿意今后从事的工作与专业毫无关系,这会让我觉得我的大学四年是被我浪费掉的。

所以，现在，我是要为成为优秀康复治疗师而努力的。

然而，对康复现状不熟悉、对进入康复治疗专业毫无准备，我问自己，如何成为优秀的康复人？我该做些什么？我要怎么做？

于是，在暑假期间我就不断地去了解康复治疗。百度百科上将康复描绘得十分诱人，而一个学长却说"康复治疗学?!我们学校最令人无语的专业——人数最少——近几年刚开设……"还有直系学姐说："我们专业人少，但医院对康复治疗师的需求很大，就业还是很好的；但体力活多，女生在这点上处劣势……"不同的人有不同的观点，有褒有贬，我曾为这些观点迷茫，直到一位老师谈康复治疗专业时说"……康复治疗师的工作就是让有功能障碍的人身心健康回归社会……"这个工作目标的点拨，让我对自己的问题渐渐明晰起来。

我凭什么，又如何成为优秀的康复治疗师？

第一，我正在爱上这个专业。虽然只接触不过几个月，但我对康复治疗越来越好奇，我想知道治疗的具体流程，我想尝试我能不能将中医学融入西医占基础地位的康复治疗学中，我想通过自己的能力帮助很多人康复回归社会正常工作，我想……我希望这股冲劲和热爱可以一直保持在心。吸收自己感兴趣的专业知识，这是幸福的事。

仅凭热爱自然不能成为优秀的康复人，专业能力尤其重要。所以，我必须回答自己——

第二，要学好专业知识。"专业知识"，这点在现在讲很笼统。目前我对具体的专业课程，如"康复评定学""运动疗法""物理治疗""作业治疗""言语治疗""心理治疗"之类的仅有名称概念，对这些课程，我目前的想法是——先认真地学解剖，尤其骨学和神经学，如果感觉学有余力，就去图书馆借自己感兴趣的专业书看。对于辅助专业的课程，我对心理学感兴趣，认为心理学与康复治疗密切相关，所以我打算将其当成兴趣爱好培养；我想尝试将中医的养生融进康复治疗，而且养生知识也可以教自己家人，所以我打算会时时关注养生。在大一上学期后，如果我在专业课上稳定下来，我打算研究心理学和养生学，至于其他专业课程，大二大三听老师授课(这点打算只是宏观的，心理学学哪个方向，养生学先学哪个部分，现在还没有概念，等到康复治疗学人才培养方案下发后，综合方案要求和自己的学业情况相结合，再调整目前的打算)。

第三，学好 ABC 更好干革命。外语在康复治疗学专业尤为重要。康复治疗在国外发展了近一个世纪，而在国内仅开展了几十年。与国外康复交流十分重要，也是我们这代康复开荒人的使命。我初中时英语是强项，到了高中，英语一直跟不上别人，英语学习的落差让我对英语的热爱渐渐变成畏惧，这个心魔务必打掉，重新激起自己对英语的强烈热爱。制订自己的英语学习计划。学英语，不是为四六级，而是为今后的发展。即使害怕担心，既然是康复人，英语要成为过得去的小槛。好好学英语，更好干革命。

第四，社会需要什么样的康复人才？上网查康复治疗师的招聘信息，各医疗机构对其要求基本类似。学历、康复治疗师资格证书、外语水平和计算机水平、工作经验和个人品质。这些在以上行业分析中已经思考了应对措施。

计划固然好，但更重要的，在于其具体实践并取得成果。康复治疗这一专业是我国刚刚兴起的新专业，我国的医学药与国际接轨，就要很好地发展我国的康复治疗事业，作为该专业的一名学子，我更应该努力学习，为我国的康复治疗事业添砖加瓦。我将从现在做起，脚踏实地按目标走好每一步，同时也会根据各阶段具体情况，对规划做出修改，加快自己前进的步伐。总之，如题记所说，既然我现在身为康复人，就必将一心一意、步伐坚定地走下去。铭记校训"自信、敬业"，做个自信的人，做事兢兢业业。铭记校风，团结同学，努力奋进，继承创新。

附 1　大三生活对照表

日期	9.1	9.2	9.3	9.4	9.5	9.6	9.7		2015.1.21
早起	√								
整理床铺	√								
每节专业课提一个问题	（未完成原因：第一节课老师未讲专业课内容）								
上课不打瞌睡	√								
保证作业质量	√								
时刻充满激情、干劲——每天微笑	√							…… …… ……	
不熬通宵	√							……	
不看小说	√							……	
记录学习进展（需要完成和实际完成对比）	√								
浏览自己所在或者自己关心的专业领域的新闻，并写出一条评论	√								
英语六级	√								
阅读康复专业经典书籍，并做学习反思，每两周做一次学习汇报	√								

附 2　大学准则

（一）学习第一。

（二）多去图书馆（每两个星期看一本书）。

（三）对每件事心平气和。

（四）在公共场合说话。

（五）不乱花钱。大学对父母来说已是高额投入，那产出如何？

（六）保持运动的习惯。有意识培养一两项打得起比赛的运动。

（七）关于手机：打电话、听英语单词（时间无限制）、听歌（每天最多听 10 分钟）。

（八）上网前问自己：我该上吗？

（九）用奖学金去旅游。

（十）多交朋友。

（十一）不浪费时间。

（十二）不谈恋爱。

（十三）不传谣言。不说别人坏话。

（十四）不看电视剧。

（十五）常记随笔。尝试投稿。

（十六）经常听讲座。

（十七）保持好奇心。

（十八）做好分内的事。大方得体并热情洋溢地做好分内的事。

（十九）保持情绪稳定。享受情绪的高潮，避免情绪的低潮。这样的办法有：在周五晚上和周六下午或晚上放松，可以买礼物、摄影。

（二十）每月和老朋友、高中老师通电话。

主要参考文献

[1] 肖利哲. 大学生职业生涯规划理论与设计[M]. 北京:科学出版社,2011.

[2] 边明伟. 职业规划与人生管理[M]. 北京:中国水利水电出版社,2015.

[3] 宋爱华. 大学生职业生涯规划教程[M]. 北京:化学工业出版社,2016.

[4] 顾雪英. 当代大学生职业生涯规划[M]. 北京:高等教育出版社,2011.

[5] 王学梅,冯美德,傅翔. 大学生职业生涯规划与就业指导实务[M]. 武汉:中国地质大学出版社,2011.

[6] 赵新凭. 大学生生涯规划与职业发展[M]. 北京:北京大学出版社,2015.

[7] 林瑞青. 大学生职业规划与职业素养[M]. 北京:中国人民大学出版社,2014.

[8] 余勇. 大学生职业生涯规划与就业创业指导[M]. 天津:南开大学出版社,2016.

[9] 姚峥嵘. 大学生职业生涯规划与就业创业指导(中医药院校)[M]. 南京:南京大学出版社,2013.

[10] 张兵仿. 大学生职业生涯规划[M]. 北京:时事出版社,2016.

[11] 马晓华. 大学生职业生涯规划[M]. 北京:北京交通大学出版社,2009.

[12] 陆红. 大学生职业生涯规划与职业素养培养[M]. 大连:东北财经大学出版社,2010.

[13] 陈龙春. 大学生职业生涯规划[M],杭州:浙江人民出版社,2015.

[14] 杨红英. 大学生职业生涯规划[M]. 昆明:云南大学出版社,2015.

[15] 赵北平,李冬梅. 大学生职业生涯规划教程[M]. 第3版. 武汉:武汉理工大学出版社,2011.

[16] 陈碧华,徐向东. 大学生职业生涯规划与能力指导[M]. 北京:中国铁道出版社,2007.

[17] 陈绵水,刘新生. 大学生职业生涯规划教程[M]. 北京:现代教育出版社,2009.

[18] 刘志军. 大学生职业生涯规划[M]. 郑州:河南大学出版社,2014.

[19] 李鹏林. 学生职业生涯规划与就业指导[M]. 北京:中国农业大学出版社,2015.

[20] 李水清,丁德智. 大学生职业生涯规划与发展[M]. 北京:现代教育出版社,2013.

[21] 魏勇. 大学生职业生涯规划与发展教程[M]. 南京:南京大学出版社,2013.

[22] 高新战,肖绍俊. 大学生职业生涯规划与就业创业导论[M]. 长春:吉林大学出版社,2013.

[23] 陈新宇. 我国大学生学业生涯规划影响因素研究[D]. 北京:北京林业大学硕士学位论文,2014.

[24] 叶国平. 大学生时间管理研究[J]. 湖北经济学院学报(人文社会科学版),2013(11):140—141.

[25] 李江霖. 大学生心理健康问题及其影响因素探析[J]. 改革与开放,2010(4):124—125.

[26] 徐盼. 大学生自我管理初探[J]. 辽宁经济管理干部学院学报,2015(2):113—114.

[27] 李满林. 大学生自我管理的内容及类型[J]. 辽宁教育行政学院学报,2007(5):175—176.

[28] 李满林. 大学生自我管理探析[J]. 浙江教育学院学报,2007(5):39—40.

[29] 台秀珍. 大学新生心理适应期的角色转换[J]. 学校党建与心理健康教育,2004(3):51—53.

[30] 谭玉,吕维霞,梁昊亮. 大学职能视角下的MOOC角色定位与目标群体分析[J]. 现代教育技术,2016(9):93—98.

[31] 陈运普,张立改. 当代大学生学习与生活规划探析[J]. 三峡大学学报(人文社会科学版),2009(11):46—47.

[32] 张英楠. 高校大学生日常教育管理有效方式探析[J]. 教育科学,2015.

[33] 姜艳,曹俊芳. 高校当代大学生教育管理模式的探讨[J]. 经营管理者,2013(8):243.

[34] 张魁中. 规划好大学生活就是规划就业创业的起点[J]. 吉首大学学报(社会科学版),2016(12):163—164.

[35] 鄢行龙. 基于以人为本理念解读高校教育管理[J]. 福建工程学院学报,2008(4):103—106.

[36] 程颖. 浅谈大学生生活规划[J]. 新西部,2016:126.

[37] 夏庆荣. 浅谈大学新生的角色转换与角色适应[J]. 化工高等教育,1995.

[38] 田彩芬. 浅析当代大学生心理问题及心理健康的实现[J]. 教育论丛,2011:173—174.

[39] 于成学,孙嫣雪. 他律走向自律:大学生修德的思想境界[J]. 思想政治教育研究,2015:101—105.

[40] 周雪清. 新媒体环境下大学生的时间管理能力分析[J]. 科技视界,2014:28.

[41] 王敏. 新形势下高校教育管理的现状与机制创新[J]. 兰州教育学院学报,2013(1):92—93.

[42] 赵瑛. 医学院校大学新生角色适应与心理健康的关系研究[J]. 卫生软科学,2012(11):968—970.

[43] 徐文. 以角色理论为视角探究大学新生学习适应问题[J]. 科教导刊,2013.

[44] 宋宝萍,程霞. 90后大学生活导航——我的大学我做主[M]. 西安:西安电子科技大学出版社,2011.

[45] 贾宇,贺胤应. 大学生活"关键词"[M]. 北京:中国政法大学出版社,2015.

[46] 杨邦勇. 大学生活与生涯规划[M]. 上海:同济大学出版社,2010.

[47] 董险峰,周玲,乔喆沅. 大学生活导航[M]. 北京:北京大学出版社,2005.

[48] 吕云翔,刘艺博,王进. 大学生活与生涯规划[M]. 北京:清华大学出版社,2015.

[49] 李素梅. 心理健康与大学生活[M]. 武汉:华中科技大学出版社,2013.

[50] 庞霓辉,等. 大学生综合素质教程[M]. 青岛:中国海洋大学出版社,2012.

[51] 龚湘. 大学生素质自我整合[M]. 北京:人民出版社,2013.

[52] 周祥龙,等. 大学生涯规划[M]. 南京:东南大学出版社,2011.

[53] 陈夏初. 大学生职业生涯规划与管理[M]. 南京:江苏人民出版社,2013.

[54] 綦良群. 大学生职业生涯规划理论与设计[M]. 北京:科学出版社,2011.

[55] 阳毅,姜农娟,黄芳,等. 大学生职业生涯规划[M]. 北京:气象出版社,2009.

[56] 戴建兵,姬振旗. 大学生职业生涯规划发展[M]. 北京:科学出版社,2010.

[57] 彭贤,马恩. 大学生职业生涯规划活动教程[M]. 北京:北京交通大学出版社,2014.

[58] 江苏省高校招生就业指导服务中心. 大学生职业生涯规划[M]. 南京:江苏教育出版社,2008.

[59] 高亚军,寇宝明. 大学生职业生涯规划(职业素质与能力篇)[M]. 北京:北京理工大学出版社,2015.

[60] 张雪梅. 浅析行业环境分析的内容和方法[J]. 新西部(理论版),2013(15).

[61] 刘静慧,陈焕章. 浅谈美国职业分类标准新发展[J]. 青岛职业技术学院学报,2014(3):75—79.

[62] 吴晓波. 大败局[M]. 杭州:浙江人民出版社,2001.

[63] “当代中国社会结构变迁研究”课题组. 当代中国社会阶层研究报告[R]. 中国社会科学院,2010.

[64] 王复明,孙培雷. 大学生职业生涯规划与求职指导[M]. 第2版. 北京:清华大学出版社,2014.

[65] 谭建鑫,吴晓雄. 大学生生涯发展与职业规划[M]. 成都:西南交通大学出版社,2010.

[66] 赵敏,张凤. 大学生生涯规划与辅导实务[M]. 第2版. 北京:电子工业出版社,2010.

[67] 胡金波. 大学生职业生涯规划[M]. 南京:江苏教育出版社,2008.